图 3-2-25C

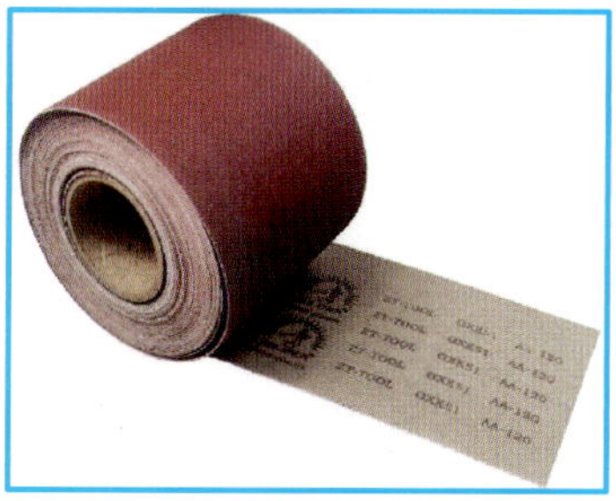
图 3-2-28C

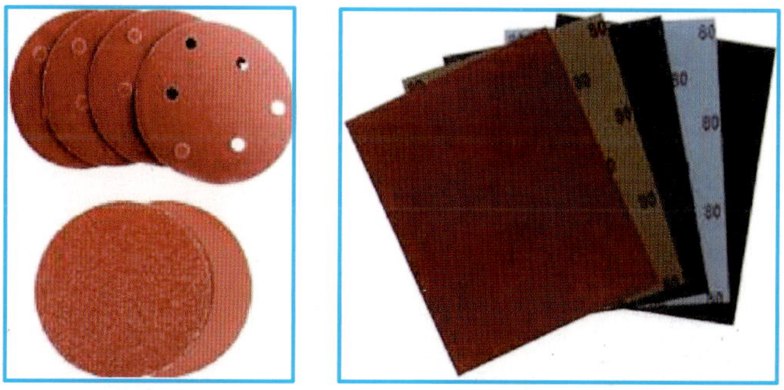
图 3-2-29C

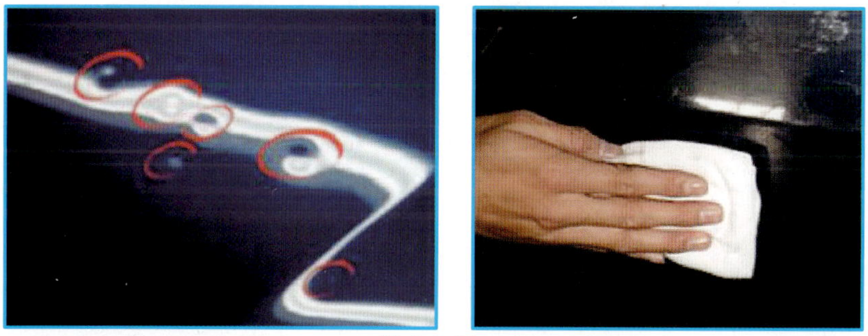
图 4-1-65C

图 3-2-31C

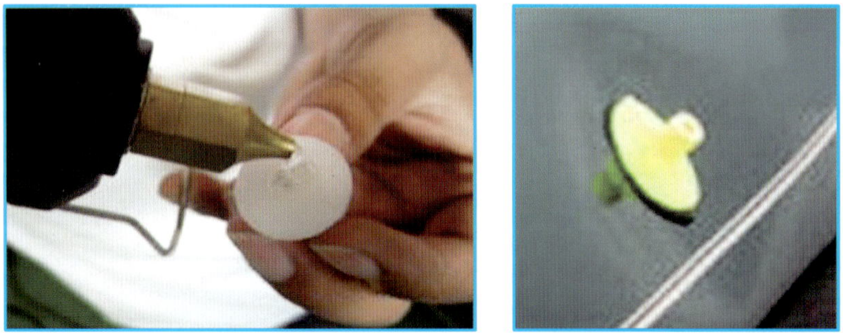

图 4-1-66C

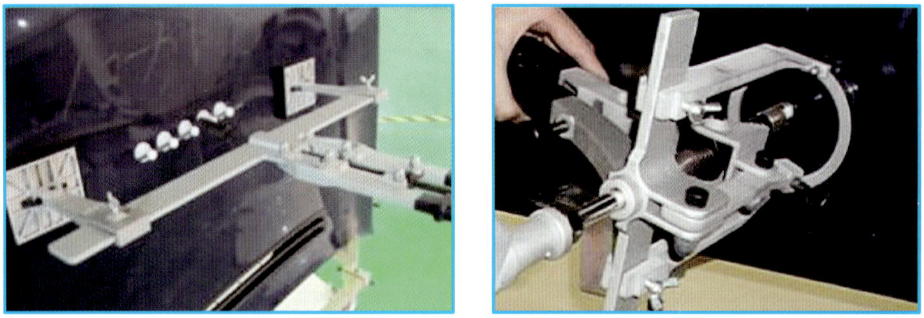

图 4-1-67C

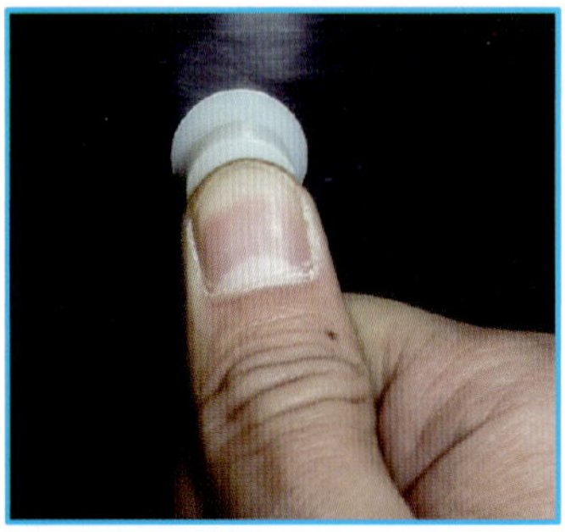

图 4-1-68C

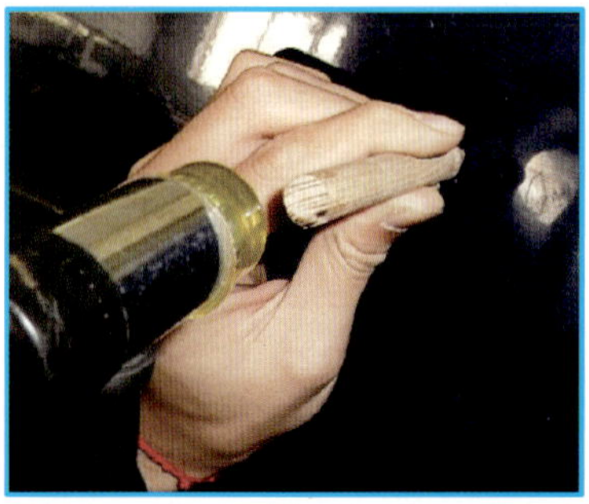

图 4-1-69C

图 4-1-70C

图 4-1-73C

图 4-1-74C

图 4-1-75C

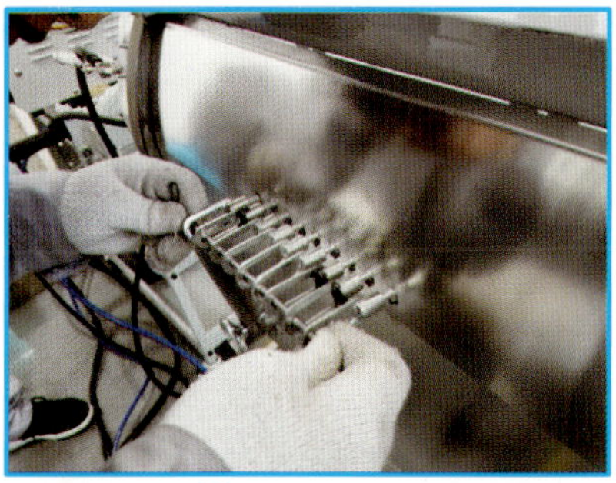

图 4-1-76C

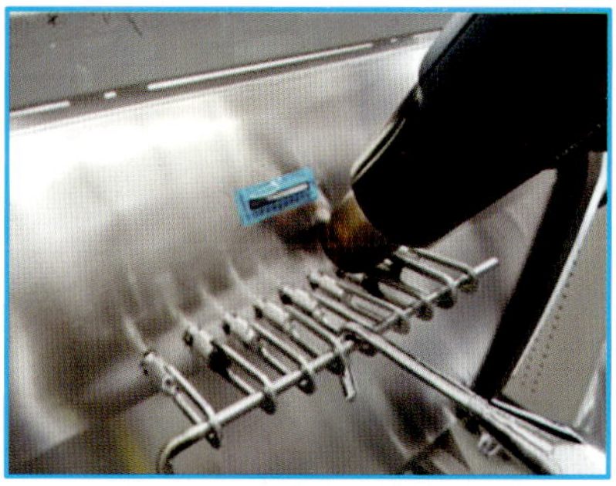

图 4-1-77C

图 4-1-78C

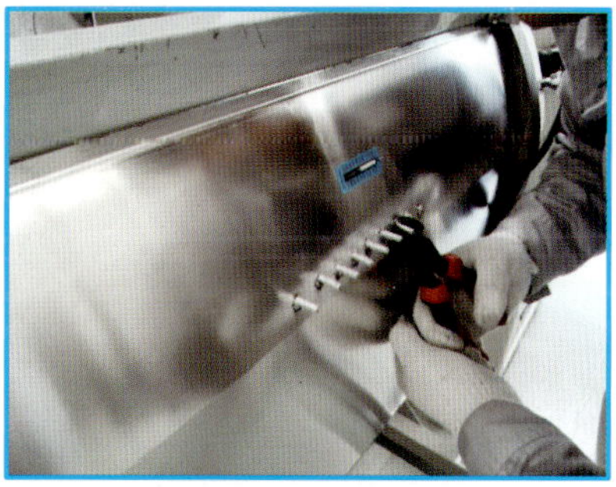

图 4-1-79C

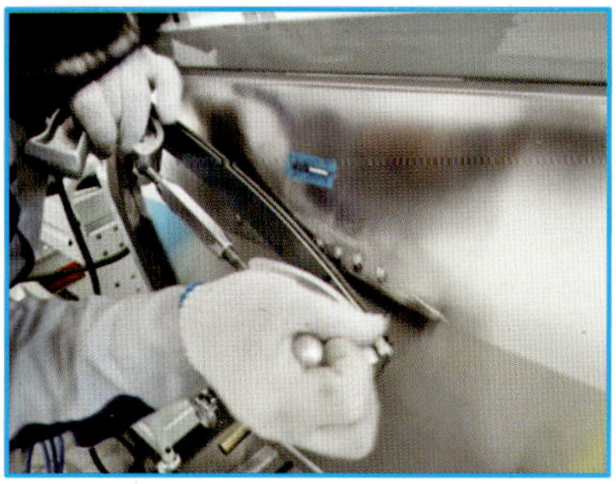

图 4-1-80C

图 4-1-81C

图 4-1-82C

图 4-1-92C

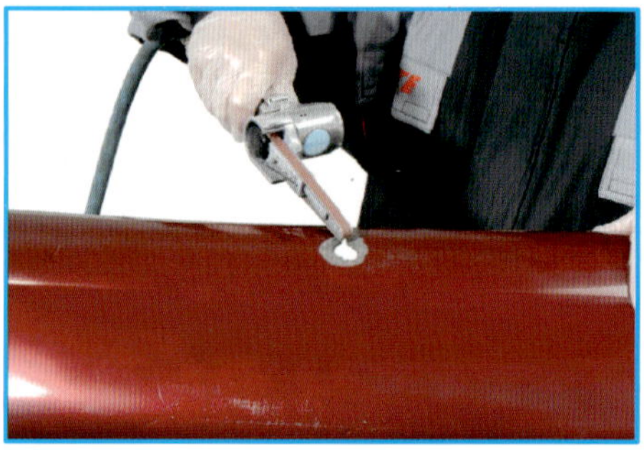

图 4-1-93C

图 4-1-94C

图 4-1-95C

图 4-1-96C

图 4-1-97C

图 4-1-98C

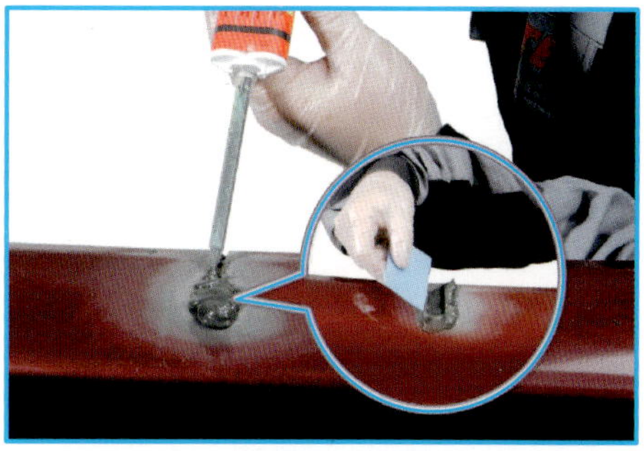

图 4-1-99C

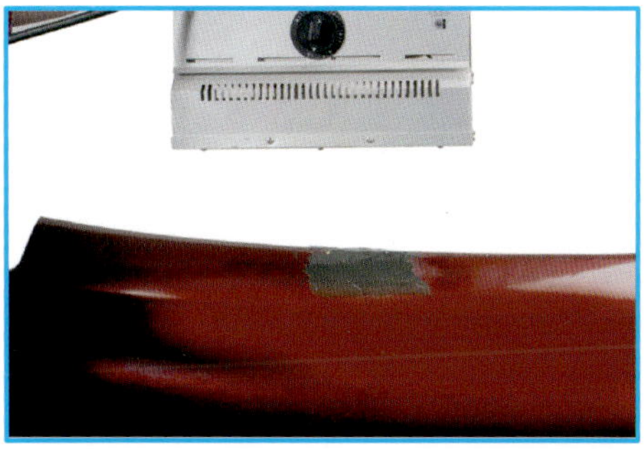

图 4-1-100C

图 4-1-101C

图 4-1-102C

高等职业教育汽车类新形态一体化教材

汽车车身维修基础

主　编　李起振　孟永帅
主　审　焦传君

QICHE CHESHEN WEIXIU JICHU

高等教育出版社·北京

内容提要

本书主要介绍了汽车车身钣金修复和涂装修复中的基本内容，主要包括汽车车身维修概述、汽车车身维修安全、汽车车身维修工具与材料、汽车车身维修工艺。

本书配备了丰富的视频、动画、配套课件及教案等教学资源，有很好的实用性和可操作性，对开展教学尤其是实训教学十分方便而有效。这些资源可通过扫描书上的二维码在线观看、学习，也可以访问职业教育数字化学习中心——“智慧职教”（www.icve.com.cn），注册、登录后，在首页或课程频道搜索本书对应课程“汽车车身维修基础（李起振）”进行在线学习。

本书可以作为高等职业院校汽车相关专业车身修复课程的专业教材，也可以作为从事汽车车身修复工作的技术人员的参考用书。

图书在版编目（CIP）数据

汽车车身维修基础 / 李起振，孟永帅主编．-- 北京：高等教育出版社，2018.11
ISBN 978-7-04-050509-2

Ⅰ．①汽… Ⅱ．①李… ②孟… Ⅲ．①汽车－车体－车辆修理－高等职业教育－教材 Ⅳ．①U472.4

中国版本图书馆CIP数据核字(2018)第203939号

策划编辑 吴鸣飞　　责任编辑 张值胜　　封面设计 姜 磊　　版式设计 马 云
插图绘制 于 博　　责任校对 陈 杨　　责任印制 韩 刚

出版发行 高等教育出版社
社　　址 北京市西城区德外大街4号
邮政编码 100120
印　　刷 北京汇林印务有限公司
开　　本 787mm×1092mm 1/16
印　　张 10
插　　页 3
字　　数 170千字
购书热线 010-58581118
咨询电话 400-810-0598
网　　址 http://www.hep.edu.cn
　　　　 http://www.hep.com.cn
网上订购 http://www.hepmall.com.cn
　　　　 http://www.hepmall.com
　　　　 http://www.hepmall.cn
版　　次 2018年11月第1版
印　　次 2018年11月第1次印刷
定　　价 30.00元

本书如有缺页、倒页、脱页等质量问题，请到所购图书销售部门联系调换

物 料 号 50509-00

智慧职教服务指南

基于“智慧职教”开发和应用的新形态一体化教材，素材丰富、资源立体，教师在备课中不断创造，学生在学习中享受过程，新旧媒体的融合生动演绎了教学内容，线上线下的平台支撑创新了教学方法，可完美打造优化教学流程、提高教学效果的“智慧课堂”。

“智慧职教”是由高等教育出版社建设和运营的职业教育数字教学资源共建共享平台和在线教学服务平台，包括职业教育数字化学习中心（www.icve.com.cn）、职教云（zjy2.icve.com.cn）和云课堂（APP）三个组件。其中：

- 职业教育数字化学习中心为学习者提供了包括“职业教育专业教学资源库”项目建设成果在内的大规模在线开放课程的展示学习。
- 职教云实现学习中心资源的共享，可构建适合学校和班级的小规模专属在线课程（SPOC）教学平台。
- 云课堂是对职教云的教学应用，可开展混合式教学，是以课堂互动性、参与感为重点贯穿课前、课中、课后的移动学习 APP 工具。

“智慧课堂”具体实现路径如下：

1. 基本教学资源的便捷获取

职业教育数字化学习中心为教师提供了丰富的数字化课程教学资源，包括与本书配套的电子课件（PPT）、微课、动画、教学案例、实验视频、习题及答案等。未在 www.icve.com.cn 网站注册的用户，请先注册。用户登录后，在首页或“课程”频道搜索本书对应课程“汽车车身维修基础（李起振）”，即可进入课程进行在线学习或资源下载。

2. 个性化 SPOC 的重构

教师若想开通职教云 SPOC 空间，可在 zjy2.icve.com.cn，申请开通教师账号，审核通过后，即可开通专属云空间。教师可根据本校的教学需求，通过示范课程调用及个性化改造，快捷构建自己的 SPOC，也可灵活调用资源库资源和自有资源新建课程。

3. 云课堂的移动应用

云课堂对接职教云课程，是“互联网 +”时代的课堂互动教学工具，支持无线投屏、手势签到、随堂测验、课堂提问、讨论答疑、头脑风暴、电子白板、课业分享等，帮助激活课堂，教学相长。

配套资源索引

续表

Ⅲ前言

随着中国制造 2025 战略的不断深入，中国汽车工业迎来了高速发展与改革的新契机，中国汽车产业升级正在快速推进。汽车车身维修行业迎来了前所未有的挑战和机遇，为了应对和适应新情况，汽车车身维修技术人员应该首先得到全面的提升，尤其是在新工艺、新技术、新材料、新设备、新标准等方面的掌握与运用，已经迫在眉睫，本书在编写的过程中，充分强调了这些新内容的更新和补充。

本书是汽车车身维修的基础教程，选取了实际工作中常用到的、较基础的内容。全书共分为 4 章，第 1 章主要介绍车身维修行业基本概况、车身结构与材料；第 2 章主要介绍汽车车身维修安全事项及要点；第 3 章主要介绍汽车车身维修工具、设备及材料；第 4 章介绍汽车钣金维修和涂装维修工艺。本书配备了丰富的视频、动画、配套课件等教学资源，对开展教学尤其是实训教学十分方便而有效。

本书由李起振、孟永帅主编，其中李起振编写了第 1 章、第 3 章的 3.2 和第 4 章的 4.2；孟永帅编写了第 2 章和第 4 章的 4.1。参与编写的还有李东兵（第 3 章的 3.1）、王阔、杨宇、郑涛、王立超。

本书在编写过程中参考了一些厂家的技术资料和有关出版物，在此对本书所参考文献的作者和为本书编写提供帮助的同志表示衷心感谢。

由于时间仓促，加之作者经历和水平所限，疏漏之处在所难免，恳请广大读者提出宝贵意见和建议，以便再版修订时改正完善。

编者

2018.5

目录

第 1 章
汽车车身维修概述

电子教案
汽车车身维修概述

本章重点

了解汽车车身维修行业发展情况；理解汽车车身维修标准；掌握汽车车身结构特点；掌握各种车身材料特点及其在车身上的使用情况。

1.1　汽车车身维修行业概述

电子课件
汽车车身维修概述

PPT

随着我国汽车工业和交通运输业的迅速发展，汽车早已经成为国民经济和日常生活中不可缺少的重要交通运输工具。随着汽车平均车速的提高和汽车保有量的增加，发生汽车碰撞的严重性和危害性日益加剧。而在汽车碰撞事故中，通常损坏最严重的部件就是车身，因此车身维修行业是必不可少的。

1.1.1　汽车车身维修行业现状

汽车车身维修通常是指对事故车辆的车身部分进行修复，也就是通常所说的钣喷维修，即钣金修复和涂装修复。具体工艺内容见本书第 4 章。

汽车车身维修行业的发展与汽车制造技术的发展有着不可分割的关系。但汽车车身维修与汽车制造技术由于在生产组织方式方面有着根本区别，因而形成了其自身的发展状况。

（1）汽车车身结构不断更新

近二十年来，汽车车身结构和材料发生了较大的变化。在结构方面，承载式车身、轻量化、车身空气动力学特性、车身防振及隔声、车身防锈、车身防撞安全性及车身造型等都发生变化；在材料方面，轻合金、高强度钢、塑料和合成材料大量应用。这些变化要求车身维修人员能较全面地掌握现代汽车车身的结构特点和所用材料的特性。只有这样，车身维修人员才能在汽车车身维修工作中保证维修质量，恢复车身原有的强度和可靠性。

（2）汽车车身维修设备、技术不断升级

目前，我国汽车车身维修行业发展迅速，国外先进的维修工艺和设备快速传入国内，国内外先进的维修技术也不断更新。这要求从业人员需要具备广泛的专业知识，并且能够不断学习新知识、新技能用于创新，才能够紧跟设备、技术的发展速度。

（3）汽车车身维修行业逐渐成为阳光产业

资料显示，在一个完全成熟的汽车市场中，汽车销售利润在整个汽车业的利润构成中仅占 20%，零部件供应的利润占 20%，50%~60% 的利润是从售后服务维修中产生的，而车身维修所创利润又占据了汽车维修利润的 60%~70%。

1.1.2　汽车车身维修行业发展方向

（1）国内外汽车车身维修市场差异

由于国内与国外经济发展程度上存在差异，汽车车身维修市场的发展程度也有很大区别。在北美，汽车后市场垂直化细分非常完善，车身维修行业已经成为一个独立的行业。并且，车身维修行业的资源配置也很合理，相对于整个维修厂的资源配置总额而言，占了不到 1/10，这跟保险公司的资源相匹配。作为稀缺的战略资源的车身维修，对工艺标准化和防护的要求都非常高。对于国内 4S 店而言，流失率最大的服务内容就是汽车保养和车身维修，而连锁快修和独立维修品牌的主攻方向也是汽车保养和车身维修。

汽车保养和车身维修的共同点在于主要客户都来自保险公司的客户。作为保险公司的一种服务延伸，无论在哪家保险公司，汽车车身维修中心都应该是保险公司的一种服务延伸。给车主提供安全满意的维修可有效地降低保险公司车损赔付率。

（2）汽车车身维修行业的未来发展趋势

随着汽车保有量的不断增多，城市道路拥堵越来越明显，交通事故的发生率也越来越高，汽车维修行业车身维修的产值也会进一步加大。因此，对于这样一个重要的汽车维修行业细分市场，无论是行业管理部门、整车厂商售后服务部门，还是车身维修行业相关企业都应该对这个市场的前景有足够的认识和重视，对规范行业标准和秩序、人才培养以及节能和环保等方面献计献策。其中，人才培养更是重中之重。加大车身维修行业专业化培训的力度，不仅仅能够为行业提供更多的维修人才，同时也能够规范行业秩序，提升行业服务水平，加强行业从业人员的环保意识。

1.1.3 汽车车身维修行业标准

汽车车身维修标准主要依据中华人民共和国交通运输行业标准《事故汽车修复技术规范》（JT/T 795—2011）和中华人民共和国汽车行业标准《汽车油漆涂层》（QC/T 484—1999）。行业标准对事故车车身维修作业流程、工艺要求及质量保证等方面有具体规定，对油漆涂层质量标准也有明确要求，详见本书附录一和附录二。

1.2 汽车车身结构与材料概述

1.2.1 汽车车身结构

汽车钢制车身由大约600~800个零件构成，每个零件均由厚度为0.6~2.3mm的薄钢板冲压而成，所有这些板件通过近 3500~4000 个电阻焊焊点结合成一个车身整体。汽车车型越来越多，结构越来越复杂，现代汽车车身的结构和形式也在不断地发展。汽车车身可以定义为装在汽车底盘上的建筑性结构，它的功能是运送人员或货物，它的作用是隔绝振动和噪声，保证驾驶人在不受任何影响的条件下进行驾驶，为乘客提供安全舒适的乘坐环境。在汽车的各大总成中，车身属于其中的一大总成。从车身的外形结构来看，车身壳体是由许多形状复杂且具有空间曲面的大型覆盖件经焊接、铆接或螺栓连接组合而成；对车身的整体结构来说，除了要求外形的协调性能给人以美感外，同时又需保证必要的流线形；对车身的具体结构来说，在车身的安全性、节能性、耐用性等方面设计时应加以重视和体现。

汽车车身可从其受力情况及车身形状来进行分类，同时汽车车身不是一个整体部件，是由多个部件组成的。

（1）汽车车身按车身受力情况分类

按车身受力情况汽车车身结构可以分为非承载式车身、半承载式车身和承载式车身三类。

1）非承载式车身

非承载式车身又称为车架式车身，主要由车架、车身、车身结构件和表面覆盖件（后者在大客车称为蒙皮）等组成。车架与车身通过弹簧或橡胶垫作柔性连接。发动机、局部传动系及车身等总成部件用悬架装置固定在车架上，车架通过前后悬架装置与车轮连接。在发生碰撞时，碰撞力可能先作用在车架上，然后向车身传递。车架与车身间的橡胶组件能降低来自路面的噪声和振动，从而提高乘坐舒适性。这种非承载式车身比较笨重，质量大，高度高。一些越野吉普车、载货汽车与大中型普通客车普遍采用非承载式车身结构，也有少部分的高级轿车使用，因为它具有较好的平稳性和安全性。图 1-2-1 所示为非承载式车身结构。

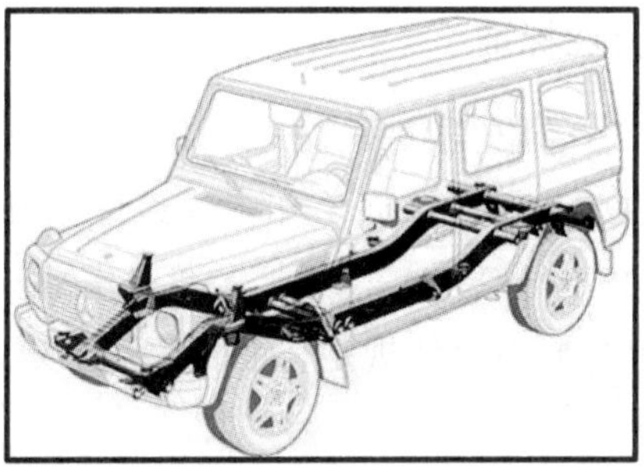

图 1-2-1
非承载式车身结构

非承载式车身的特点：

① 非承载式车身的车架与车身都是由独立的整体装配而成，制造工艺简单，减振性能好；

② 独立的车架能较好地吸收路面的振动和冲击，当发生碰撞事故时，大部分冲击能量被车架吸收，安全性好；

③ 非承载式车身的车架为了能承受载荷，要有足够的强度和刚度，所以导致整车质量大，承载面高，材料成本投入多。

2）半承载式车身

半承载式车身与非承载式车身一样，也有一个独立的车架。与非承载式车身不同的是半承载式车身中的车身与车架用焊接法或螺栓刚性连接，共同承受载荷。半承载式车身由于车身要承受部分载荷，车身骨架的强度较高。车身蒙皮一般采用铆接或焊接的方法与骨架连在一起。这种车身结构是为了避免非承载式车身中的车身相对于车架位移时会发出噪声而设计的，城市客车和长途客车多采用半承载式车身结构。

3）承载式车身

承载式车身又称整体式车身，车身没有刚性车架，只是在车身上加强了车头、侧围、车尾、底板等部位，发动机、前后悬架、传动系统的一部分等总成部件装配在车身上设计好的位置，车身负载通过悬架装置传给车轮。承载式车身除了其固有的乘载功能外，还要直接承受各种负荷力的作用。经过几十年的发展和完善，承载式车身不论在安全性还是在稳定性方面都有很大的提高，而且还拓宽了汽车设计的自由度，降低了车身质量，从而改善了车辆的燃油消耗与行驶机动性。承载式车身的乘客舱与车身底板采用组合焊接等方式焊接成一体，成为整体式的车身结构，承受汽车的全部载荷。承载式车身的车身壳体在正常载荷下一般不会发生变形，而且这个由结构件组成的刚性壳体在承受载荷时，整个壳体在极限载荷内始终处于稳定平衡状态，这种壳体结构在力学上称之为“应力壳体结构”。就如同蛋壳，当用手指按压蛋壳时，蛋壳能承受相当大的负荷而不破裂。因为承载式车身具有更优的碰撞缓冲性能，所以使用承载式车身可从总体上提高行驶安全性。目前，承载式车身已成为汽车工业的主流。图 1-2-2 所示为典型的承载式车身结构。

图 1-2-2
典型的承载式车身结构

承载式车身的特点如下。

a. 承载式车身质量相对其他类型车身更轻且能够抵抗弯曲等变形，其结构具有质量小、结构紧凑、安全性好等优点。

b. 乘客舱容易受到传动系统和悬架系统所产生的振动与噪声的影响。

c. 底盘与车身的结合部在运动载荷的冲击下，极易发生疲劳损伤。

d. 受损后车身的整体变形较为复杂，修复困难，还会影响到汽车的行驶性能。

（2）汽车车身按车身形状分类

汽车可分为轿车、客车和载货汽车，下文重点介绍轿车类型。

轿车一般可按汽车的形状、车座布置、车门数等进行分类。按其形状可分为三厢式轿车、两厢式轿车和敞篷车等。按其车门数可分为二门式轿车、三门式轿车、四门式轿车及五门式轿车等。

1）三厢式轿车

三厢式轿车是目前最具有代表性的车型，整车空间分为发动机室、乘客室和行李舱（又称后备厢），如图 1-2-3 所示。行李舱是乘客室的延伸部分，有一个可向上开启的后备箱厢。三厢式轿车多为五门式轿车，也有三门式轿车。

图 1-2-3
三厢轿车

2）两厢式轿车

两厢式轿车的乘客室与行李舱相连，在轿车后部形成一个较大的内部空间，如图 1-2-4 所示。旅行车常采用的就是两厢式结构。

图 1-2-4
两厢轿车

3）敞篷车

敞篷车设有可折叠软篷，可随时展开或折叠，如图 1-2-5 所示。个别敞篷车可临时装配硬顶车篷。敞篷车有二门式或四门式。

图 1-2-5
敞篷车

（3）轿车车身组成

目前轿车车身通常由车身结构件与覆盖件组成。车身结构件、覆盖件中主要包括车身壳体、发动机罩、前、后翼子板、车顶盖、行李舱及盖、立柱、车门、前、后保险杠、车窗、车架等。

① 车身壳体

车身壳体是车身的本体结构，由骨架和蒙皮组成。车身壳体有钢制壳体、铝合金壳体、塑料壳体、合成壳体等，如图 1-2-6 所示。

图 1-2-6
车身壳体

② 发动机罩

发动机罩是车身上覆盖发动机舱的盖板，如图 1-2-7 所示。发动机罩可以向后、向前或向侧翻转。发动机罩要求隔热、隔声、质量轻、刚性强。发动机罩的结构一般有外板和内板，两者一般通过胶黏结合折边方式连接在一起。为隔声降噪以及隔热，内板内侧一般辅以隔声、隔热材料。

图 1-2-7
发动机罩

③ 前、后翼子板

前、后翼子板是遮盖车轮的车身外覆盖板件，具有保证车轮在转动与跳动时的最大极限空间及最高跳动位置的作用，如图 1-2-8 所示。

④ 车顶盖

车顶盖是乘客舱顶部的盖板，如图 1-2-9 所示。为了减少高速行驶时的空气阻力，车顶盖与前窗在两者连接处的造型平顺连续。在车顶盖内部一般都有 3~4 根加强横梁，以增加车顶盖的刚度与强度，在横梁外部会敷设防振隔热材料。很多轿车车顶盖上还装有可滑动开闭的电动天窗。

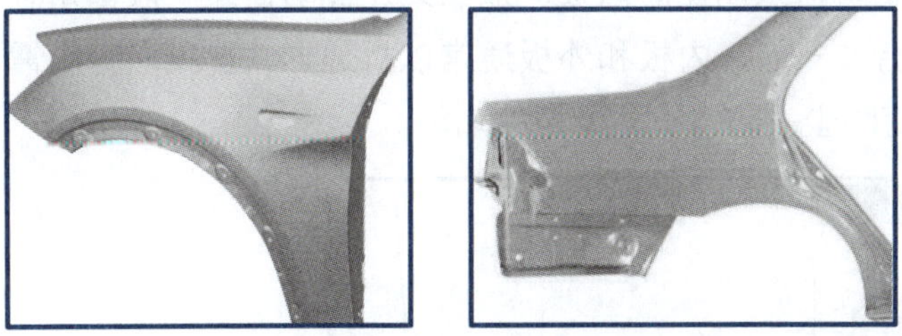

图 1-2-8
翼子板

图 1-2-9
车顶盖

⑤ 行李舱及盖

行李舱是乘客放置行李的场所，如图 1-2-10 所示。轿车的行李舱一般都布置于车后部，行李舱内由外板、加强梁和内板构成。内板与外板通过折边连接，并涂有密封胶，确保具有良好的刚性和足够的张力。行李舱及盖需密封性能较好，并具有防尘、防潮、隔热功能。

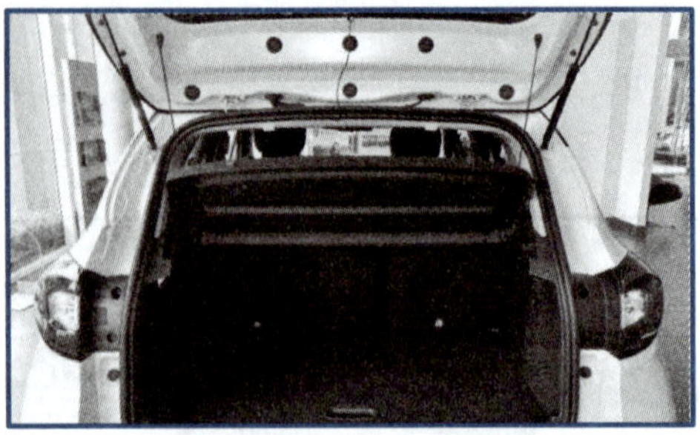

图 1-2-10
行李舱

⑥ 立柱

主柱布置在轿车的侧围，分前立柱（A 柱）、中立柱（B 柱）和后立柱（C 柱），如图 1-2-11 所示。前立柱支承顶盖，用来安装风窗玻璃以及与前门密合，按玻璃形状不同制成扭曲断面或不等断面；中立柱支承顶盖或固定后门；后立柱支承顶盖。三根立柱的上部均与顶盖的侧梁相连，下端落在底板门槛上，构成一个框架。

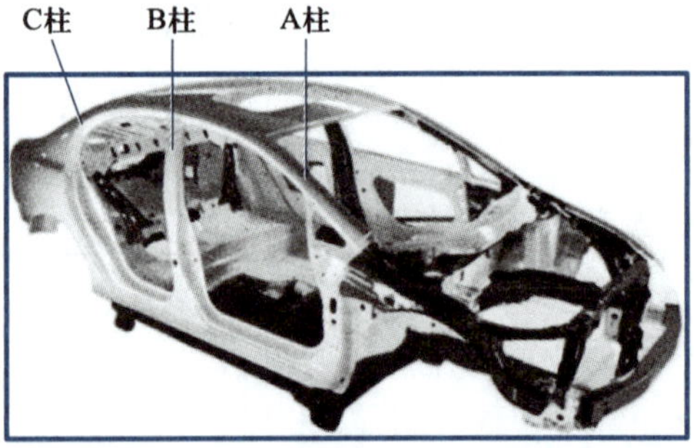

图 1-2-11
立柱

⑦ 车门

车门一般由外蒙皮件、内板、加强梁、侧防撞梁和门框组合而成，如图 1-2-12 所示。外蒙皮件一般为低碳钢薄钢板，部分现代轿车的外蒙皮件也有采用合金材料或非金属材料来制作。内板、加强梁、侧防撞梁一般都用金属材料制作，以点焊结合在一起，内板和外板通常以折边形式连接。车门需要密封性非常好，要具有防尘、防水、防噪声的功能。

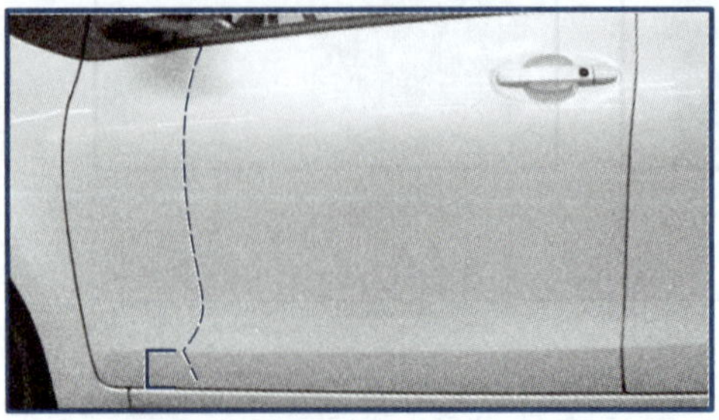

图 1-2-12
车门

⑧ 前、后保险杠

前、后保险杠既能保护车身本体不直接与障碍物接触，同时也起到装饰作用，如图 1-2-13 所示。前保险杠圆滑弧形的断面形状使车辆在行驶时不易产生涡流，现代轿车的前保险杠向后延伸并与车身成封闭状，这样既可以改善散热器的冷却效果，还可以减少空气的阻力和升力。保险杠通过支架直接固定到车架上，在其内部装有吸能缓冲块，当车辆受到碰撞冲击时，可以通过吸能缓冲块传递到支架得到缓冲，以减轻整个车身的损伤程度。

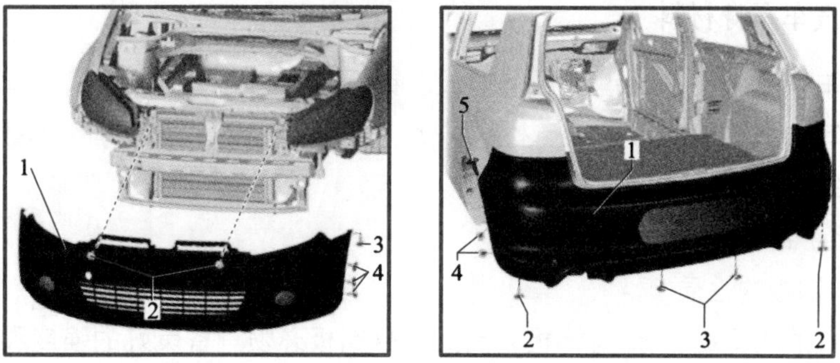

1–5 紧固螺钉

图 1-2-13
前后保险杠

⑨ 车窗

车窗包括前、后风窗和侧窗。车窗是为了保证车内有良好的视野和采光而设置的，一般都安装安全玻璃，如图 1-2-14 所示。现代轿车的前、后风窗玻璃通过密封胶与车身本体连接，既保证了良好的视野，又能防止漏水。前、后风窗与车身形成一定的倾斜，从而改善了车身的空气动力性能。侧窗玻璃一般都装有升降机构，使得玻璃可自由升降。

图 1-2-14
车窗

⑩ 车架

汽车车架就是支承车身的基础构件，俗称“大梁”。非承载式车身上有此种车架结构，如图 1-2-15 所示。发动机、变速器、转向器及车身部分都固定在车架上。车架的功用可以概括为两点：一是支承、连接汽车各零部件和总成；二是承受车内、外各种载荷的作用，如汽车加速、制动时的纵向力，汽车转弯、侧坡行驶时的侧向力，不良路面传来的冲击等。因此，车架必须要有足够的强度和刚度，以保证汽车正常使用时在各种应力作用下不会破坏和变形。

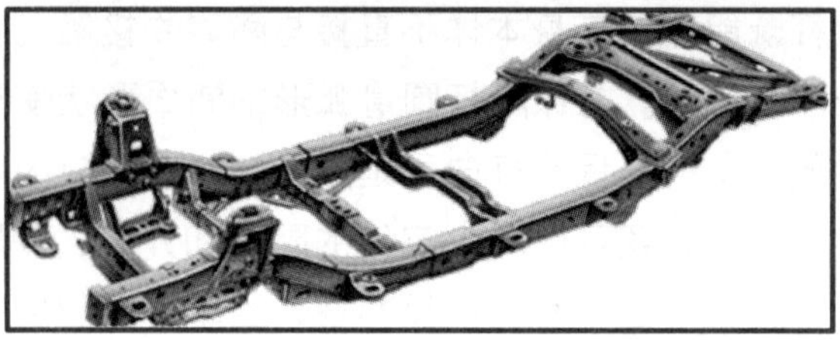

图 1-2-15
车架

1.2.2　汽车车身材料

汽车车身使用的材料主要有钢板、铝板、橡胶、塑料、玻璃、皮革、棉毛织品等。掌握汽车车身所用材料种类、牌号、性质，对车身的修复具有十分重要的意义。

（1）钢板

1）钢板的性质

车身的质量约 67% 为钢板，因此车身钢板必须具备良好的强度和塑性，同时还应注意以下特性。

① 残余应力

车身钣金零件在冲压成形时，钣金零件内有使钣金零件恢复原有形状的应力存在，该应力称为钣金零件的残余应力。例如，将发动机罩的缘角部切断时，切断后的两个断面有收缩或反方向展开的现象。

② 加工硬化

钢板在常温加工时，随着加工程度的增加，材料会渐渐变硬，使加工困难，这种现象称为加工硬化，其过程如图 1-2-16 所示。

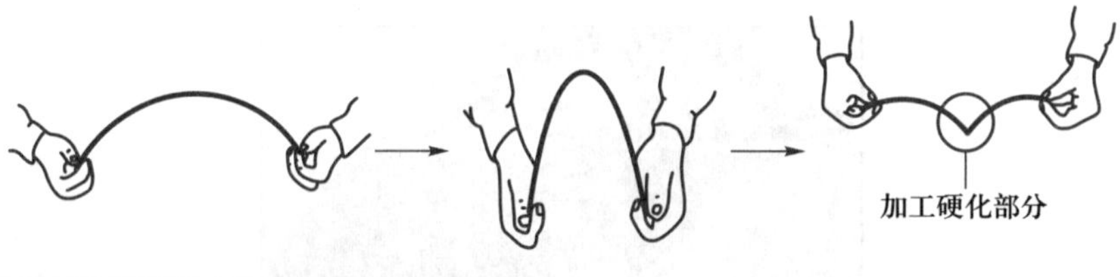

图 1-2-16
钢板加工硬化示意图

加工硬化是车身钣金零件冲压成形过程中常发生的现象，在车身钣金制造过程中，因不断地施加外力使钢板产生塑性变形，因而容易造成加工硬化。修理时以气焊火焰加热到 650 ℃左右，让其慢慢冷却，即可恢复它的加工性。

③ 热变形

普通钢材当加热温度为 800 ~ 1 000 ℃时，即可开始热加工，当温度降至 650 ℃时必须重新加热方可加工。

2）车身用钢板的种类

车身用钢板主要使用厚度为 0.6 ~ 2.3 mm 的冷轧或热轧薄钢板。近年来，为了防止锈蚀和减轻车身质量，使用表面处理钢板和高强度钢板的情况有显著增加的趋势，而装饰用的配件上则更多使用不锈钢板。

① 热轧钢板。热轧钢板是在 800 ℃以上高温下轧制的，它的厚度在 1.6 ~ 2.3 mm 之间。因为热轧制的关系，所以在钢板表面会覆上一层氧化膜，必要时可使用酸洗或喷丸处理来去除氧化膜。

热轧钢板主要用于车架、车身内部钢板、底盘零件、底盘大梁等结构部件；另外，还可用于外观要求不高的零件，如后轴壳、行李舱盖铰链等。

② 冷轧钢板。冷轧钢板由热轧钢板经过酸洗后冷轧变薄，并经过退火处理（因为滚轧的关系，内部结构变硬，故而实施退火处理使它软化）。由于冷轧钢板是在较低的温度下轧制的，它的厚度精度高，表面质量好，表面非常平滑，厚度为 0.4 ~ 1.4 mm，并且有良好的可压缩性。大多数整体式车身都采用冷轧钢板制成。

冷轧钢板比热轧钢板的加工性好且表面美观，所以，大都使用在汽车车身、机械零件、电器等表面需要平滑美观的结构上，用途广泛。

③ 低碳钢板。当前汽车车身修理中遇到的钢板大多是低碳钢制成的。含碳量低的钢材较软，所以便于加工，可以很安全地进行焊接、热收缩和冷加工，它的强度不会受到严重影响。但是低碳钢容易变形，有些部件又要承受很大的重量，所以汽车制造商已经开始改用高强度钢来制造汽车上需要承受载荷的零部件。

④ 高强度钢板。高强度钢泛指强度高于低碳钢的各种类型的钢材，而低碳钢在大多数汽车结构上已经使用了多年。

高强度钢一般强度为 340 MPa 以上，抗拉强度达 600 MPa 以上。整体式车身要求使用高强度钢，要求车身构件轻的同时还要能够承受悬架的部分载荷；还必须容易加工成设计的抗弯截面，以减少传递到乘坐室内的损害。相同的强度，高强度钢板的厚度比一般钢板薄，因此近年来汽车车身上普遍使用高强度钢板，以降低车辆重量。

当高强度钢受到碰撞而变形时，它比低碳钢更难修复到原来的形状。在常规修理中，需要采用加热的方法来释放拉伸应力或焊接新的零部件。在使用高强度钢后，这种加热需要受到严格控制，或者根本不能加热，否则会对零部件造成结构上的损害。

高强度钢种类很多，特别是复合组织钢板，这种钢板加工成形性好，近年来在大型车的外板部分也有使用。

⑤ 表面处理钢板。指在钢板的表面镀以锌、铝等金属镀层的钢板，以及喷涂锌粉漆并经烘烤处理的钢板等。使用表面处理钢板可以提高车身的耐腐蚀性。

需要注意的是，板状的铝材或铸造件可以焊接，但是必须先除去焊接部位阳极处的氧化膜并使用焊接专用的铝焊剂。

表面处理钢板可分为单面处理钢板和双面处理钢板两类。在涂装车身外板时，对表面处理钢板和普通冷轧磨光钢板混合使用的涂装后的表面有明显的差别，且涂膜的密着性也有差异。因此，在车体的封闭部分（如侧护板等）使用单面的表面处理钢板，其内侧为表面处理层，具有耐腐蚀性，而外侧表面则与整个车壳一起涂装。

⑥ 特殊钢板。汽车上所使用的特殊钢板有不锈钢钢板和夹层制振钢板。

不锈钢钢板是指在碳钢中添加铬和镍等金属，经轧制而成的钣金材料，碳钢的含铬量大约为 12%。不锈钢钢板耐腐蚀性极强，外观为光滑美观的银白色，主要应用于饰条类零件。

夹层制振钢板在其表面或中间会覆有塑胶，以前覆盖的塑胶膜较薄（一般为 0.2 mm），而后来覆盖的塑胶膜较厚（达到了 0.6 mm）。夹层制振钢板是将振动力量转换成热的形式，而产生抑制效果。夹层制振钢板用在下隔板或后舱隔板。

（2）铝合金

随着汽车轻量化的要求越来越高，铝合金越来越多地应用于高级轿车的车身上。铝合金经常被用于车身覆盖件来减少车辆自重，像发动机罩、车顶盖、车门等，如奥迪 A6 的发动机罩就是铝合金材料。而且有许多制造厂把铝合金引入到车身结构件的生产中，甚至完全用铝合金来制造整个车身。如奥迪 A8、捷豹 XJ 为全铝车身；宝马 5 系则用铝合金来制造车身前部的结构件和外部板件。

铝合金材料的最大优势就是轻，铝的比重大约是钢铁的三分之一，在车身制造中铝的应用可以使车辆减少 20%~30% 的质量，由此可以降低 10% 的燃油消耗，这意味着每百公里节省 0.5 L 燃油。

铝合金车身也有不少缺点，比如制造成本很高。一是因为铝本身比较贵，一些铝合金的价格甚至超过黄金；二是铝合金车身生产、维修工艺复杂，有更多的技术难点。因此，全铝车身目前基本都是在豪华高端车辆上应用。

（3）塑料

车辆上使用数量较多的塑料零件，可以减轻车重。

车身的塑料零件常用于对强度和硬度要求不高，但有良好成形要求的零件中。例如水箱前饰罩、通风栅板、车灯壳及饰罩、内把手及内扶手等零件大都使用塑料制品。

（4）橡胶

轿车为了防风雨、灰尘，在车门或车窗上与车身配合的间隙部分使用防水橡胶密封，行李舱的框缘上也装有橡胶密封条，以保护行李舱内的货物。一般情况下，这些密封条的表面用高密度的橡胶制成，而里面为海绵状，具有伸缩弹性，使密封良好。

前风窗玻璃及后风窗玻璃的防水橡胶条，必须具有将玻璃夹紧及套住车身凸缘的特性，所以，橡胶密封条的横断面形状颇为复杂，其装配关系如图 1-2-17 所示。

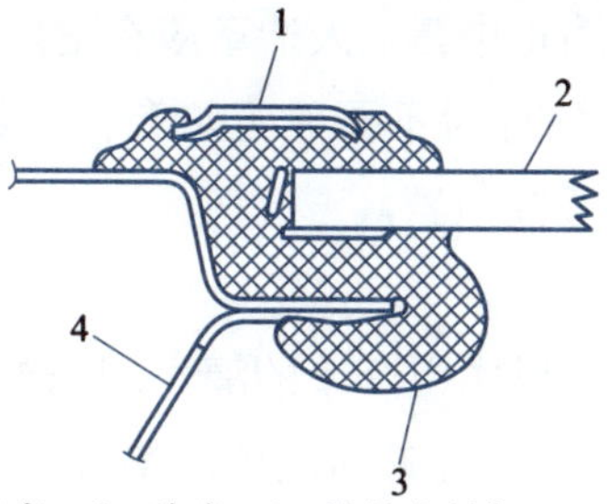

1—饰条；2—玻璃；3—橡胶密封条；4—车身

图 1-2-17
橡胶密封条

（5）玻璃

1）钢化玻璃

钢化玻璃可以增加玻璃的强度，减少破损。钢化玻璃是由普通平板玻璃或磨光玻璃经热处理后得到的一种淬火玻璃，有全钢化玻璃和半钢化玻璃之分。钢化玻璃破损后会破碎成无尖锐状的碎粒。钢化玻璃大多用于侧风窗及后风窗玻璃，少量用于前风窗玻璃。

钢化玻璃不能切割、钻孔，否则会整个破碎，但可用磨料打磨修正。

2）夹层玻璃

夹层玻璃是由两片机制平板玻璃，中间夹以塑料夹层，通过黏合剂、软化剂处理，再经过滚压、热压处理，使之黏合后逐渐冷却而制成的玻璃。它比钢化玻璃冲击强度高，安全性好，大多用于前风窗玻璃以及侧风窗和后风窗玻璃。夹层玻璃可以根据所需形状用刀具切割成形。

3）有机玻璃

有机玻璃是一种高度透明的热塑性塑料，在轿车生产中，可用于制造透光零件，例如驾驶室的遮阳板、后灯灯罩、发动机罩前标志、暖风说明牌、轿车指示灯护镜等。

注意事项

有机玻璃制品由于应力作用发生翘曲，可进行退火处理，将有机玻璃制品放入空气炉或红外线加热炉中，升温到 90℃以上，随炉冷却即可。有机玻璃可用木工机械切割，其表面硬度较低，使用时要尽量注意不要被硬物损伤表面。有机玻璃使用温度不高，在 65 ~ 95℃之间，要避免和某些有机溶剂及碱类接触，以防溶解受损。

（6）衬垫材料

1）人造革

人造革用于制造或修补人造革制件，如轿车内护面用的蒙布、汽车坐垫、靠背、车门内板及其他装饰覆盖物等。人造革可按制件的形状和所需面积量好尺寸，用剪刀剪切成块，用缝纫机械轧制成形即可。聚氯乙烯人造革配方中含有毒材料，使用时要防止中毒。人造革应在室内储存，室内空气要流通、干燥，防止起霉、发白，储存时不要靠近热源；尽量避免重压，尤其是泡沫人造革更要注意防压，应竖向放置。

2）泡沫塑料

在维修作业中，泡沫塑料作为汽车的隔声、隔热、防振、密封等材料使用。聚氯乙烯泡沫塑料可用于制作汽车的地毯、垫条、密封条；聚氨酯泡沫塑料可用于制作汽车坐垫，靠背，隔热、隔声、防振饰板和平衡杆球头封垫圈等；软质聚氨酯泡沫用于制作防撞材料；半硬质聚氨酯泡沫塑料用于制作某些车身结构材料。可按实际需要的形状和面积，用机械方法将泡沫塑料或泡沫橡胶剪切成形，铺垫或装填在相应部位，予以包装、固定即可。泡沫塑料要尽量避免接触油类和其他溶剂，以防变质；在其使用的部位（如地板等）要避免形成高温，以防产生较大收缩变形。

（7）碳纤维

碳纤维（carbon fiber，简称 CF）是一种含碳量在 95% 以上的高强度、高模量纤维的新型纤维材料。它是由片状石墨微晶等有机纤维沿纤维轴向方向堆砌而成，经碳化及石墨化处理而得到的微晶石墨材料。碳纤维“外柔内刚”，质量比金属铝轻，但强度却高于钢铁，并且具有耐腐蚀、高模量的特性，在军工和民用方面都是重要材料。

碳纤维材料也深得汽车制造商青睐，目前，奔驰、宝马、奥迪、保时捷等高端品牌都在汽车内外装饰中开始大量采用。图 1-2-18 所示为保时捷 911 turbo 尝试使用的碳纤维车身。碳纤维作为汽车材料，最大的优点是质量轻、强度大，质量仅相当于钢材的 20%~30%，硬度却是钢材的 10 倍以上。所以汽车制造商使用碳纤维材料可以使汽车轻量化取得突破性进展，从而节省大量能源。未来，碳纤维在汽车制造领域的使用量将呈现不断增长趋势。

使用碳纤维车身的汽车抛弃了传统汽车车身的钢结构，大量采用碳纤维材料，质量比使用普通钢材的汽车减轻 60%。

图 1-2-18
保时捷 911 turbo 碳纤维车身

课后习题

1. 按车身受力情况分，汽车车身结构可分为（　　）。

A. 承载式车身

B. 非承载式车身

C. 半承载式车身

D. 以上都对

2. 在所有碰撞中，超过 70% 的碰撞发生在汽车的（　　）。

A. 前部

B. 左侧部

C. 后部

D. 右侧部

3. 现代的整体式车身，除了少数板件为了日常维护维修方便可进行拆卸外，其余的主要通过（　　）的连接方式。

A. 螺钉连接

B. 胶黏连接

C. 卡扣连接

D. 焊接

4. 通常车身上的连接方式可以分为可拆卸和（　　）连接方式。

A. 不可拆卸

B. 半拆卸

C. 铰链

D. 铆接

5. 汽车车身构件的碳素钢一般可分为（　　）和高强度钢两类。

A. 高碳钢

B. 中碳钢

C. 低碳钢

D. 铝合金

6. 汽车车身前部最坚固的部件是（　　）。

A. 发动机

B. 前纵梁

C. 保险杠骨架

D. 水箱框架

7. 整体式车身的（　　）部分刚性最大。

A. 前车身

B. 中车身

C. 后车身

D. 所有部位

8. 为满足车体设计和提高强度，经过车身钢板冲压后形成的一些部位是（　　）。

A. 镀锌

B. 曲面

C. 防锈漆

D. 面漆

9. 铝合金材料在汽车车身上应用的主要优势是（　　）。

A. 价格低廉

B. 质量轻

C. 加工容易

D. 维修方便

10. 维修中不能进行加热的材料是（　　）。

A. 高强度钢

B. 热轧钢

C. 冷轧钢

D. 低碳钢

第 2 章
汽车车身维修安全

电子教案
汽车车身维修安全

电子课件
汽车车身维修安全

PPT

本章重点

认识车间安全标志，了解车间消防、电气安全要求，掌握处理消防、电气事故的能力；正确存放和使用维修材料；了解各种防护用品的特点及作用，掌握正确的选用方法；能进行正确的急救处理；牢记各工种安全操作规程。

2.1　维修车间安全

2.1.1　维修车间安全标志

维修车间由于存在空间小、环境复杂、人员多等多种不良因素，很容易出现一些安全事故。接下来让我们一起来学习维修车间安全标志的相关知识。

（1）危险标志

全球化学品统一分类和标签制度使用可在容器上找到的象形图来增强对其所含成分的意识，这些图通常称之为危险标志。此类标志无背景色，图案颜色为黑色，采用红色菱形轮廓。图 2-1-1 ~ 图 2-1-6 为车间常见危险标志。

图 2-1-1
腐蚀性物质

图 2-1-2
高压气体

图 2-1-3
爆炸物

图 2-1-4
易燃物

图 2-1-5
有毒物质

图 2-1-6
健康危害

（2）警告标志

2011 年，国际标准化组织（International Organization for Standardization, ISO）规定了用于事故预防、消防、健康危害信息和紧急疏散的安全标志，对应标准为 ISO7010。此类标志背景为黄色，图案为黑色，采用三角形轮廓。图 2-1-7~ 图 2-1-12 为常见警告标志。

图 2-1-7
当心电离辐射

图 2-1-8
当心触电

图 2-1-9
当心滑倒

图 2-1-10
当心蓄电池充电

图 2-1-11
当心障碍物

图 2-1-12
当心高压气罐

（3）安全状况和急救标志

安全状况和急救标志主要用于指示诸如逃生路线、紧急出口、急救设备和应急喷淋装置之类的信息。此类标志底色为绿色，图案为白色，采用正方形轮廓。图 2-1-13~ 图 2-1-18 为常见安全状况和急救标志。

图 2-1-13
饮用水

图 2-1-14
紧急出口

图 2-1-15
应急电话

图 2-1-16
应急避难场所

图 2-1-17
带逃生梯的应急窗

图 2-1-18
急救点

（4）禁止标志

禁止标志应该用于传达“禁止”型指令，例如用于指示禁止吸烟等。此类标志无底色，图案为黑色，采用暗红色圆形轮廓。图 2-1-19~ 图 2-1-26 所示为常见禁止标志。

图 2-1-19
禁止用水灭火

图 2-1-20
此处禁止通行或站立

图 2-1-21
禁止开启无线移动通信设备

图 2-1-22
禁止明火或明火点火源

图 2-1-23
禁止吸烟

图 2-1-24
禁止通行

图 2-1-25
禁止拍照

图 2-1-26
禁止饮用水

（5）强制标志

强制标志用于指示为了遵守法定要求和确保安全而必须采取的行动。此类标志为蓝色背景，白色图案，采用圆形轮廓。图 2-1-27~ 图 2-1-32 所示为车身维修车间常见强制标志。

图 2-1-27
必须参考说明书

图 2-1-28
必须戴护耳器

图 2-1-29
必须佩戴防护眼镜

图 2-1-30
必须戴防护手套

图 2-1-31
必须戴防毒面具

图 2-1-32
必须戴安全帽

（6）消防安全标志

消防安全标志用于标记灭火设备和火灾报警激活点的位置等。此标志背景为红色，图案为白色，采用正方形轮廓。图 2-1-33~ 图 2-1-38 所示为车身维修车间常见消防安全标志。

图 2-1-33
灭火器

图 2-1-34
火灾报警按钮

图 2-1-35
消防龙头

图 2-1-36
消防水带卷盘

图 2-1-37
消防梯

图 2-1-38
消防应急电话

2.1.2　维修车间消防安全

燃烧的三个基本要素是达到着火点（着火温度）、可燃物、助燃物，在三个要素都满足的情况下，物体才会燃烧，如图 2-1-39 所示。只要这三个要素中有一个要素缺失，就能够熄灭火焰，防止火灾的发生。

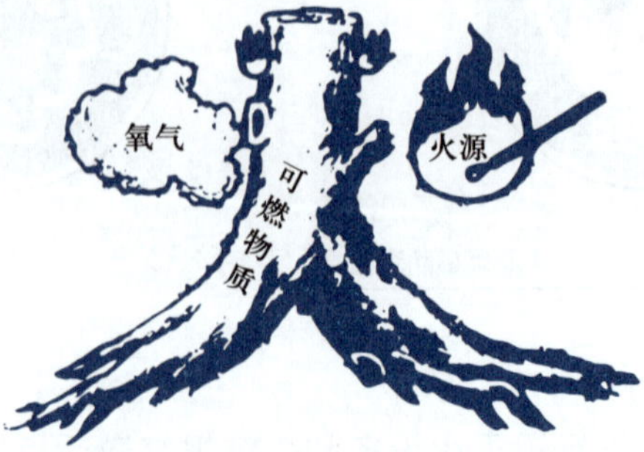

图 2-1-39
燃烧三要素示意图

（1）消防设施

① 在车间一般要配备水龙头、防火沙、灭火器等消防设施。

② 多用途水基型灭火器可扑灭易燃固体、易燃液体、易燃气体和电气火灾，因此车间应配备足量的多用途水基型灭火器，并确保灭火器性能完好，车间人员应熟悉并掌握其使用方法。灭火器使用方法如图 2-1-40 所示。

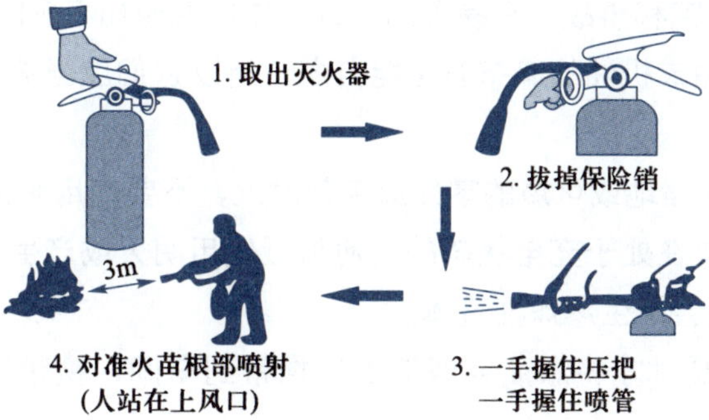

图 2-1-40
灭火器使用方法

（2）灭火器存放注意事项

① 定期重新加注灭火剂。

② 灭火器要摆放在车间的固定位置，并设有明显的标志。

（3）车间防火注意事项

车身维修车间如有汽油、油漆等各种易燃品，在车身维修操作过程中经常产生明火，极易造成火灾。因此在车身维修操作时要注意以下防火事项。

① 车身维修车间禁止吸烟。为满足客户需求，一般都会在别处单独设置抽烟室。抽烟在抽烟室，抽完后要确认将香烟熄灭后放在烟灰缸里。图 2-1-41 所示为车间指定抽烟处。

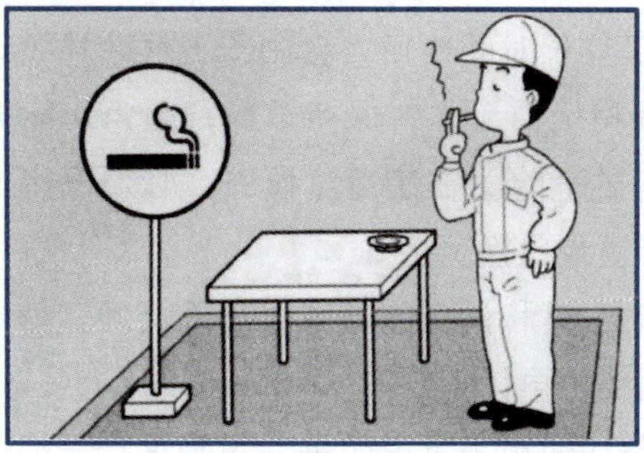

图 2-1-41
指定抽烟处

② 不能将火柴或打火机等火种带入车间。

③ 进行焊接或切割作业时，高热量的火星可飞溅很远，因此不要在存有油漆或易燃的液体材料附近进行切割或焊接作业。

④ 易燃材料要专人妥善保管，不要有泄漏现象。

⑤ 燃油箱要在作业前排空后拆下。必要时要用湿布将油箱的修理部位进

行冷却。

⑥ 为了防止电气火灾，在进行电气作业或车身作业前要断开蓄电池。

⑦ 在车辆内饰件附近切割或焊接时，要防止内饰件被点着。应用适当的湿布遮盖，同时要在旁边准备一桶水和一个灭火器。

⑧ 一旦发生火灾，要冷静处理，采取必要的措施进行扑救，并及时拨打火警电话报警。同时要注意及时撤离火灾现场。

为了防止火灾和事故，在易燃品附近工作应遵照如下预防措施。

① 吸满汽油或机油的碎布有可能自燃，所以它们应当被放置到带盖的金属容器内。

② 在机油存储地或可燃的零件清洗剂附近，不要使用明火。

③ 千万不要在处于充电状态的电池附近使用明火或产生火花，因为处于充电状态的电池会产生爆炸性气体。

④ 仅在必要时才将燃油或清洗溶剂携带到车间，携带时还要使用能够密封的特制容器。

⑤ 不要将可燃性废机油和汽油倒入排水沟里，因为它们可能导致污水系统产生火灾。始终要将这些材料倒入一个排出罐或者一个合适的容器内。

⑥ 在燃油泄漏的车辆没有修好之前，不要起动该车辆上的发动机。

2.1.3　维修车间电气安全

不正确地使用电气设备可能导致短路和火灾。因此，要学会正确使用电气设备并认真遵守以下防护措施。

① 车身维修作业过程中，经常使用电动工具，利用交流电的时候较多，为了保障用电安全，在维修设备及工具时，必须断开电源，否则会有电击危险，严重的可能造成人员死亡。

② 用电设备和工具长时间使用，会由于导线牵拉扯动频繁，导致导线磨损而漏电，因此要保持地面无水，保持干燥，因为水能导电，如果漏电的部分导电会使人有触电的危险。在使用过程中，必须保持地面干燥，发现有导线漏电应及时进行修复或更换。

③ 应该确保电动工具和设备的电源线正确接地。如果电源线中的接地插头损坏，则应更换插头后再使用工具。

④ 仔细阅读设备和使用工具说明书，正确进行导线连接，按说明书的要求使用。

⑤ 如果发现电气设备有任何异常，立即关掉开关，并联系管理员或领班，如图 2-1-42 所示。

图 2-1-42
电气异常处理示意图

⑥ 如果电路中发生短路或意外火灾，在进行灭火步骤之前首先应关掉开关。向管理员报告不正确的布线和电气设备安装。

⑦ 有任何熔断器熔断都要向上级汇报，因为熔断器熔断说明有某种电气故障。

千万不要尝试图 2-1-43 所示行为，因为这些行为非常危险。

① 靠近断裂或摇晃的电线。

② 用湿手接触任何电气设备。

③ 触摸标有“发生故障”的开关。

④ 拔下插头时，用力拉电线，而不是拉插头本身。

⑤ 让电缆通过潮湿或浸有油的地方，通过炽热的表面或者尖角附近。

⑥ 在开关、配电盘或电动机等物附近使用易燃物。

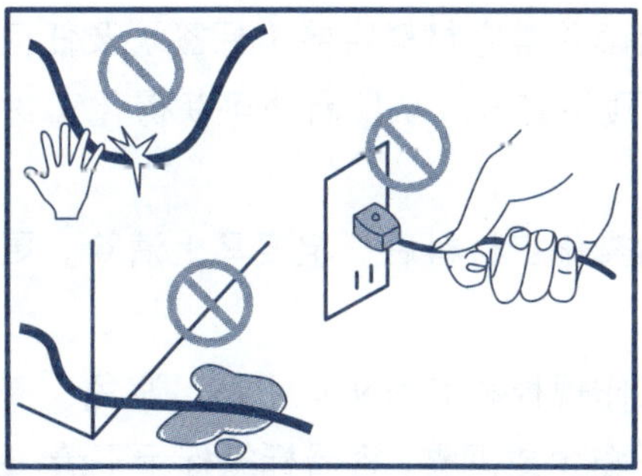

图 2-1-43
电气危险操作示意图

2.1.4　维修材料使用安全

汽车车身维修过程中，在车间可能使用某些带有危险性的化工材料。下面简要介绍一下可能遇到的这类材料。

（1）化工材料性质

使用、存储和搬运如溶剂、密封材料、胶黏剂、油漆、树脂泡沫塑料、蓄电池电解液、防冻剂、制动液、燃油、机油和润滑脂之类的化工材料时一定要小心谨慎，轻拿轻放。这些材料可能有毒、有害、有腐蚀性、有刺激性、高度易燃或能产生危险烟雾和粉尘。

过度暴露于化学品处对人产生的影响可能是直接的或缓发的，暂时性或永久性的、累积的，有可能危及生命或影响寿命。

（2）化学材料使用禁忌

① 不要混合化工材料，除非按照制造厂商的说明进行。某些化学品混合在一起能形成其他有毒或有害的化合物，或释放有毒或有害的烟雾，或变成爆炸物。

② 不要在有人在封闭的空间时使用化工材料，例如有人在车内时喷洒化工材料，尤其是带有溶剂的材料。

③ 不要加热或用火烧化工材料，除非按照制造厂商的说明进行。有些化工材料高度易燃，有些可能释放有毒或有害烟雾。

④ 切勿敞开容器。有些容器释放出的烟雾能积聚至有毒、有害或易爆的浓度。有些烟雾比空气重，会在封闭、低洼部位积聚。

⑤ 切勿将化工材料盛放在未作标记的容器内。

⑥ 切勿用化学品洗手或洗衣服。化学品，特别是溶剂和燃油，会使皮肤变干并可能产生刺激导致皮炎，或使皮肤吸收大量有毒或有害物质。

⑦ 切勿用空容器盛放其他化工材料，除非它们在监控条件下已被清洗干净。

⑧ 切勿嗅闻化工材料。短暂暴露于高浓度的烟雾处都可能是有毒或有害的。

（3）化工材料使用注意事项

① 一定要仔细阅读并遵守材料容器（标签）及任何附带活页、告示或其他的说明上的危险和预防警告。从厂商处可获得化工材料的有关健康和安全数据表。

② 皮肤和衣服沾染化工材料后一定要马上清除。更换严重污染的衣服并清洗干净。

③ 一定要制订工作规程和准备防护用品，避免：皮肤和眼睛受到污染，吸入蒸气、悬浮微粒、粉尘或烟雾，容器标签标示不清，引发火灾和爆炸事故。

④ 搬运化工材料后，一定要在吃饭、抽烟、喝水或上厕所之前洗手。

⑤ 要保持工作区域干净、整洁，无溢洒。

⑥ 一定要按照国家和当地法规的要求存储化工材料。

⑦ 一定要将化工材料保存在儿童接触不到的地方。

（4）维修车间常见化工材料

1）空调制冷剂

空调制冷剂高度易燃，操作现场要遵守“严禁吸烟”的规定。

① 皮肤接触可能导致冻伤。

② 必须遵循制造商的使用说明。避免明火，穿戴适当的防护手套和护目镜。

③ 如果皮肤或眼睛接触到制冷剂，应立即用大量清水冲洗接触部位。如

果眼睛接触到还应使用专用冲洗液清洗，并不得揉擦。必要时寻求医疗救护。

④ 不得将制冷剂罐暴露于日光或高温下。

⑤ 加注时，不得将制冷剂罐直立，应阀口朝下。

⑥ 制冷剂罐应常温保存。

⑦ 切勿掉落制冷剂罐。

⑧ 任何情况下不得将制冷剂向大气排放。

⑨ 不得混用制冷剂，如将 R12（氟利昂）和 R134a 混用。

2）废气

发动机废气中包含使人窒息、有害和有毒的化学成分和微粒，如碳氧化物、氮氧化物、乙醛和芳香族烃等。维修时发动机应该只在有充分的废气抽排设施或非封闭空间并且全面通风的条件下运行。

3）燃油

尽量避免皮肤接触燃油。万一发生接触，要用肥皂和水清洗接触燃油的皮肤。燃油高度易燃，应遵守“严禁吸烟”的规定，如图 2-1-44 所示。吞下燃油会对口腔和咽喉产生刺激，肠胃吸收后可导致昏睡和神志不清。少量燃油对儿童来说都可能是致命的。长期或反复接触燃油，会使皮肤变干并引起过敏和皮炎。油液进入眼睛会产生严重刺激。车用汽油中含有对人有害的苯，汽油蒸气的浓度必须保持在极低的水平。高浓度汽油蒸气会引起眼鼻喉过敏、恶心、头痛、抑郁和酒醉症状。超高浓度汽油蒸气会导致意识迅速丧失。长期接触高浓度汽油蒸气可致癌。

图 2-1-44
危险操作示意图

目前汽车所用的燃料有汽油、柴油（轻油）、甲醇、液化石油气及其他燃料。

4）溶剂

常用溶剂包括丙酮、石油溶剂油、甲苯、二甲苯和三氯乙烷，用于材料的清洗和脱蜡、油漆、塑料、树脂、稀料等，其中有些为高度易燃或可燃。

皮肤长期或反复接触这类溶剂，会使皮肤脱脂并引起过敏和皮炎。有些溶剂可被皮肤吸收，引起中毒或伤害。溶剂溅入眼内可产生严重刺激并可能导致视力丧失。短时间接触高浓度溶剂蒸气或烟雾会引起眼睛和咽喉疼痛、昏睡、眩晕、头痛，严重时甚至会导致神志不清。反复或长期接触过量但低浓度溶剂蒸气或烟雾，在事前没有足够预防的情况下，可对身体产生严重的伤害。

健康保护注意事项如下。

① 避免长期和反复接触机油，特别是废旧发动机机油。

② 只要有可能，穿戴防护衣具，包括抗渗手套。

③ 切勿将沾有机油的布片放在衣袋里。

④ 避免穿戴沾有油污的衣服，特别是内衣裤和鞋袜。

⑤ 开放的割伤和伤口应立即急救治疗。

⑥ 每次工作前涂抹隔离膏，有助于去除皮肤上的机油。

⑦ 用肥皂和水清洗，确保清除所有皮肤上的机油（皮肤清洁剂和指甲刷会有帮助）。用含有羊毛脂的护肤霜补充皮肤上被清除的自然油脂。

⑧ 切勿使用汽油、煤油、柴油、稀料或溶剂清洗皮肤。

⑨ 如果皮肤出现异常，立即就医。

⑩ 只要有溶剂接触眼睛的危险，就应该佩戴眼睛防护装置，例如化学品护目镜或防护面罩。另外还应备有眼睛清洗装置。

5）粉尘

粉末、粉尘或烟尘多半有刺激性、有害或有毒。避免吸入来自粉状化工材料或干磨操作产生的粉尘。如果通风不足，应穿戴呼吸防护装置。

细微粉尘属于可燃物，有爆炸危险。要避免达到爆炸极限并远离火源。切勿用压缩空气清除物体表面或织物上的粉尘。

6）油漆

油漆高度易燃、可燃，应遵守“严禁吸烟”的规定。

油漆喷涂最好在带废气排放设备、能将蒸气和喷雾从呼吸区域排除的工作间进行。在工作间工作的人员应该穿戴专用呼吸防护装置。在开放车间进行小面积修理工作的人员应该穿戴供气滤尘呼吸器。

7）胶粘剂和密封剂

胶粘剂和密封剂高度易燃，应遵守“严禁吸烟”的规定。

胶粘剂和密封剂通常应保存在“非吸烟”区。工作中应注意保持清洁和整齐，例如在工作台上铺盖一次性纸张；应该尽可能用涂胶器进行涂胶；容器（包括辅助容器）应贴有恰当的标签。

8）树脂基胶粘剂和密封剂

树脂基胶粘剂和密封剂包括环氧化物和甲醛树脂基胶粘剂和密封剂。

① 应该在通风良好的地方进行混合，混合时可能释放有害或有毒挥发性化学物质。

② 皮肤接触未硫化的树脂和硬化剂可引起过敏、皮炎，并吸收有毒或有害化学物质。溅入眼睛可损伤眼睛。

③ 充分通风，避免接触皮肤和眼睛。

④ 溅入眼睛会引起不适和造成损伤。

⑤ 喷涂最好在带废气排放设备、能将蒸气和喷雾雾滴从呼吸区域排除的工作间内进行。

⑥ 穿戴专用手套及眼睛和呼吸道防护装置。

⑦ 热熔胶固态下安全。熔融态可导致烫伤，吸入有毒气体可危害健康。

⑧ 使用专用防护衣具和带有热熔断路器的恒温控制加热器，并保证充分抽风。

9）压缩空气

许多车间都由压缩空气作为动力来源驱动工具。压缩空气在正确使用时是很安全的，但如果使用不当则非常危险，严重时可致人受伤或死亡。使用压缩空气时不能进行以下操作。

① 吹掉工作台上的锉屑或铁屑。

② 吹衣物上的粉尘。

③ 使用气枪跟他人对射，玩闹。

④ 清理部分密封的物体，如灯光设备等。

⑤ 清除制动装置上的粉尘。

注意事项

一般车间压缩空气的压力有可能超过 700 kN/m^2（约 7 kg/cm^2），这足以将空气吹透衣服进入人的血液，从而导致死亡。摆弄空气管线看起来好玩，但很可能带来不幸的后果。

2.2 车间维修人员安全与防护

2.2.1 车间维修人员安全要求

（1）车间维修人员安全意识

工作时是否安全往往是在维修人员到达工作场所之前就已决定了。当维修人员离家去上班时，是否做了充分的准备？考虑一下哪种衣着适合要进行的工作。记住，安全也是你的责任。

1）进入车间应避免的事情

① 让袖口宽松。

② 戴项链。

③ 戴手镯。

④ 穿喇叭裤。

⑤ 穿凉鞋。

⑥ 穿紧身裙。

⑦ 戴解开的领带。

⑧ 戴手表。

⑨ 戴戒指。

⑩ 让手帕垂挂在衣袋外面。

2）应采取的措施

① 摘下珠宝首饰。

② 戴“夹式”领带。

③ 穿戴经过批准的工作服、工装裤等。

④ 穿戴带有防压铁头的劳保靴。

⑤ 必要时，使用正确的眼 / 手 / 耳防护装置。

⑥ 准备工作不要仓促。给自己留有充足的准备时间，才能获得安全。

（2）车间维修人员安全行为

许多人在工作时因麻痹而遭受严重伤害。事故往往发生在维修人员分心或精神不集中的时候，每个人在工作场所应时刻对自己的行为负责。

维修人员在工作场所应注意以下几点。

① 要走不要奔跑。

② 不要大声听音乐。

③ 要明察周围发生的事情。

④ 小心驾驶。

⑤ 安全操作机械设备。

⑥ 切勿在安全方面走捷径。

特别说明

维修人员如果拿不准自己是否胜任某项工作，请征询班组长或主管的意见。切勿在酒后或服药后身体状况不佳的情况下工作，否则可能使自己和他人陷于危险境地。

2.2.2　车间维修人员人身安全与防护

视频 2-1
人身安全与防护

（1）呼吸系统和肺部的防护

某些工作会产生粉尘或涉及使用时会释放烟雾的材料，如在对镀锌钢材进行焊接时产生的焊接烟尘、在进行打磨抛光时产生的微尘、清洗部件时挥发的溶剂和在喷射防腐剂时挥发的液滴，都会被吸入呼吸系统中，对人体产生暂时甚至是永久性的伤害。因此，在进行这些操作时都应该佩戴呼吸器，以达到对呼吸系统防护的目的。

1）供气式呼吸器

供气式呼吸器主要由一个透明的护目镜、外接气源软管和兜帽等组成。使用时，干净可呼吸的空气通过软管从一个单独的气源泵送到面罩或头盔中，供人呼吸。在喷涂作业时，采用供气式呼吸器防护效果好，尤其针对含有异氰酸盐的涂料。供气式呼吸器如图 2-2-1 所示。

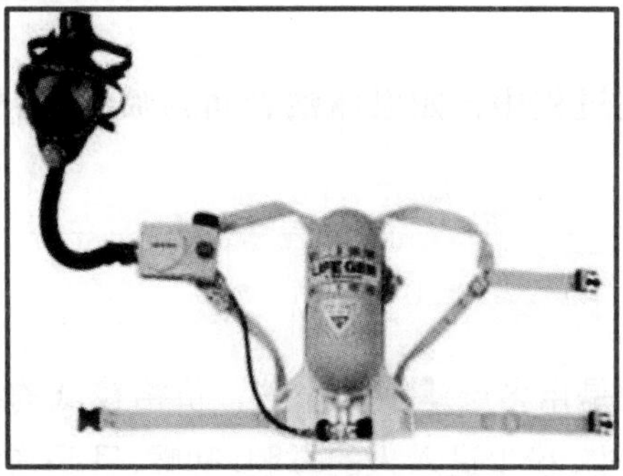

图 2-2-1
供气式呼吸器

异氰酸盐是一种活性很高的化合物，当它扩散到空气时，极易和空气结合。被吸入的异氰酸盐会附着在人体肺部组织上，长期吸入会严重损害人体健康。

2）滤筒式呼吸器

滤筒式呼吸器分为两种，即带面罩型和不带面罩型呼吸器，如图 2-2-2 和图 2-2-3 所示。带面罩型呼吸器由塑料透明面罩、柔性橡胶面、预滤器、滤筒、进气阀和出气阀等组成。塑料透明面罩用于保护面部免受溶剂侵蚀。柔性橡胶面用来保证贴合口鼻处轮廓，保证气密性。可更换的预滤器和滤筒中含有活性炭，能够吸附空气中逸散的溶剂和其他蒸气。进气阀、出气阀保证所有吸入的空气都通过过滤器。滤筒式呼吸器应进行定期清洗和维护，预滤器应定期进行更换。

使用滤筒式呼吸器前要进行密合度测试，即进行负压测试和正压测试。负压测试是指将双手手掌按压到滤芯上，然后吸气，如果面罩部分随着正常的吸气而朝脸部凹陷，即说明密合性良好；正压测试是指用双手手掌压住呼气器并呼气，如果面罩表面部分鼓起且空气不会随着正常的呼气从面罩中溢出，说明密合性良好。

图 2-2-2
带面罩型呼吸器

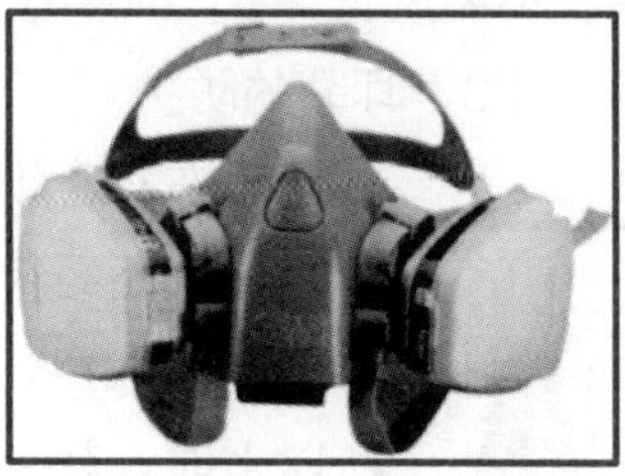

图 2-2-3
不带面罩型呼吸器

3）焊接专用呼吸器

在进行镀锌钢材焊接时，产生的焊接烟尘和锌蒸气会对人体产生很大的伤害。焊接用呼吸器就是与焊接防护面罩连接的一个特殊的滤筒装置，用来吸收过滤焊接产生的烟尘，如图 2-2-4 所示。

特别说明

在使用滤筒式呼吸器护具的过程中，如果佩戴者闻到喷涂材料的气味，应进行检查。

4）防尘呼吸器

防尘呼吸器一般是用多层滤纸制作的，价格较低的纸质过滤器，它的作用是阻挡空气中的微尘、粉尘进入人的鼻腔、咽喉、呼吸道和肺部。在进行打磨、研磨或用吹风机吹净操作时会产生大量的粉尘等，此时应佩戴防尘式呼吸器。防尘式呼吸器是加了过滤层的口罩，如图 2-2-5 所示。

图 2-2-4
焊接专用呼吸器

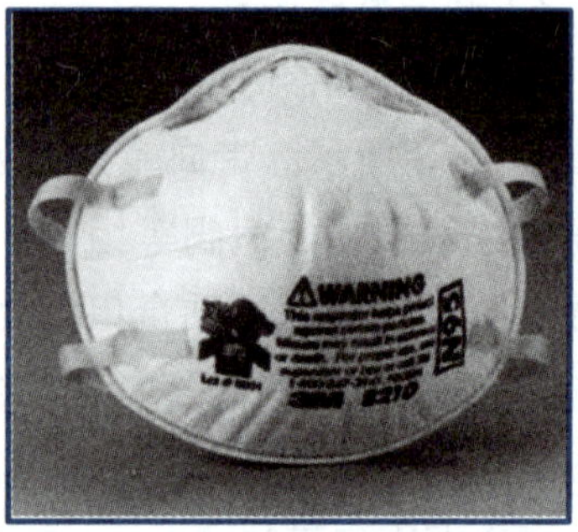

图 2-2-5
防尘口罩

（2）头部的防护

车身维修人员在作业过程中，由于时常在停于坡道上的汽车车下或者车厢内进行作业，容易因工具或物体掉落等造成头部损伤，还会因为粉尘、油污等造成头发污染或不够清洁，因此要注意头部的防护。在进行维修作业时要戴上安全帽，在车下作业或者拉伸校正操作时也要戴上硬质的安全帽。同时，头发不要过长，工作时要把头发放入安全帽中。图 2-2-6 所示为硬质安全帽。

（3）耳朵的防护

在车身维修作业过程中，经常使用气动錾、气动锯等切割工具，还经常对板件进行敲打、打磨等操作，这些都会产生高分贝的噪声，容易对耳朵产生伤害。当噪声的音量达到 90 dB 以上时，就会对人的听力造成伤害，因此进行上述工作时，佩戴耳塞或耳罩以加强对耳朵的防护是非常有必要的。图 2-2-7 所示为子弹头防护耳塞，图 2-2-8 所示为防护效果较好的防护耳罩。

图 2-2-6
硬质安全帽

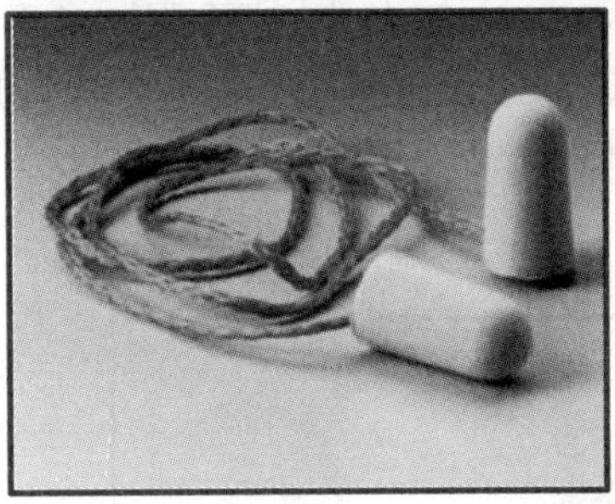

图 2-2-7
子弹头防护耳塞

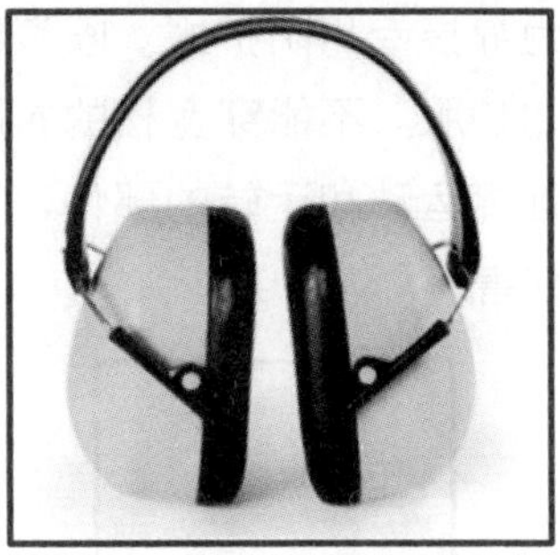

图 2-2-8
防护耳罩

（4）眼睛和面部的防护

如果佩戴的防护呼吸器不带面罩，就应该在大多数维修操作时佩戴防护眼镜、防护面罩等装置，以保护眼睛和面部。尤其在进行锤击、钻孔、磨削和切削等操作时，防护眼镜和防护面罩能够有效地防止飞屑击伤面部和眼睛。图 2-2-9 所示为防护眼镜，图 2-2-10 所示为全尺寸防护面罩。

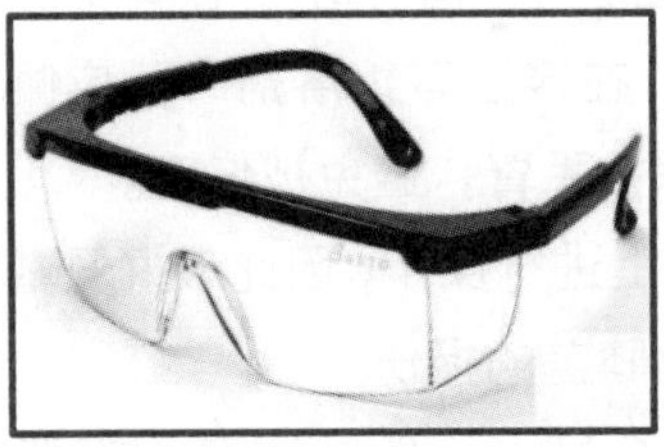

图 2-2-9
防护眼镜

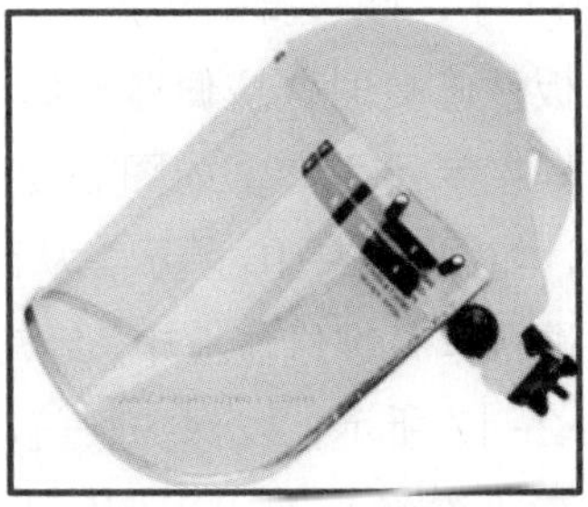

图 2-2-10
全尺寸防护面罩

在进行焊接作业时，应佩戴有深色镜片的头盔或护目镜。头盔能保护面部免受高温、紫外线或熔化的金属灼伤，深色镜片能保护眼睛免受电焊弧光的伤害。图 2-2-11 所示为焊接专用面罩。

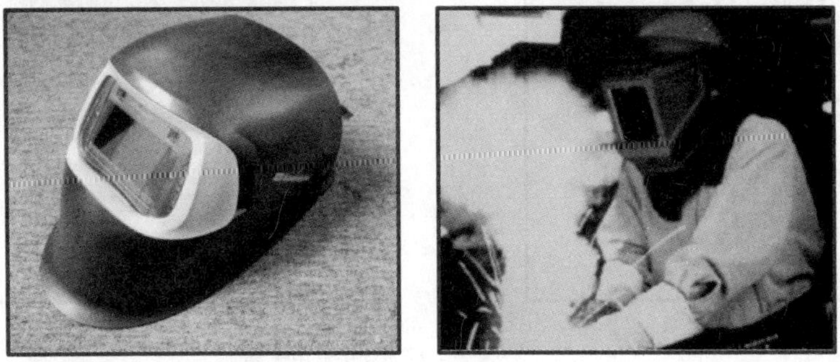

图 2-2-11
焊接专用面罩

（5）身体防护

在维修车间应穿着合格的连体工作服，焊接时应穿戴防护服。图 2-2-12

所示为焊接专用防护服。喷漆时穿防静电服，图 2-2-13 所示为喷漆专用防静电防护服。不能穿宽松的衣服或没系袖口扣子的衬衫，不能佩戴饰物。衣物应远离运动和运转的部件，宽松、下垂的衣物容易被绞入运动部件，造成人体伤害。

图 2-2-12
焊接专用防护服

图 2-2-13
喷漆专用防静电防护服

（6）手、腿、脚的防护

在板件修复时，应佩戴棉纱手套，如图 2-2-14 所示；在焊接时，应佩戴皮质焊接专用手套，如图 2-2-15 所示；在接触有机溶剂时，应佩戴防溶剂手套，如图 2-2-16 所示，从而很好地保护手臂，避免被伤害。

在进行车身维修作业中，经常会跪在地上进行操作，因此最好佩戴护膝，如图 2-2-17 所示，以保护膝盖，防止引起膝盖的损伤。

在车身维修车间，工作时，最好穿安全鞋，不能穿凉鞋和拖鞋。安全鞋鞋头内镶嵌有高强度钢板，可以防止重物下落砸伤脚趾；安全鞋还有防滑和绝缘的功能，可以防止滑倒和触电事故的发生。钢头安全鞋如图 2-2-18 所示。

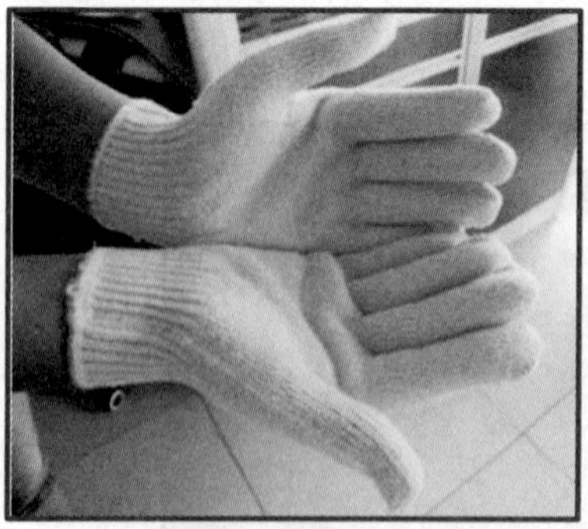

图 2-2-14
棉纱手套

图 2-2-15
皮质焊接专用手套

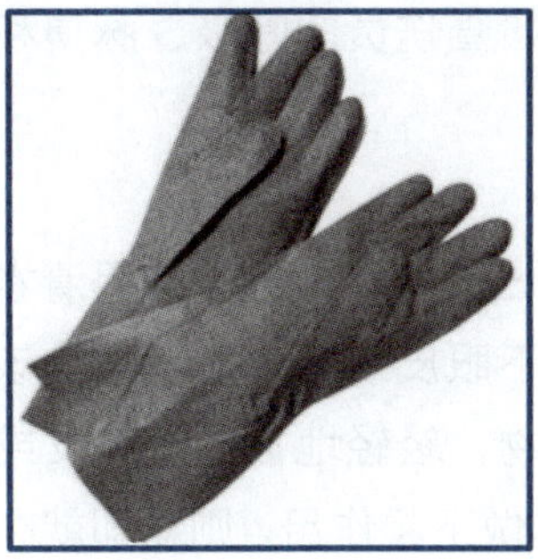

图 2-2-16
防溶剂手套

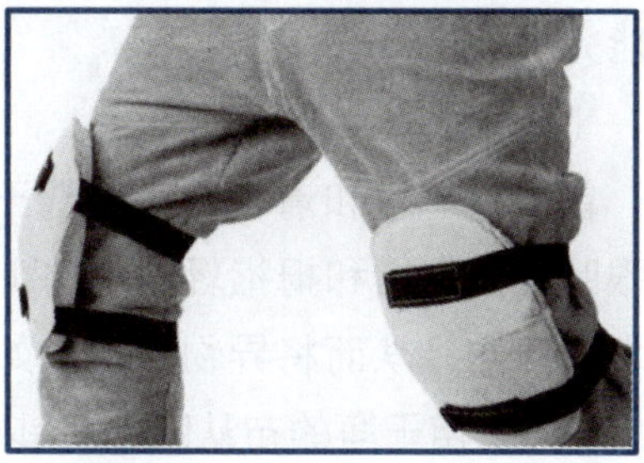

图 2-2-17
护膝

图 2-2-18
钢头安全鞋

2.2.3 急救处理

（1）轻微出血和烧伤

对于轻微出血，用清水彻底清洁伤口，然后用力按住约 5 min。这将阻止大部分出血，然后使用诸如膏药或绷带之类的清洁敷料。 对于小面积烧伤，立即将烧伤部位浸在冷水中，直到疼痛消退。这将花费 10~15 min，但是对于最大程度降低对烧伤组织的伤害是必不可少的。对于大面积烧伤，应该请具备资质的医生或护士诊治。

（2）无意识伤员

如果伤员无意识，但是能够呼吸，并且没有其他危及生命的情况，则应将其置于恢复体位，然后等待救护人员的到来。

（3）窒息伤员

争取让他们咳嗽。如果这样做并不能清除异物，则用一只手支撑住其上体，然后帮助伤员向前倾斜。如果咳嗽不起作用，则帮助伤员向前弯腰。用掌跟在其肩胛骨之间连续拍击伤员的背部。如果背部拍击不起作用，则将两只手放在伤员的肚脐和胸腔底部之间，然后将下面的手握成拳头，用力向其身体的后上方冲击性地挤压。如果在重复这些步骤三次之后伤员还处于窒息状态，则打电话呼叫医疗帮助。

（4）休克伤员

使伤员躺下，将其头部放低，抬高并支撑其腿部，以便增加头部的血液流通。打电话呼叫医疗帮助，然后解释伤员处于休克状态，说明可能是什么原因造成休克（例如失血或心脏病发作）。解开颈部、胸部和腰部周围的所有紧身衣物，确保衣物不会阻碍血液流通。持续检查伤员的呼吸、脉搏和反应能力。

（5）眼部污染

首先用肥皂和清水将手冲洗干净，这将防止进一步污染。尝试用清水冲洗眼睛。用食指和拇指轻轻地将上眼皮向下拉到下眼皮顶部上方，这应该会引发流眼泪，从而将异物冲出。如果能够看到异物，轻轻地抬起上眼皮或下眼皮，尝试用干净的布从眼中将其取出。如果这样做不起作用，则立即就医。

2.3　车身维修工种安全操作规程

2.3.1　汽车维修钣金工安全操作规程

①工作前要先将工作场地清理干净，以免其他杂物妨碍工作，同时认真检查所有用具、机具技术状况是否良好，连接是否牢固。

② 进行校正作业或使用车身校正台时应正确夹持、固定、牵制，并使用适合的顶杆、拉具、夹具及站立在正确位置，谨防物件弹跳伤人。

③ 使用折床、碰焊机、电焊机时，必须事前检查各部分及焊机接地情况，确认无异常情况后，方可按启动程序开始使用。

④ 电焊条要干燥、防潮；工作时应根据工件大小选择适当的电流及焊条；电焊作业时，操作者要穿戴面罩及劳动防护用品。

⑤ 焊补油箱时，必须放净燃油，并彻底清洗确认无残油，然后敞开油箱盖谨慎施焊。

⑥ 氧气瓶、乙炔气瓶要放在距离火源较远的地方，不得在太阳下曝晒，不得撞击，所有氧焊工具不得沾上油污、油漆，要定期检查焊枪、气瓶、表头、气管是否漏气。

⑦ 搬运氧气瓶及乙炔瓶时必须使用专门的搬运小车，切忌在地上拖拉。

⑧ 进行氧焊点火时先开乙炔气后开氧气，熄火时先关乙炔气阀。发生回火（回燃）现象时应迅速卡紧胶管，先关乙炔气阀再关氧气阀。

2.3.2　汽车维修油漆工安全操作规程

① 喷漆工作的作业场地严禁存放易燃、易爆物品，工作场地严禁吸烟，喷漆间必须备有消防用具。不准进行焊接和一切明火作业。

② 工作前必须穿戴好防护用品，如口罩、手套、工作帽等，否则不得入内。

③ 喷漆工件应放平稳后方能进行操作。作业时使用的高凳应有防滑措施，否则不得使用。

④ 处理喷枪堵塞时，用钢针处理通畅后，应对地 45° 角试喷，不得将喷枪对着人或对自己，防止高压气喷出伤人。

⑤ 工作前应及时起动风机排风，起动前应检查风机有无故障，扇叶有无

摩擦现象，电源线是否有破损，防止电机打火引起火灾。

⑥ 喷漆间放工件的架子应每季度清理残漆一次，处理废油纱、废煤油、废汽油、废松节油、废硝漆等物品时，应通知保卫部门及本车间安全员，并选派有经验的人员进行处理。

⑦ 工作完毕后，应清扫场地，将用完的废旧物品如棉丝等集中放在专用器具内，不得到处乱扔乱放。

⑧ 供油泵烤炉不得漏油，每月对煤油箱进行一次排水作业。

⑨ 进行保温烘干作业时不得将温度调节器设定在 80℃以上。

课后习题

1. 当在油箱周围进行焊接时，正确的程序是什么？（　　）

A. 用水泼湿油箱再进行焊接

B. 拆下油箱再进行焊接

C. 用水泼湿工作区后再进行焊接

D. 用水泼湿油箱并以防火布隔离再开始焊接

2. 当眼睛触碰到有机溶剂如结构胶或者清洁剂时应先如何处置？（　　）

A. 直接送医

B. 点眼药水后送医

C. 先以大量清水冲洗后立即送医

D. 清水冲洗后稍作休息即可

3. 配戴耳塞是为了保护并维持我们的听力，长期生活在多少分贝以上的噪声环境中，听力会受到严重影响并产生神经衰弱、头疼、高血压等疾病？（　　）

A. 50 dB

B. 70 dB

C. 90 dB

D. 120 dB

4. 为了避免人员工作过程中触电，一般在干燥而触电危险性较小的环境下，安全电压规定不超过（　　）。

A. 12 V

B. 24 V

C. 36 V

D. 220 V

5. 防护效果最好的呼吸器是（　　）。

A. 滤筒式呼吸器

B. 供气式呼吸器

C. 防尘呼吸器

D. 焊接用呼吸器

6. 焊接时戴焊接头盔的主要目的是（　　）。

A. 保护脸部皮肤

B. 看清楚焊接位置

C. 防止紫外线伤害眼睛

D. 美观

7. 车身维修车间所使用的压缩空气的压强是（　　）MPa。

A. 0.4~0.8

B. 0.5~0.8

C. 0.3~0.8

D. 0.3~0.5

8. （　　）会对呼吸系统及肺部产生永久伤害。

A. 焊接烟尘

B. 打磨抛光时产生的微尘

C. 除油剂挥发的蒸气

D. 喷漆使用的稀释剂挥发出来的有毒气体

9. 在维修操作时最为重要的是（　　）。

A. 安全

B. 品质

C. 效益

D. 收益

10. 哪种鞋适用于钣金作业（　　）？

A. 拖鞋

B. 布鞋

C. 钢头劳保鞋

D. 橡胶长筒雨靴

11. 规章制度是员工的行为准则，是使人们达成共识、形成企业文化的基础，它是属于（　　）。

A. 整理

B. 清扫

C. 清洁

D. 素养

12. 为防止被裂开金属或金属碎粒划伤手，要戴（　　）。

A. 耳塞

B. 眼镜

C. 防尘口罩

D. 线手套

13. 频繁或长时间的工作在噪声大的环境，要使用（　　）。

A. 耳塞

B. 眼镜

C. 防尘口罩

D. 线手套

第 3 章
汽车车身维修工具与材料

电子教案
汽车车身维修
工具与材料

本章重点

了解各种汽车钣金修复工具及设备的作用，掌握其使用方法，会进行正确的维护和保养；了解各种汽车涂装修复工具的作用，掌握其使用方法，会进行正确的维护与保养；了解车身维修材料的选用与存放。

电子课件
汽车车身维修
工具与材料

PPT

3.1　汽车钣金修复工具

3.1.1　手工工具种类及使用方法

（1）钣金锤

钣金锤是连续敲击钣金件使其形状恢复的基本工具。钣金锤的种类很多，有方头、圆头、尖头等不同形状，如图 3–1–1 所示。每种形状都有相应的用途。对于各种锤子来说，质量均衡是非常重要的，这将极大地影响到操作方便程度和控制的准确性。

视频 3–1
锤子种类及使用

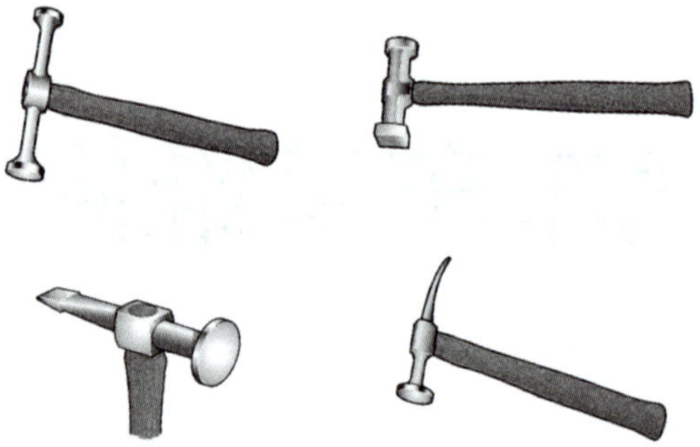

图 3–1–1
钣金锤

特别说明

锤头应保持清洁和光滑，专锤专用，这样将延长锤子的使用寿命，并且可以提高工作质量。

下面对一些常用钣金锤分别加以介绍。

1）鹤嘴锤

鹤嘴锤又称镐锤，能维修许多凹陷，其尖头端从凹陷的内部轻轻地敲打，即可把小凹陷敲平，如图 3–1–2 所示。其平顶端与顶铁配合作业，可去除钣金面上凸起的点和波纹。长锥尖和长弯曲锥尖这两种锤头较长的鹤嘴锤，可以穿过钣金件内衬板上的孔洞，很容易地从内部敲打面板上的小凹陷。对于小的凹痕使用鹤嘴锤最好采用多次轻锤而不是采用一两次重锤的方法，当凹进部分鼓起来后用锉刀磨平即可。

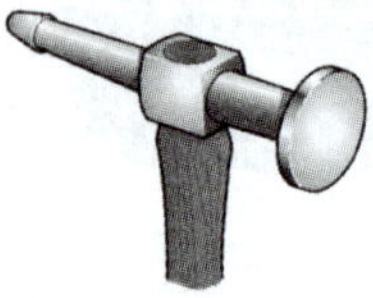

图 3–1–2
鹤嘴锤

2）球头锤

球头锤的锤头一端是圆形，锤顶的表面几乎是平的，如图 3-1-3 所示。这种锤的顶面大，打击时打击力可以扩大到较大的面积上，适用于大凹陷面板初始的粗矫正或加工内衬板和加强肋等需要较大的力量而不要求表面光洁度部位的矫形。冲击锤的锤面大，敲击时，力分散在较大的面积上，可使钢板受到冲击而不发生延展现象。

3）橡胶锤

橡胶锤主要应用于敲击材料硬度不高，厚度较薄，车身表面上一些面积较大的变形缺陷和不破坏工件表面镀涂装饰的修复。橡胶锤的锤头采用橡胶等材料制成，锤头表面在击打车身钣金件时，不会损伤车身表面的涂层，如图 3-1-4 所示。

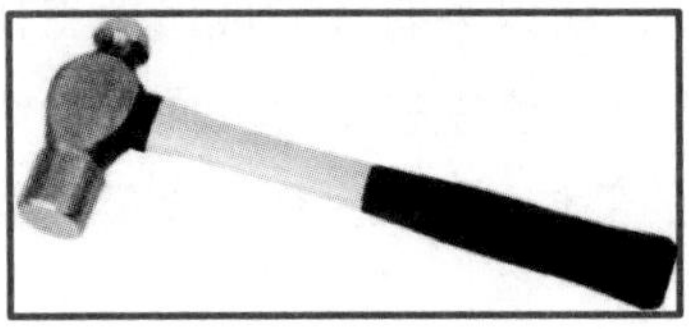

图 3-1-3
球头锤

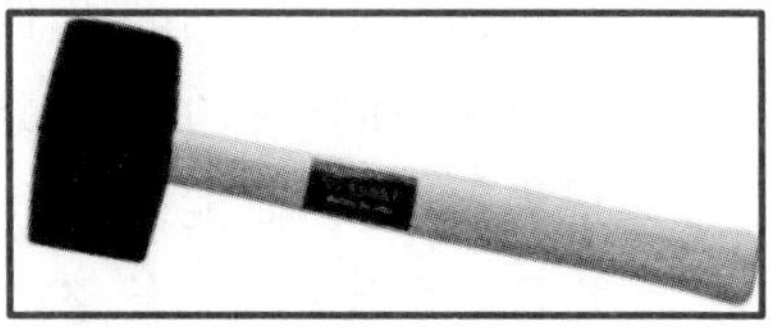

图 3-1-4
橡胶锤

4）尼龙锤

尼龙锤锤头由尼龙材料制作而成，体积较小，适用于直接敲击车身油漆表面压合、边角及双层板和多层板的钣金缺陷，如图 3-1-5 所示。

5）鸭嘴锤

鸭嘴锤平头端为扁平状，如同鸭嘴一样，主要用于敲击平面及较深的凹陷和边缘拐角，如图 3-1-6 所示。

图 3-1-5
尼龙锤

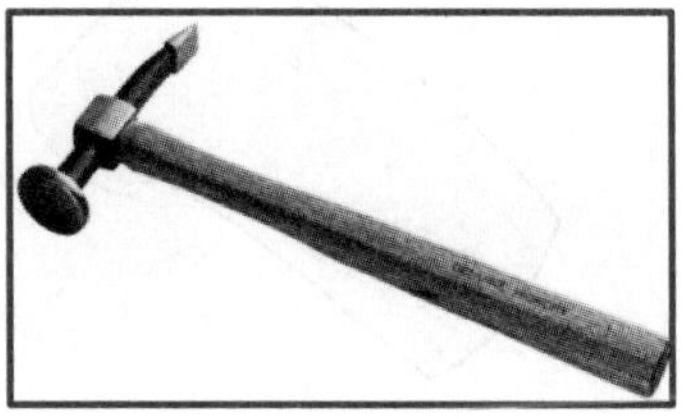

图 3-1-6
鸭嘴锤

特别说明

钣金锤的正确使用

钣金锤是车身维修日常工作中最广泛用到的修复工具，熟练地掌握其使用方法对修复工作有很大帮助。在使用时每一个动作都决定修复的效果和最后的成败。利用锤击法进行修复作业的关键是选择敲击部位。

① 握锤时，以拇指、食指两个手指为支点，其他手指自然放在锤柄上。

② 当锤子从金属表面向回弹时，可以绕着支点做轻微的旋转。

③ 作业前要研究敲击的落点、敲击力和次数。

④ 要用手腕去驱动锤子垂直敲击，敲击方向以锤头同表面面板保持上下垂直的角度落锤。注意不要用锤头边缘处直接击打表面。

⑤ 不能用整个手臂或肩部的力量，不要用力过猛。

（2）垫铁

垫铁是一种手持的铁砧，也叫做顶铁，是由高强度钢制成，用在粗加工和锤击加工中。由于板件的结构和形状不同，所以为有效完成修理工作，需要选用不同形状的垫铁配合钣金手锤进行修复。垫铁在车身表面钣金修复中最为常用，凡是能有空间较容易放垫铁进入的部位，在钣金变形修复过程中，均可以用垫铁进行修整。

各种垫铁的适用范围不同，常见的垫铁有弧形垫铁、通用垫铁、万能垫铁和夹头垫铁。

1）弧形垫铁

弧形垫铁边缘锋利适用于紧凑区域的矫正，平面和合适的曲边适用于弧形边矫正，如图 3-1-7 所示。

2）通用垫铁

通用垫铁适合各种位置，带有一个小曲面和一个大曲面，具有良好的手持能力，如图 3-1-8 所示。

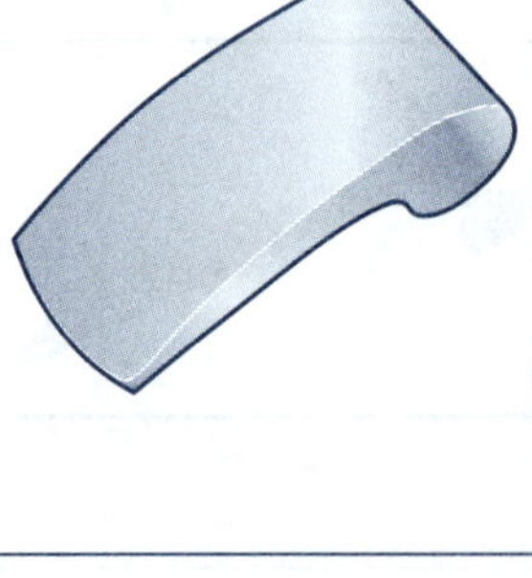

图 3-1-7
弧形垫铁

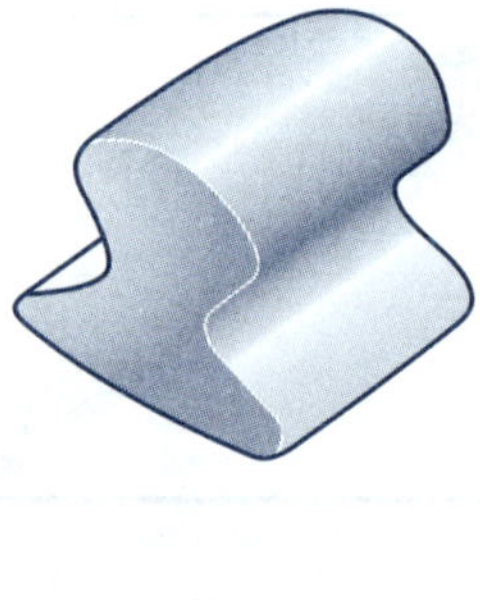

图 3-1-8
通用垫铁

3）万能垫铁

一般万能垫铁的使用范围广，其大表面用于平坦面板的矫正，曲边用于小面板法兰的矫正，如图 3-1-9 所示。

4）夹头垫铁

夹头垫铁带有用于进入紧凑区域的平面和曲边。进行钣金作业时可将其牢固地握住，也可用作锤子修复面板上的损坏，如图 3-1-10 所示。

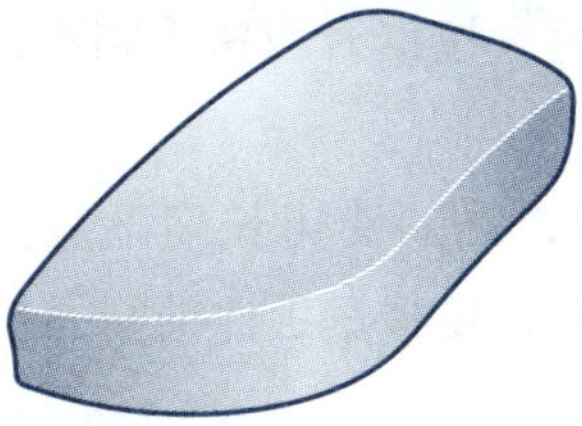

图 3-1-9
万能垫铁

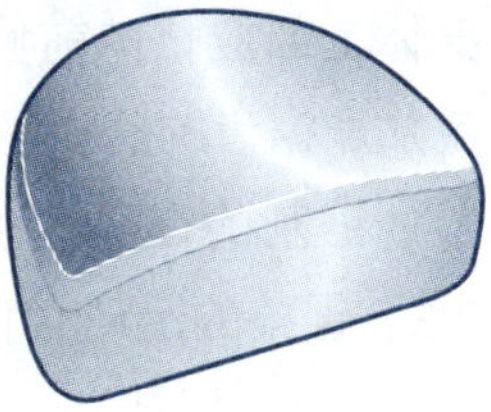

图 3-1-10
小夹头垫铁

特别说明

垫铁使用方法

① 在使用垫铁过程中，要根据钣金外形和变形的情况合理选择，通常是弧面较大选择高隆起垫铁，弧面较小或平面选择低隆起垫铁。

② 手握持垫铁的方式：手指聚拢（用食指、中指和无名指分别抵住垫铁侧面，小指和拇指撑住垫铁），扣牢垫铁，用掌心托住垫铁，顶在手锤敲击钢板的背面，弯曲手腕，与手掌成 15° 夹角，如图 3-1-11 所示。

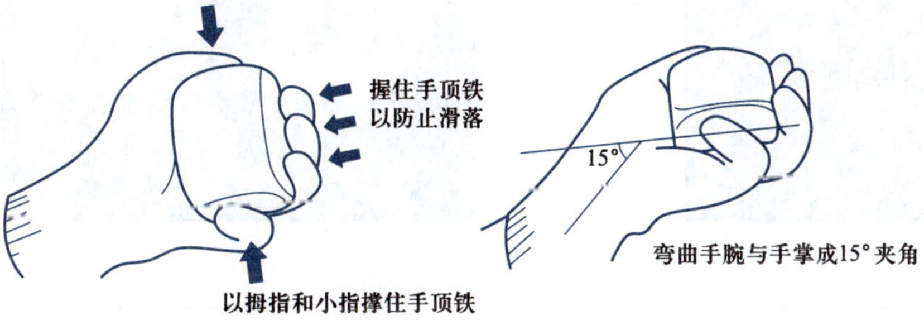

图 3-1-11
垫铁使用方法示意图

③ 选择恰当的钣金锤，从板件正面敲击，这时垫铁会产生一个反弹力，限制板材向另一侧变形幅度。每次敲击时，应重新定位。这样，通过钣金手锤配合工作，使凸起的部位下降，使凹陷的部位隆起。

④ 工作时，所选用垫铁隆起的直径应比加工件的隆起直径略小，选择质量较轻的垫铁工作比较容易。

⑤ 每个垫铁的作用都不一样，使用时可以采取同一问题用两种或多种垫铁配合处理。垫铁的工作面在工作过程中应保持光滑、干净。

（3）手锯

手锯主要用于对扁钢、型钢的下料。在锯割前，应先用划针按要求划出切割线，并用三角锉挫出起锯点。

手锯操作时，一手在前握住锯弓，一手在后握住锯柄。起锯要略向工件的前或后边缘倾斜 10°~15°，然后再转入正常姿势，防止折断锯条。推锯时，身体上部应略向前倾，给手锯以一定的压力，拉锯时应将手锯稍微抬起，以免加剧锯齿的磨损。

锯割的往复速度以 20~40 次 /min 为宜，锯的使用长度不应少于全长的 2/3。锯条的运动有直线方式和摆动方式两种，要根据工件锯割的宽度而定。

视频 3-2
划线工艺

（4）划针

划针用来在工件上划线条，由弹簧钢丝或高速钢制成，直径一般为 3~5 mm，尖端磨成 15°~20° 的尖角，并淬火使之硬化或在尖端焊上硬质合金，如图 3-1-12 所示。

使用划针时，应使针尖与钢直尺或样板底边接触并向外倾斜 15°~20°，向划线方向倾斜 30°~60°，如图 3-1-13 所示。用均匀的压力使针尖沿钢直尺或样板移动，进行划线，线的宽度不得超过 0.5 mm。划针针尖要保持尖锐，划线时要尽量做到一次划成，使划出的线条既清晰又准确。划线时若针尖没有紧靠直尺或样板的底边，容易造成划线误差。

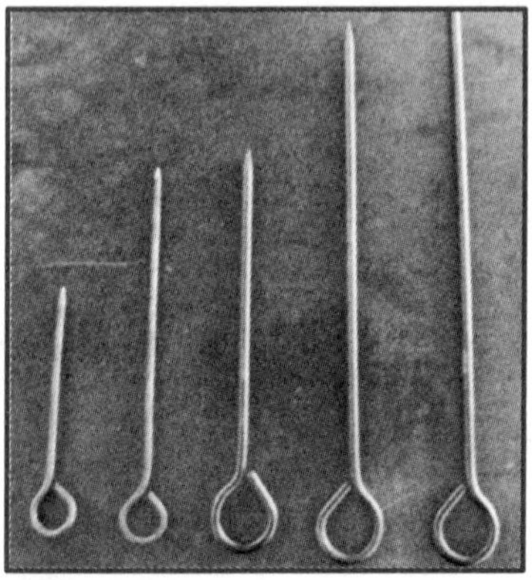

图 3-1-12
划针

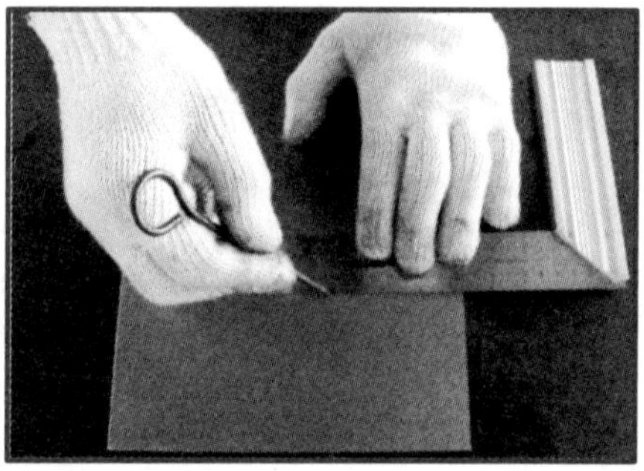

图 3-1-13
划针的使用

视频 3-3
冲子使用

（5）冲子

常见车身用冲子有两种：尼龙棒和钢制定位冲。

1）尼龙棒

尼龙棒是用尼龙材料制作而成的冲子，用它配合钣金锤可以直接敲击车身表面钣金包及变形等缺陷，如图 3-1-14a 所示。由于尼龙棒材料特殊，不会破坏漆膜，所以在修复缺陷时经常使用。常用尼龙棒形状有圆柱形和楔形。

2）样冲

样冲是用金属材料制作成的冲子，用于在工件所划加工线条上冲点，作为加强界线的标志（称为检验样冲点）和划圆弧或钻孔所定的中心（称为中心样冲点），如图 3-1-14b 所示。

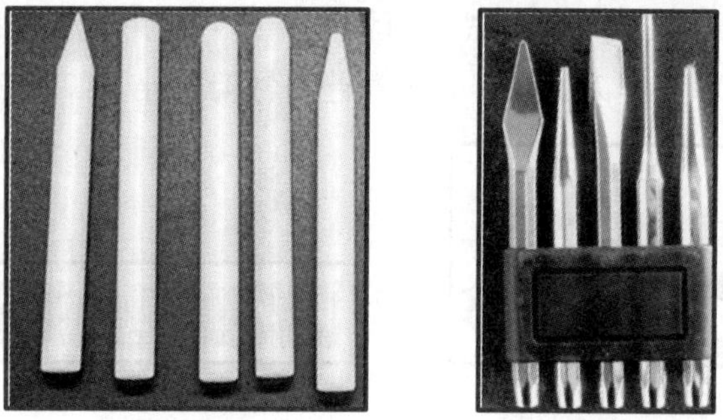

(a) 尼龙棒　　(b) 样冲

图 3-1-14
冲子

冲子顶尖角度用于加强界线标记时大约为 40°，用于钻孔定中心时约为 60°；打样冲孔时，要把冲尖对准中心点，斜着放上去；在锤击时，要把样冲竖直，握牢样冲，用锤轻轻敲击；冲点位置要准确，中点不可偏离线条；在曲线上冲点距离要小些，在直线上冲点距离可大些；在线条的交叉转折处必须冲点；在薄壁或光滑表面上冲点要浅些，在粗糙表面上要深些。

3.1.2　专用工具种类及使用方法

（1）车身锉刀

在车身金属板材修理时，常用到的重要工具就有车身锉刀。车身锉刀大部分由铸铁制成，除了锉削作用外，还可以用于检验表面是否修平。通过车身锉刀在缺陷面的轻微锉削，显露出板材上缺陷的具体位置及缺陷的大小，经过初次锉削后，在修复面上能够显露出一些凹凸点，如图 3-1-15 所示，一些细小的凸点可以直接锉削掉。经锉刀锉削后，需要用高频打磨机、偏心打磨机进行打磨，这样才能最终完成金属板材缺陷的修复工作。

视频 3-4
车身锉使用

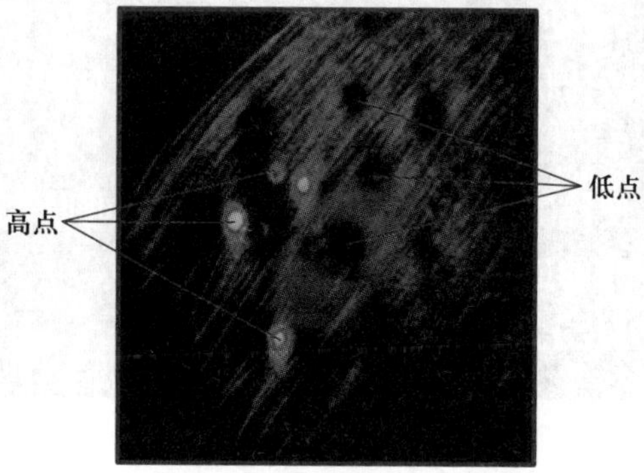

图 3-1-15
车身锉锉削后的效果

车身锉刀主要有两种形式，一种是金属推送握柄的车身锉刀，它由锉刀把柄架和弹簧钢片两大部分组成。锉刀片通过两个螺丝安装固定在弹簧钢片上，前后把柄由拉紧套筒连接，通过转动拉紧套筒，可以调整锉刀片的弯曲度，这样能够更好地实现锉刀刀面与修复面的贴合。另一种是木质推送把柄的车身锉刀，在握持时采取不同方式。两种车身锉刀使用方法相同。下面主要介绍金属推送把柄车身锉刀的应用。车身锉刀骨架及锉刀如图 3-1-16 所示。

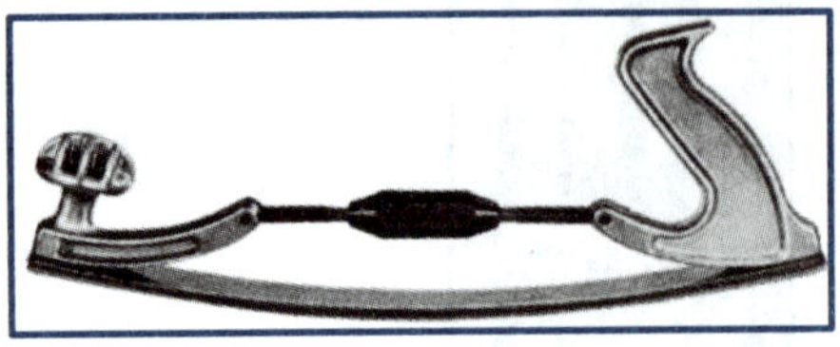

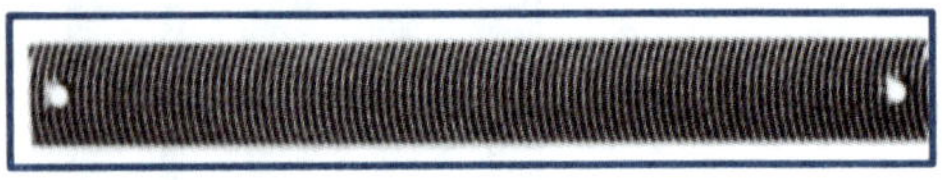

图 3-1-16
车身锉刀骨架及锉刀

车身锉刀使用注意事项

① 调整拉紧套筒，使锉刀面与修复面趋于贴合状态。

② 正确握锉刀的姿势：右手握紧锉刀后部把柄，左手把稳锉刀前端圆饼头，也可以采取用左手食指和中指夹住圆饼头，大拇指按在锉刀片外侧的方式。

③ 当锉削平坦的部位时，将锉刀与推进方向成 15°~30° 角水平地推，也可将锉刀平放，沿着 30° 斜角的方向推，这样既省力又能控制锉削面积和锉痕。

④ 在锉削行程中，要保持锉刀面平稳地与修复面接触，不可左右晃动，避免产生过大、过深的锉刀痕。

⑤ 锉刀推进的行程应参照需修复面积的大小而定，在满足返修质量要求的同时，应尽量选择较小的锉削面积。

⑥ 用车身锉刀初次锉削后，可以找出损坏部位的高点与低点，高点的部位会留下锉痕，留有金属光泽，低点的部位没有锉痕，可以很直观地识别出来。将高点使用鹤嘴锤敲平，将低点拉出，然后再次锉削，直到所有的部位都能留下锉过的痕迹。

⑦ 回拉锉刀时，不能加力，要使锉刀片离开锉削面或轻轻滑过。

⑧ 锉削到最后时（锉削到较佳状态时），作用在锉刀上的力要逐渐减轻，使锉削面的锉痕越细越好。

⑨ 调整锉刀的运行走向，使锉削纹路一致，没有凹凸点，此时锉削工作完毕。改变锉削方向是检查锉削面是否平整的最好方式。

⑩ 锉刀锉削几次后，要对刀片上的铁屑进行清除。

特别说明

使用车身锉刀时，应从未受损部位开始，然后经过已修复部位，到达未受损的另一侧。在锉削的过程中，应该握住手柄向前推，另一只手握住锉的头部，以便控制压力的大小和方向，每次锉削的行程都应尽量拉长。

（2）拉拔器

对于车身面板的凹陷，有些车身箱型密封板件，如轮拱的拱形部位，无法从内部顶起或敲击，需要用拉拔器或拉杆拉出凹陷的表面，如图 3–1–17 所示。

图 3–1–17
拉拔器的使用

拉拔器的顶端为螺纹尖端或呈钩形，如图 3–1–18 所示。利用顶端与钣金结合，结合方式有螺纹旋进方式、钻孔钩联方式、点焊粘接方式等，目前大多采用点焊粘接方式。使用拉拔器时，先将拉拔器的顶端利用一定方式和需修复的板件表面结合，然后利用在杆中部的冲击惯性锤向外运动的冲击惯性，产生沿杆向外的拉力，使凹陷的凹点慢慢拉起。

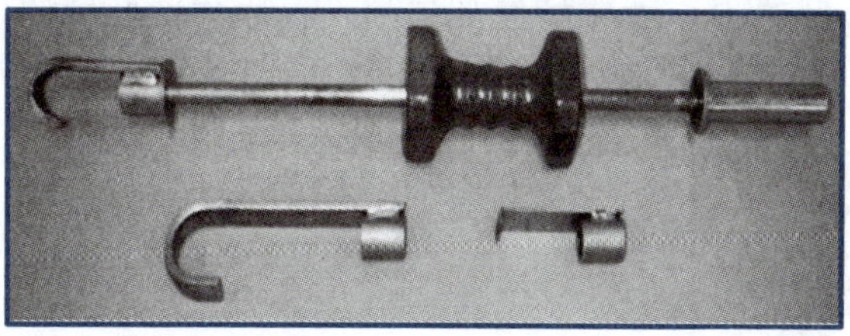

图 3–1–18
拉拔器

拉拔器使用过程中，要注意与板件的连接应具有一定的强度，否则拉拔力保证不了，影响修复效果。对于点焊粘接方式的拉拔器，因为开始是焊接过程，要控制焊接电流不要过大，防止将板件烧穿。

特别说明

由于拉拔器自身较重，不易操作，使用不当可能会挤伤手，使用时应特别注意！

（3）撬棍

撬棍类似于内边翘起钣金撬板，用来伸进狭窄的空间撬平凹陷。撬棍一般用来把车门、后翼子板和其他封闭式车身面板上的凹陷撬平。使用时把撬棍通过板件上的工艺孔穿入结构内部，将撬棍头对准板件上的凹点，在手把上用力撬即可。与普通滑锤和拉杆相比，撬棍应用更广泛，因为它不需要在钢板上钻孔。下面介绍小型撬棍和大型撬棍的使用方法和注意事项。

1）小型撬棍

在轿车车身钣金修复工作中，常常有些钣金缺陷发生在车身门框、顶盖、发动机舱盖、后备厢盖等位置，由于这些位置内板上工艺孔特别细小，所以在修理时必须有与之相配合的细小工具（小型撬棍），这些细小工具需要制成各种形状，才能满足各类缺陷完成修复的要求，如图 3-1-19 所示。

使用小型撬棍应注意以下几点：

① 根据修复表面缺陷内板工艺孔的大小选择小型撬棍，在允许的条件下，应尽可能选择直径比较大一些的工具；

②头部比较尖的撬棍多数用来修复深坑或死点坑，扁形或圆形撬棍多数用于修复漫坑；

③ 根据内外板间隙及弧度，选择合适形状的工具；

④ 小型工具在使用过程中如出现硬度不够的情况，要及时更换高硬度工具，以免造成工具损坏。

2）大型撬棍

在车身缺陷当中，有一些缺陷距离修复的工艺孔很远，必须用很长的工具才能够到，所以要修复这些缺陷就需要有一些比较长的工具；还有一些缺陷比较严重，且缺陷发生在比较厚的板材上，恢复这些缺陷需要使用的力非常大，需要用大型撬棍进行修复，如图 3-1-20 所示。

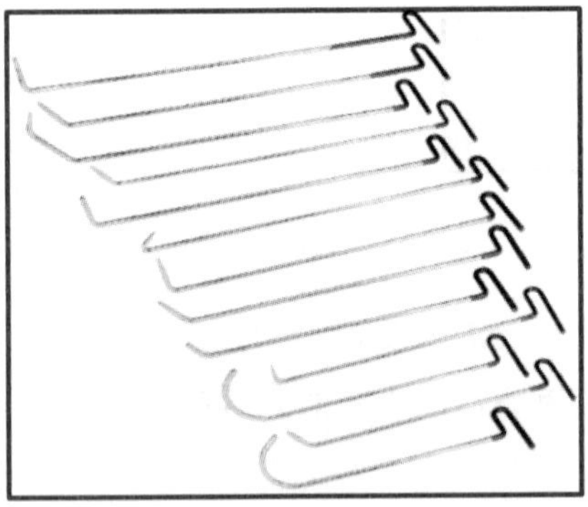

图 3-1-19
小型撬棍

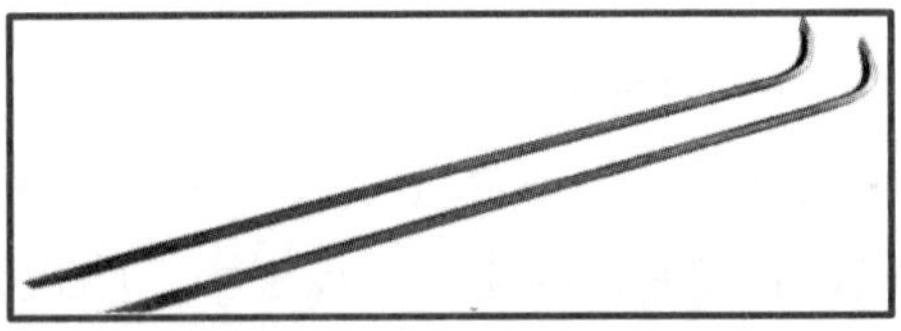

图 3-1-20
大型撬棍

① 根据缺陷严重程度来选择撬棍的粗细，条件允许的情况下，尽量选择形状简单、比较粗、弯度比较小的大型撬棍。

② 根据表面缺陷所处的位置来选择工具的长短，在没有内板的位置要选择一些比较直的工具。有内板时，要根据内板工艺孔位置和内外板间隙选择工具的形状。

③ 使用大型工具时，经常是左手作为支撑点，右手作为用力点。有工艺孔时，工艺孔就可以作为修复时的支撑点。

④ 大型撬棍顶起坑包时，不要一次到位，一般分两次或三次。这样能够避免顶起的点位幅度过大，需要再次敲回，造成重新修复。

（4）平头凿子

平头凿子主要用于分离点焊焊点并修整薄板件。其顶部位置装有专用胶皮垫，从而保护手部免受伤害，如图 3-1-21 所示。

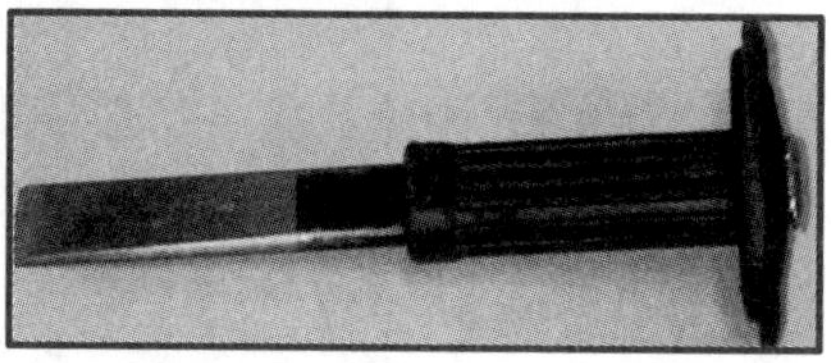

图 3-1-21
平头凿子

特别说明

对平头凿子的保养，要经常使用磨刀石打磨其刃部，保证其处于最佳使用状态。

（5）冲压线修整凿

冲压线修整凿专用于冲压线的修整，其前端较宽且能紧密接触钢板，能够很好地将凹陷的车身线条修整到原来的状态，如图 3-1-22 所示。

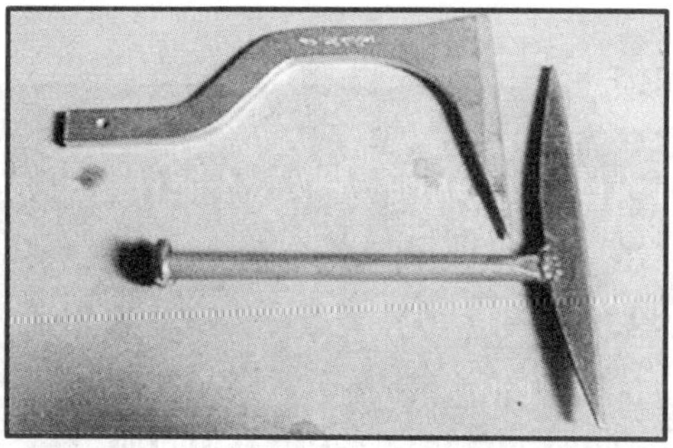

图 3-1-22
冲压线修整凿

特别说明

保证前缘作业处不受损伤，可以使用双动打磨机配以质量好的砂纸对其前端进行磨光处理，确保前端平滑。

（6）大力虎钳

在车身维修中，大力虎钳主要用来安装固定车身板件，其夹持行程可以根据实际需求进行调整。按其形状分为门边用夹钳、U 形夹钳、C 形夹钳和直颚式夹钳，如图 3-1-23 所示。

视频 3-5
大力钳使用

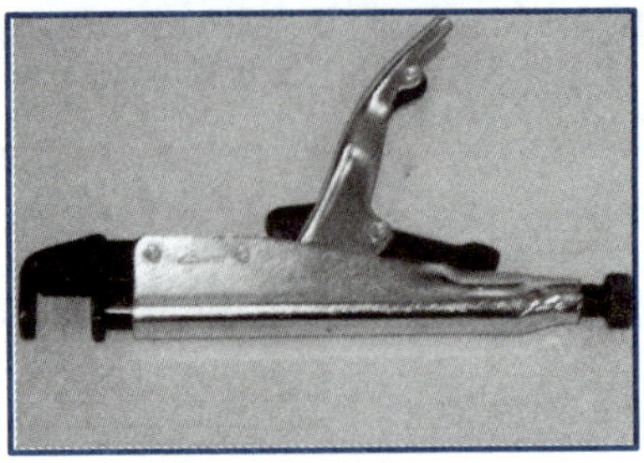
门边用夹钳

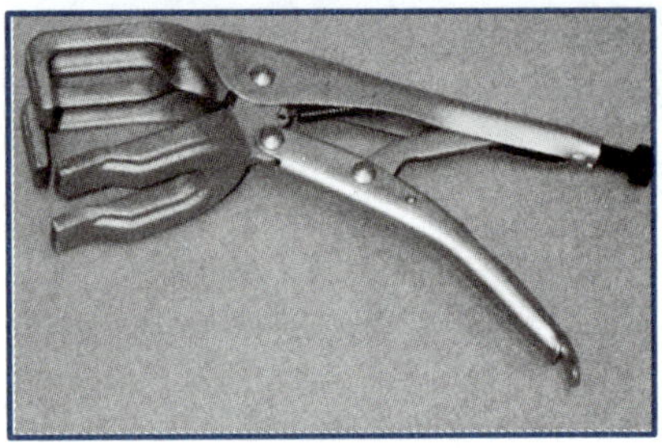
U形夹钳

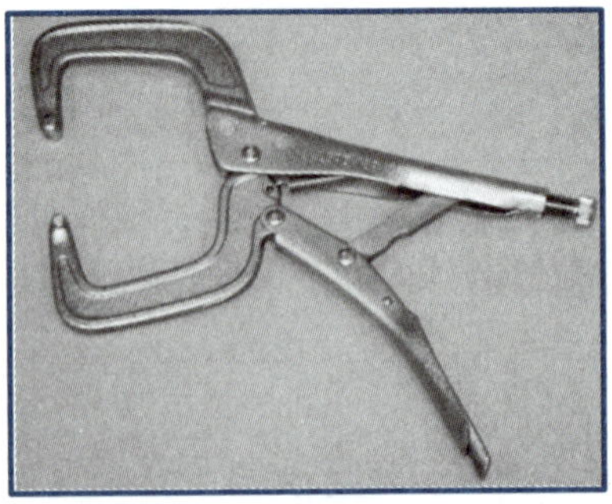
C形夹钳

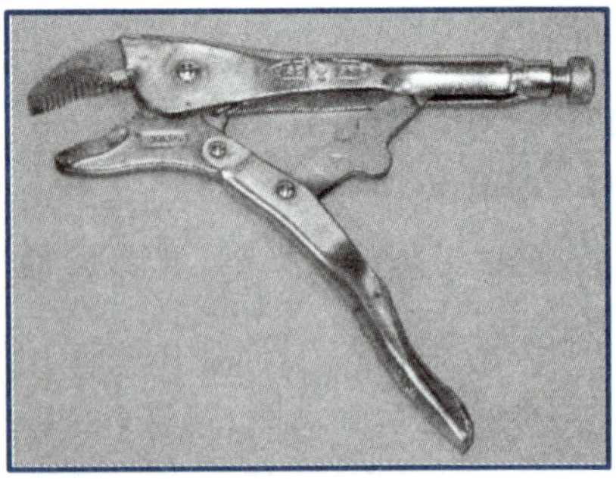
直颚式夹钳

图 3-1-23
大力虎钳

手工工具使用的安全操作事项

① 不要将手工工具做任何非设计规定的用途。例如，不能对锉和旋转工具进行敲击，因为敲击会导致工具断裂并造成人身伤害。

② 手工工具应保持清洁和良好的工作状况。手工工具如果不能清洁，表面沾满润滑脂、润滑油等，容易从手中滑脱，产生危险。

③ 不要同时打开多个工具柜的抽屉。打开多个工具柜的抽屉，容易剐伤人，同时还会因为工具柜打开的部分盛满工具后特别重，造成工具柜倾翻而砸伤人。

④ 手工工具在使用前要检查有无裂纹、碎片、毛刺等情况。如果工具存在问题，应修理或更换再用。

⑤ 使用锋利或带尖的工具时应特别小心。例如凿子或冲子应正确研磨，保持锋利，使用时要正确握持，避免割伤手。

⑥ 在进行其他操作时不要把旋转具、冲子或其他尖锐的手工工具放到口袋里，也不要放到还在运转的车上的不稳定的部位，避免刺伤自己或损坏车辆。

⑦ 将所有的零件和工具整齐地摆放到指定位置。保证其他工作人员不会被绊倒。

⑧ 利用移动千斤顶顶起车辆时，应该放置在建议的举升处，避免车辆损坏。

⑨ 在车下进行作业时，要利用支撑架将车辆支撑牢固，而不能单靠千斤顶来支撑，防止千斤顶突然卸压而伤人。

3.1.3 动力工具种类及使用方法

为了减轻劳动强度，提高工作效率，现代车身维修作业中，对于加工量较大的部位，用动力工具替代手工工具的机会逐渐增多。合理选择和使用动力工具，是保证维修质量、提高维修效率、确保安全生产的重要方面。

动力工具根据动力源不同，分为气动工具和电动工具。气动工具是利用压缩空气能量转换成机械能的工具；电动工具是利用电动机将电能转换成机械能的工具。

现在用于车身维修的动力工具很多，下面介绍常用的动力工具。

（1）风錾

风錾以压缩空气为动力，可产生 1800 次 /min 的击打频率，其质量仅为 1~2 kg。风錾配备不同的錾头，可以实现錾割、铲平、敲击等多项功能，如图 3-1-24 所示。风錾的特点是体积小、质量轻、效率高、切割性能好，在不受限制的情况下，可进行直线、曲线和型线的切割。与锯割或砂轮切割相比，錾割无粉尘危害，不过缺点是振动和噪声较大。

使用风錾时要根据需要和结构特点，合理选择不同的錾头，并检查安装是否可靠。手握风錾要保持平稳，身体尽量躲开錾出金属屑的方向。使用风錾时要佩戴护目镜和耳塞。

（2）气动锯

气动锯利用压缩空气为动力，主要作用是下料、切断、修整、剪切外形等，如图 3-1-25 所示。气动锯通常可以剪切玻璃钢、塑料、白铁皮、薄钢板、铝板及其他金属材料板。气动锯锯条只有一端装在锯身上实现锯割作业，由于没有锯弓限制，切割缝可以无限延长。

视频 3-6
气动锯介绍

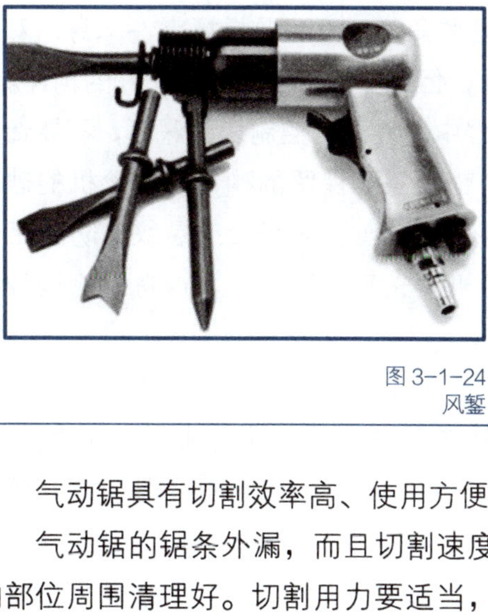

图 3-1-24
风錾

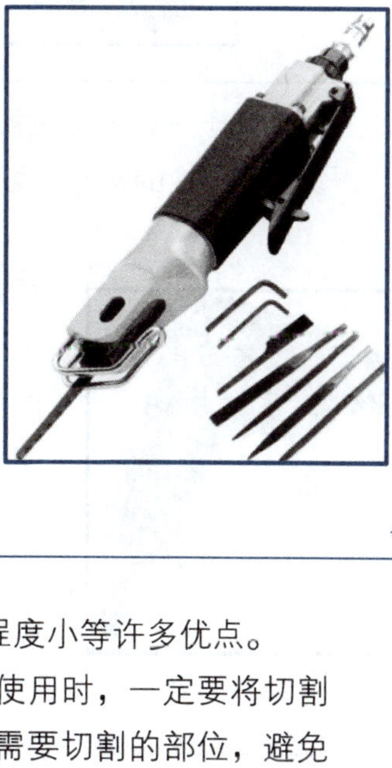

图 3-1-25
气动锯及锯条

气动锯具有切割效率高、使用方便、对构件损坏程度小等许多优点。

气动锯的锯条外漏，而且切割速度相当快，所以使用时，一定要将切割的部位周围清理好。切割用力要适当，避免切割到不需要切割的部位，避免

视频 3-7
砂轮机介绍

伤到人。切割缝最好要预先画好线，防止切割偏。

（3）砂轮机

砂轮机又称角磨机，是车身钣金修理中应用最为广泛的一种打磨工具，根据驱动方式分为气动砂轮机（如图 3-1-26 所示）和电动砂轮机（如图 3-1-27 所示）。它的主要作用是打磨和切割。根据打磨片的不同，它可用于板件的打磨、切割等。常用的打磨片有百叶片、黑金刚片、切割片等，如图 3-1-28 所示。

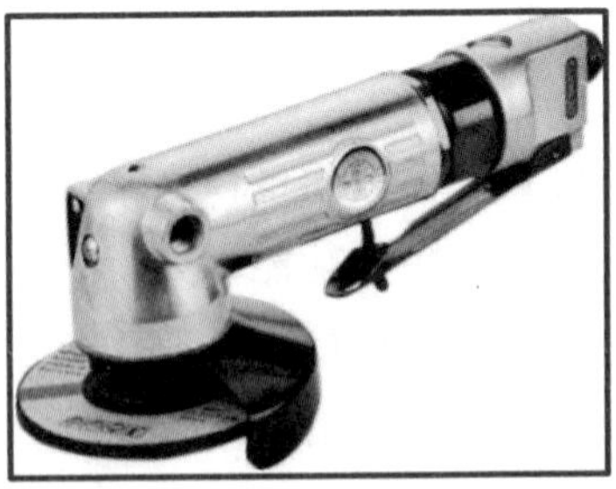

图 3-1-26
气动砂轮机

图 3-1-27
电动砂轮机

砂轮机的打磨作用是利用砂轮盘的平面磨削工件的不平部位，多为对焊接后的焊缝的凸起进行打磨，使其表面平整；砂轮机的切割作用是在拆解车身构件时，利用砂轮的端面切割焊缝，使焊缝断开。

图 3-1-28
砂轮片

对于只拆解不更换的构件应选好切割角度，而不要损坏零件本身；对于切割后更换的构件，可以直接割断构件，但是要注意不要割伤完好的构件。

在切割焊缝过程中，要注意控制切割深度，不要造成切割过度，避免切割到需要保留的构件。砂轮机的砂轮在装上砂轮机前要进行检查，看是否有裂纹，防止工作时破碎伤人。砂轮机要先开机运转后，再将砂轮接触到工作表面进行作业。

（4）手电钻

手电钻的主要作用是进行钻削作业，一般用于钻除焊点分离构件和在钣金构件上进行打孔等作业，如图 3-1-29 所示。

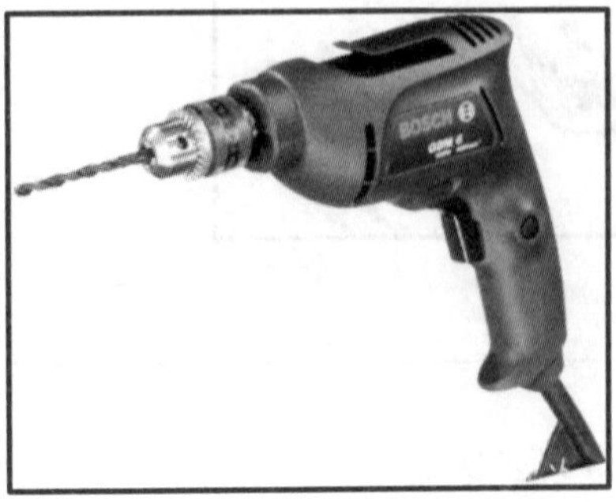

图 3-1-29
手电钻

钻削所应用的刃具以麻花钻头和钻孔器为主。为了便于钻削车身构件的焊点，一般要将普通钻头根据需要进行磨削，或者使用钻孔器作为专门的切具。

钻削前应用中心点冲冲出定位孔。当钻孔的直径超过 12mm 时，应先用小直径钻头将定位孔钻出，然后再用合适的钻头进行钻削加工。

视频 3-8
手电钻介绍

在钻削过程中会产生热量，而过热会使钻头失去应有的硬度，因此在钻深孔或连续作业时，应进行必要的冷却。

由于车身构件多为薄板件，因此应注意钻削用力不宜过大，还应该防止钻透瞬间突然阻力加大。另外，应注意防止钻削过度，钻削不该钻削的板件。

（5）打磨机

在进行钣金及喷涂作业过程中，经常要进行涂层的打磨。打磨机是动力驱动的工具，根据打磨片或打磨砂纸的不同，可用于除锈及打磨油漆涂层表层、腻子、二道底漆等。

打磨机根据驱动方式分为电动打磨机和气动打磨机。

1）电动打磨机

电动打磨机主要用于去除板件旧漆膜或修复后残留的焊渣等，以便于得到更接近于原来状态的车身外形尺寸和表面质量，使修复后的车辆美观，并可减少涂装工序的材料消耗量。

由于打磨机一般用于喷涂车间，而喷涂车间内有大量的易燃物品，要尽量减少电动工具的使用，所以在喷涂车间内工作时主要采用压缩空气驱动的气动打磨机。

2）气动打磨机

气动打磨机主要有单作用打磨机、轨道式打磨机、双作用打磨机、L 型打磨机和环带式打磨机四种类型。

① 单作用打磨机

单作用打磨机由机身、打磨盘、打磨片三部分组成。若打磨机的打磨盘绕一个固定的点转动，砂纸只做单一的圆周运动，这种打磨机称为单作用打磨机，如图 3-1-30 所示。单作用打磨机使用范围广泛，特别适合处理一些锉刀留下的锉痕及各种划痕等。

视频 3-9
单作用打磨机使用

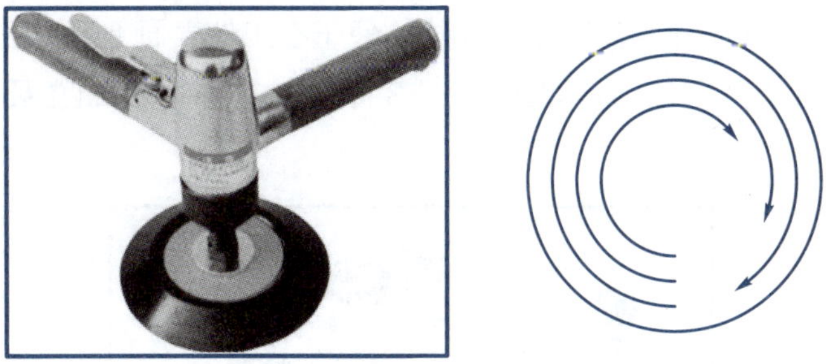

图 3-1-30
单作用打磨机及作用轨迹

单作用打磨机的打磨扭矩大，低速单作用打磨机主要用于大面积漆膜的去除及除锈；高速单作用打磨机主要用于漆面的抛光，也就是抛光机。

单作用打磨机使用方法如下。

a. 双手握稳单作用打磨机上的把柄，注意保持手肘与身体的角度，以腰部为轴，用上半身的力量来带动打磨机的移动，不要单凭手臂的力量移动打磨机。

b. 打磨运行过程中，打磨片和修复面要保持 10°~20° 的角度。通常用的打磨片与修复面有效打磨区域是距离打磨片外缘 3 cm 左右的区域。单作用打磨机使用方法如图 3-1-31 所示。

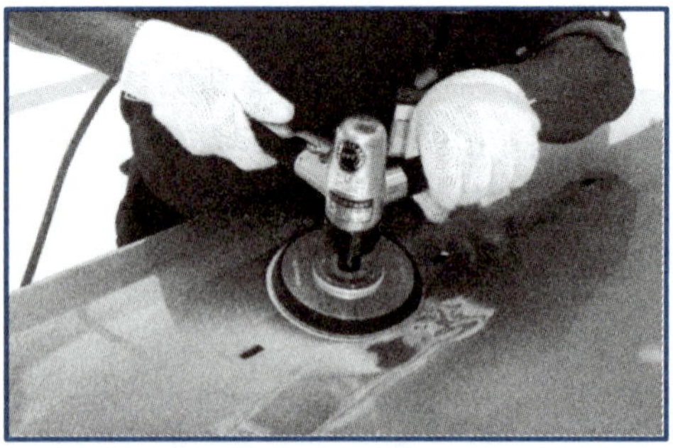

图 3-1-31
单作用打磨机使用方法

特别说明

单作用打磨机不适用于高曲面的打磨。

单作用打磨机使用注意事项

a. 使用前应检查打磨盘是否牢固，打磨片是否粘牢。

b. 使用时双手紧握手柄，防止脱落产生危险。打磨时，打磨盘不要对准人，避免打磨片飞出伤人。

c. 对打磨部位产生的磨痕要用偏心打磨机做进一步处理。

视频 3-10
轨道式打磨机使用

② 轨道式打磨机

轨道式打磨机的打磨盘外形呈矩形，便于在工件表面上沿直线轨迹移动，整个打磨垫做小圆周运动，如图 3-1-32 所示。这种打磨机主要用于打磨原子灰。

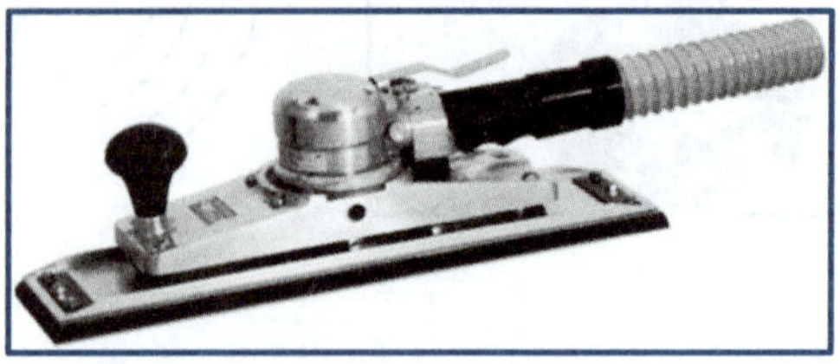

图 3-1-32
轨道式打磨机

③ 双作用打磨机

双作用打磨机也叫气动偏心打磨机，是以压缩空气为动力源的气动工具，由机身、偏心转动轴和打磨盘组成。打磨盘上可以根据需要粘贴各种型号打磨片，如图 3-1-33 所示。

视频 3-11
双作用打磨机使用

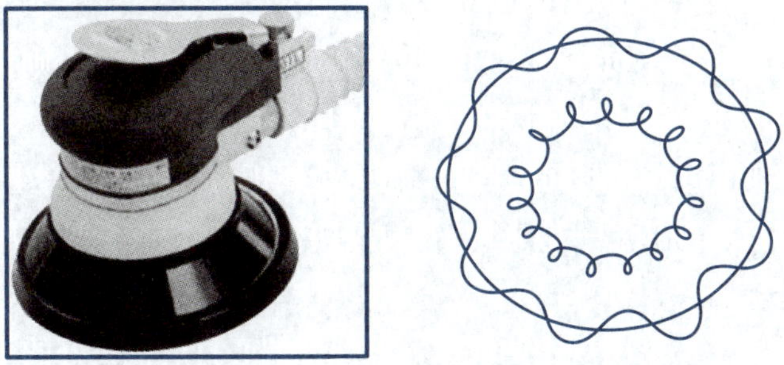

图 3-1-33
双作用打磨机及作用轨迹

通过压紧开关来调节气体的流量，这样能控制偏心的转速，实现不同磨痕和细小划伤的处理要求。气动偏心打磨机多应用于处理电动高频打磨机打磨后产生的磨痕或锉刀锉削后的细小锉痕，属于细打磨，打磨效果较为匀称，打磨后能够满足油漆喷漆要求。在车身修理中，按照打磨头偏心距有三种，分别为 3 mm、5 mm、7 mm。

双作用打磨机使用方法如下：

a. 使用时，先把打磨片在打磨盘上粘贴固定好，右手握紧偏心打磨机上部圆形头，手心控制开关。

b. 把偏心移至打磨处，使打磨片与修复面紧密贴合，然后右手适当用力压紧，主要产生作用力的部位集中在偏心打磨机外沿。

c. 按下开关，使打磨机在需要打磨区域上下移动。打磨片与打磨面不能脱离或翘起，如图 3-1-34 所示。

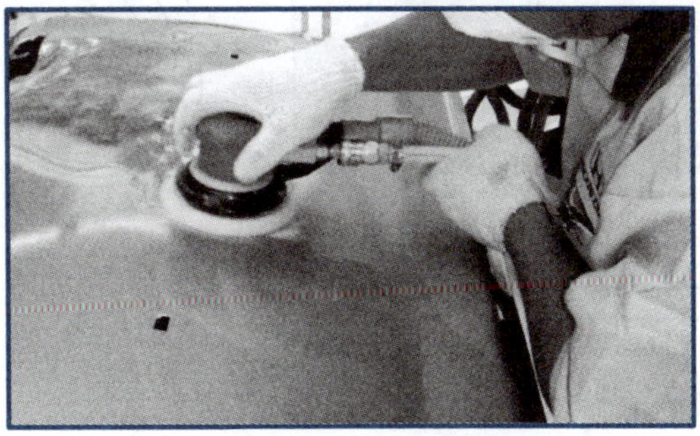

图 3-1-34
双作用打磨机使用方法

特别说明

双作用打磨机不能用于聚酯隔离漆的打磨。

注意事项

＊ 使用前，要检查偏心打磨机气压及转速是否状态良好，一般气压达到 6 bar 最佳，可根据不同车型不同要求来选择合适的打磨片。一般镀锌钢板采用 120 # 或以上型号打磨片，其他普通低碳钢钢板可采取 80 # 打磨片。

＊ 对车身钣金表面打磨时，不可在偏心打磨机上施加过大的压力，否则将过分地磨削钢板或打磨区域凹陷，而且也会减少偏心打磨机的使用寿命。

＊ 使用时不要在同一部位进行长时间的打磨，避免金属板材因过热而产生应力变形。

＊ 打磨时，要控制好打磨面积。一般来说，偏心打磨的区域应在需要打磨区域的基础上外扩 20~30 mm。

＊ 工作时的气压不应高于厂家所规定的气压，以保证偏心打磨机良好的工作性能和较长的使用寿命。

＊ 气动偏心打磨机应定期使用专用的润滑油进行润滑，保证工具能够正常工作。

＊ 使用时应该轻拿、轻放，防止对机身过度磕碰，影响使用性能。

＊ 偏心打磨机使用一段时间，应交给专业部门由专业人员进行检修，从而保证偏心打磨机的使用寿命和使用者的人身安全。

视频 3-12
L 型打磨机使用

④ L 型打磨机

L 型打磨机主要用于去除旧漆膜、铁锈和车身板件接缝间的密封胶。此类打磨机可以快速更换使用不同型号的打磨片。其轨迹为单方向旋转运动，如图 3-1-35 所示。

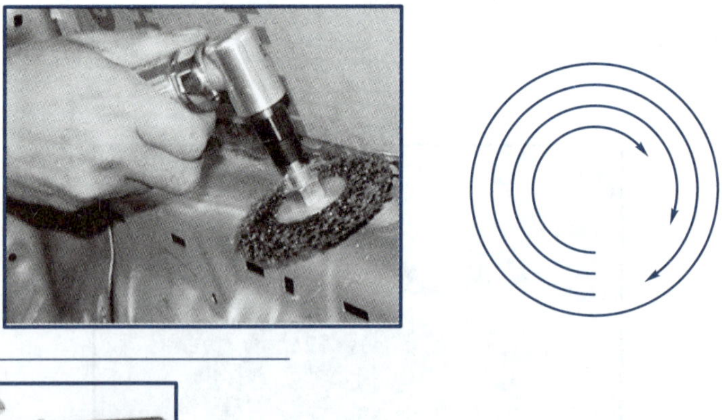

图 3-1-35
L 型打磨机及作用轨迹

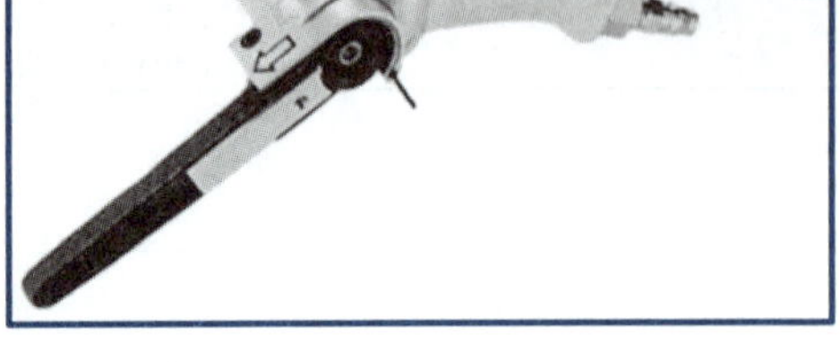

图 3-1-36
环带式打磨机

⑤ 环带式打磨机

环带式打磨机的砂纸带做往复式直线运动，如图 3-1-36 所示。环带式打磨机主要用于打磨车身上的特征线和凹陷部位的漆膜，也可用来去除铁锈及车身板件接缝间的密封胶。

在使用环带式打磨机时应注意砂纸带的运转方向，以防操作不当，对操作者产生伤害。其使用方法如图 3-1-37 所示。

视频 3-13
环带式打磨机使用

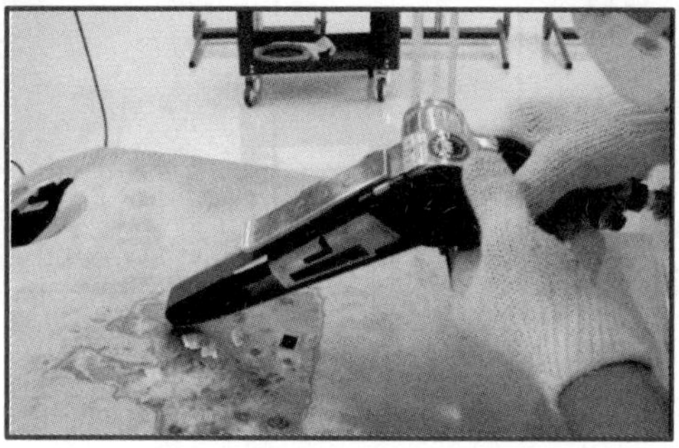

图 3-1-37
环带式打磨机使用方法

（6）车身外形修复机

车身外形修复机又叫介子机，属于电阻焊接的一种，它是近年来在维修行业普遍采用的一种用于修复车身外形凹陷损伤的设备，其工作原理是利用电极头上夹持的各种附件与钢板接触，通过大电流，使接触部位产生电阻热，以获取与需求相对应的各种功能。介子机如图 3-1-38 所示。

视频 3-14
介子机使用

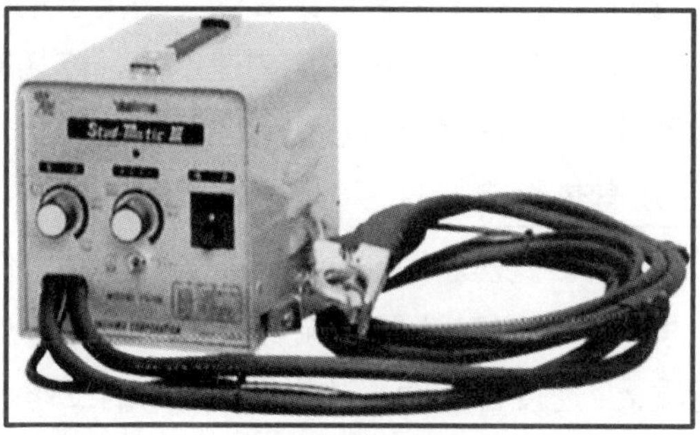

图 3-1-38
介子机

介子机具有投入成本低、操作简单、使用方便、维修效率高等优点，它可在车身的变形部位进行直接点焊、滑锤整平、垫片焊接、碳棒收火、铜极头收火、钩锤整平和两板点焊等多种操作。介子机附属件如图 3-1-39 所示。

在使用车身外形修复机对车身的变形部位进行修复时，可以在不拆除车身变形区域周围零部件和易燃物品的情况下对车身变形部位进行修复，如图 3-1-40 所示，这样修复步骤少，修复时间短。使用车身外形修复机对车身变形区域进行修复，不易破坏材料的金属结构和降低车身的牢固性，也不易大面积地破坏车辆的原有涂层，节省了涂装过程中刮灰及喷涂原材料的消耗量。

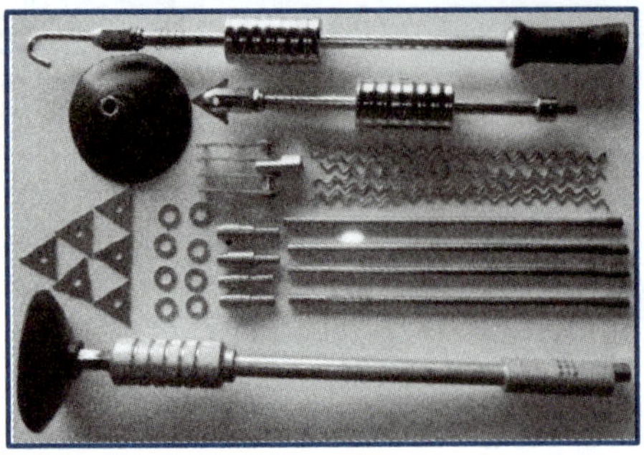

图 3-1-39
介子机附属件

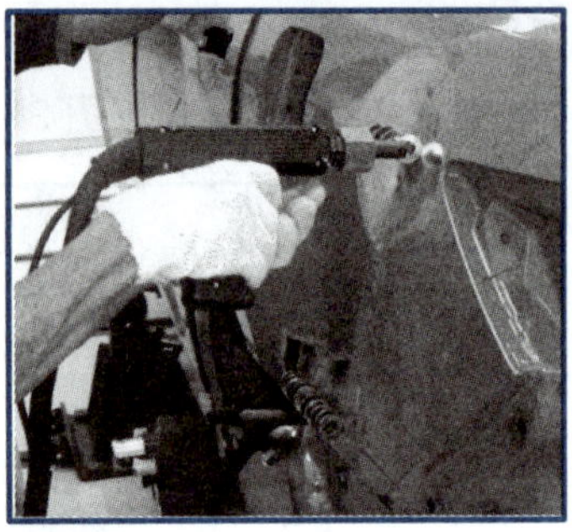

图 3-1-40
介子机作业

（7）等离子切割机

图 3-1-41
等离子切割机

等离子切割机是利用高温等离子电弧的热量使工件切口处的金属局部熔化或蒸发，并借高速等离子的动量排除熔融金属以形成切口的一种加工方法，如图 3-1-41 所示。

在进行等离子切割时，配合不同的工作气体可以切割各种氧气切割法难以切割的金属，尤其是对于有色金属（不锈钢、铝、铜、钛、镍）切割效果更佳。等离子切割技术的主要优点在于切割厚度不大的金属切割速度快，在切割普通碳素钢薄板时，速度可达氧气切割法的5~6倍，并且切割面光洁，热变形小，几乎没有热影响区。

等离子切割技术发展到现在，可采用的工作气体（工作气体是等离子弧的导电介质，又是携热体，同时还要排除切口中的熔融金属）对等离子弧的切割特性以及切割质量、速度都有明显的影响。常用的工作气体有氩气、氢气、氮气、氧气、空气、水蒸气以及某些混合气体。

空气等离子切割机是应用最广泛的热切割设备之一，通常以压缩空气作为工作气体，以高温、高速的等离子弧为热源，将被切割的金属局部熔化，并同时用高速气流将已熔化的金属吹走，形成狭窄切缝。

（8）气体保护焊机

视频 3-15
气体保护焊机介绍

在汽车车身修复过程中，经常要对切割的板件进行焊接操作，此时要用到气体保护焊机。气体保护焊机由控制装置、焊枪、送丝机构、气瓶、调节器以及焊接电源等构成，如图 3-1-42 所示。

1）控制装置

从焊枪开关接收信号，控制装置对送丝机构进行调节，并对焊接电源和保护气体进行控制。其最重要的作用就是控制送丝机构的启停，并根据电流和电压控制送丝速度，以便使电弧长度尽可能保持恒定。

2）焊枪总成

除了向焊接部位提供保护气流外，焊枪还允许电流通过焊丝，以产生电弧。

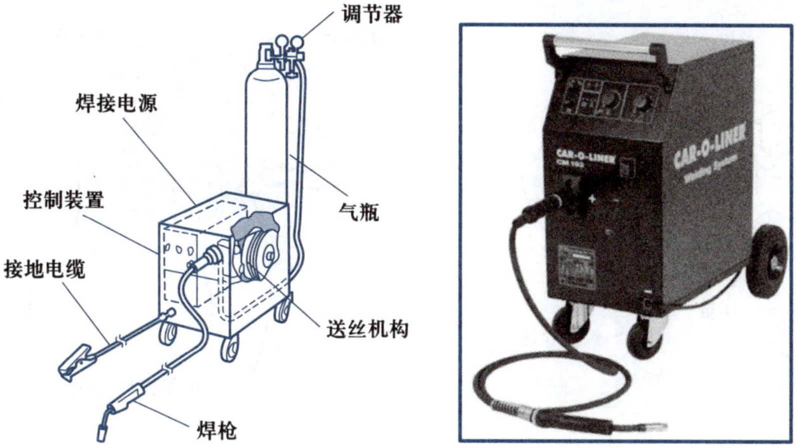

图 3-1-42
气体保护焊机

焊枪的喷嘴用于将保护气体导向焊接部位；导电嘴（触尖）用于将焊接电流传送至焊丝，它固定在焊枪端部；电缆用于将焊接电流传导至触尖；焊枪内部设置有软导管衬和保护气体通路；把手内安装了用于开始和结束焊接操作的焊枪开关。焊枪总成如图 3-1-43 所示。

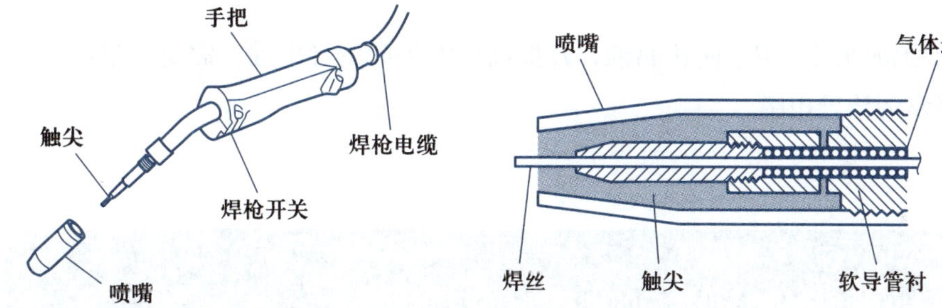

图 3-1-43
焊枪总成

3）送丝机构及焊丝

送丝机构是一种向焊枪持续提供焊丝的装置，如图 3-1-44 所示。它由送丝马达、减速装置、送丝滚轮和压辊等组成。马达的旋转通过减速装置传递到送丝滚轮，从而将位于压辊与送丝滚轮间的焊丝送至焊枪。焊丝按预定速度输送，而送丝速度应根据焊接电流和电压确定。焊丝为长的单股钢丝，车身修理中常用焊丝直径为 0.6 mm 或 0.8 mm。焊丝材料几乎与工件相同，而工件材料通常为低碳钢板件。

4）气瓶及调节器

气瓶是储存保护气体（如二氧化碳、二氧化碳与氩气的混合物）的装置。调节器用于将气瓶内的高气体压力降低至规定压力，并允许进行流量调节；保护气体在液态下充入气瓶。气瓶及减压阀如图 3-1-45 所示。减压阀中带有电加热器，用于防止液体蒸发吸热而致使其结霜。

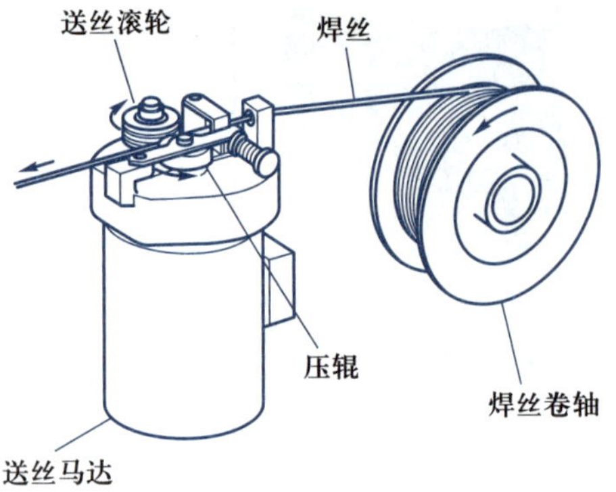

图 3-1-44
送丝机构

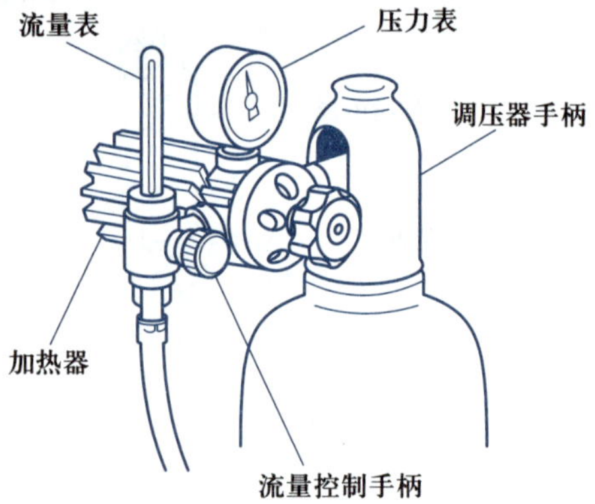

图 3-1-45
气瓶及减压阀

5）电源装置

气体保护焊电源装置提供产生电弧所需要的电能。它利用变压器和整流器将来自电源的（220 V 或 380 V）交流电转换为几十伏的直流电。

特别说明

焊丝表面带有薄铜镀层，用于防止腐蚀，并提高与触尖间的导电性。需要经常保养维护焊机，并要经常清洁导电嘴。

注意事项

尽量不要在风大的地方焊接，焊接后的堆高部分应打磨掉。

视频 3-16
气动铣孔枪介绍

（9）气动铣孔枪

气动铣孔枪也称焊点去除钻，在进行板件（如后翼子板）焊接前，需要在待焊板件的外侧先铣出点焊孔（盲孔）。这样在进行点焊操作时，能够在铣出的孔内形成熔池，确保点焊焊透，提高焊接强度。气动铣孔枪结构如图 3-1-46 所示。

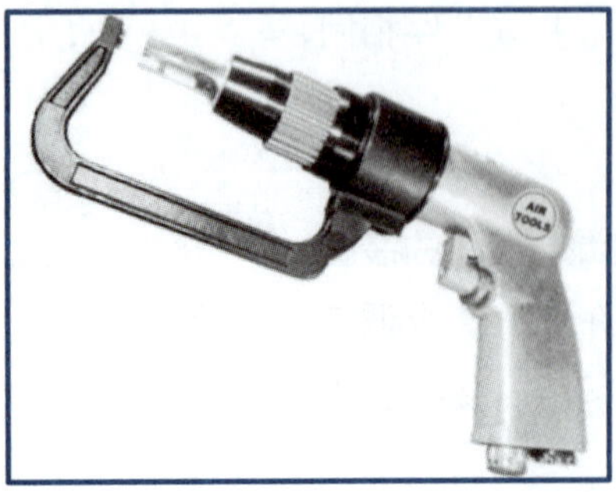

图 3-1-46
气动铣孔枪

气动铣孔枪不仅用来铣出这些点焊孔，也用于在拆除板件（如更换车门外蒙皮时，需将原车门上的蒙皮拆除）时对焊点进行清除。其作业过程如图 3-1-47 所示。

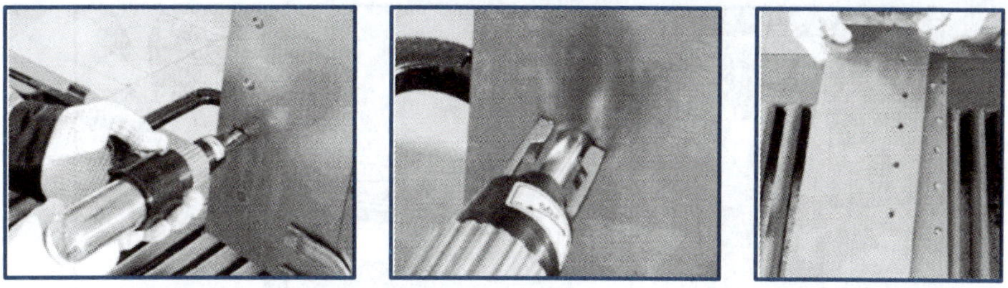

气动定位　　去除焊点　　去除结果

图 3-1-47
气动铣孔枪作业示意图

（10）电阻点焊机

将被焊金属组合后通过电极对焊接处加压，利用电流通过接头的接触面及邻近区域所产生的电阻热使被焊处的金属熔化并熔合在一起的方法称为电阻焊。点焊、对焊、缝焊、凸焊等均属电阻焊。电阻焊具有生产率高、焊接质量好、成本低、材料省、操作简单、易于实现自动化等优点，在汽车车身制造与修理中是最常用的焊接方法。点焊机由点焊枪、变压器和定时器等组成。图 3-1-48 所示为电阻点焊机示意图。

视频 3-17
电阻焊机介绍及使用

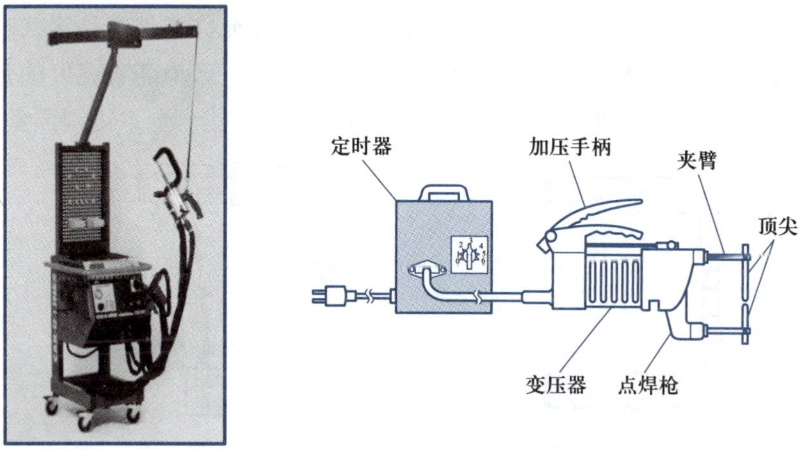

图 3-1-48
电阻点焊机示意图

1）点焊枪

点焊枪采用 X 形（剪刀形）或 C 形配置，如图 3-1-49 所示，如果执行接头配置需要更长的电极臂，则因为臂的加长，X 形焊枪端头压力应减小，长度超过 300 mm 的电极臂，将减少 1000 N 左右的压力。任何尺寸的电极臂安装在 C 形焊枪上都不会影响电极头压力。

2）电极臂和电极头（焊接顶尖）

① 电极臂

铜或铝合金是首选的电极臂材料，主要是因为这些材料具有出色的导电性并可提供低水平的电阻。电极臂的长度差异很大，可从 120 mm 到 300 mm 以上。电极臂如图 3-1-50 所示。

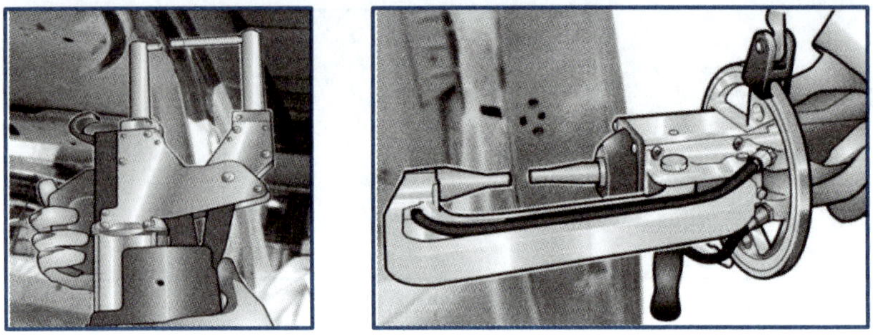

X形点焊枪　　C形点焊枪

图 3-1-49
两种常见的点焊枪

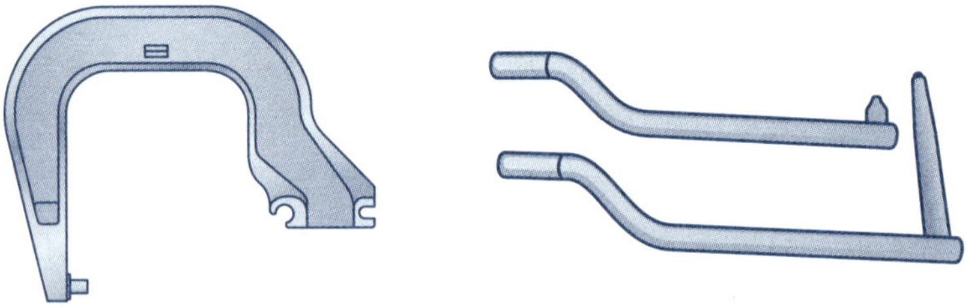

图 3-1-50
电极臂

② 电极头（焊接顶尖）

焊接顶尖向焊接部位施加压力，提供电流，并允许工件在夹紧状态下进行冷却。必须使用水冷来降温，如图 3-1-51 所示，因为随着温度的升高，电阻也会升高。为有效防止变形并导热，顶尖应使用铜合金（铬铜合金）。

图 3-1-51
电极头及水冷却系统

③ 变压器

点焊要求变压器提供较大的电流，变压器将一次侧的 380 V 电压变为较低的二次侧直流电压，同时提供 5000~12000 A 的焊接电流。

④ 定时器

定时器对电流的作用时间进行控制，它位于变压器的一次侧回路中。当受到来自加压手柄上的开关信号时，定时器能够按照预定的时间段控制一次侧回路的电流馈送。

（11）氧乙炔焊

气焊主要用于焊接薄钢板构件、有色金属、铸铁等。氧乙炔装备包括氧气瓶、乙炔气瓶、氧气调节器、乙炔气调节器和焰枪及其连接软管。图 3-1-52 所示为氧乙炔装备示意图。

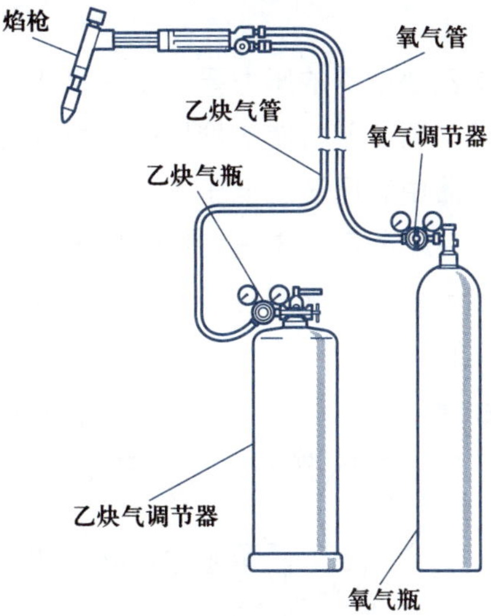

图 3-1-52
氧乙炔装备示意图

1）氧气与氧气瓶

氧气（O_2）是一种无色、无味的气体，其氧化作用可以产生光和热，也称为燃烧。工业焊接用氧气是通过对低温下压缩而成的液化空气进行分馏而生产出来的。

氧气瓶是一种厚壁储气罐，瓶体颜色为一般为蓝色。其试验压力高达 19 600 kPa，气瓶的阀颈上装有一个“工作于 19 600 kPa”的安全装置，其用途是在内部压力过高时，预防气瓶破裂。氧气瓶如图 3-1-53 所示。

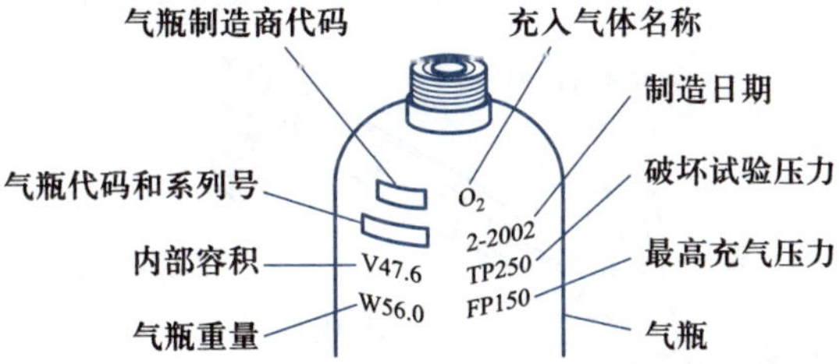

图 3-1-53
氧气瓶

2）乙炔和溶液乙炔

乙炔气（C_2H_2）是一种碳氢化合物，由碳和氢组成，一般由碳化物与水混合而制出。由于具有高含碳量，乙炔气燃烧时呈红色火焰并有烟灰。在纯氧中燃烧，则火焰变为蓝色，温度可高达 3000°C。

如果没有空气或氧气存在，乙炔在常温常压下很稳定，但容易发生分解，并且稍经受热、压缩或冲击，即会发生爆炸。一般而言，从大约 150 kPa 的压力开始，发生爆炸危险的可能性就变得比较大，而当压力达到 200 kPa 以上时，爆炸将不可避免。如果乙炔与铜、银等接触，将生成极具爆炸性的复合物，如乙炔铜或乙炔银。

3）调节器

充入气瓶中的氧或乙炔所受的压力要高于焊接要求的压力。随着气体的消耗，气瓶压力会下降，调节器将使焰枪处的压力保持在适当水平，以确保连贯一致的焊接。调节器由高压表、低压表、调节器手柄、弹簧、膜片以及阀门等构成，如图 3–1–54 所示。高压表用于指示气瓶压力，而低压表则指示调节压力；弹簧、膜片和阀门将用于保持恒定的调节压力；通过调节器手柄，可将压力调整至期望水平。

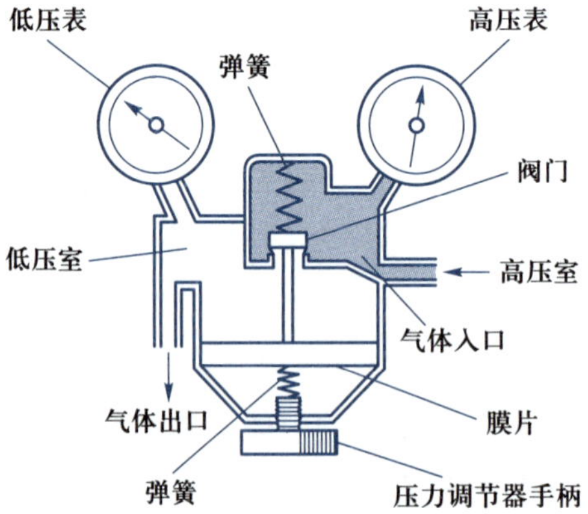

图 3–1–54
调节器结构示意图

4）焰枪

焰枪用于按适当比例将氧与乙炔混合，以便产生符合使用要求的正确火焰。更换喷嘴可以加大或减小火焰尺寸。焊炬如图 3–1–55 所示。

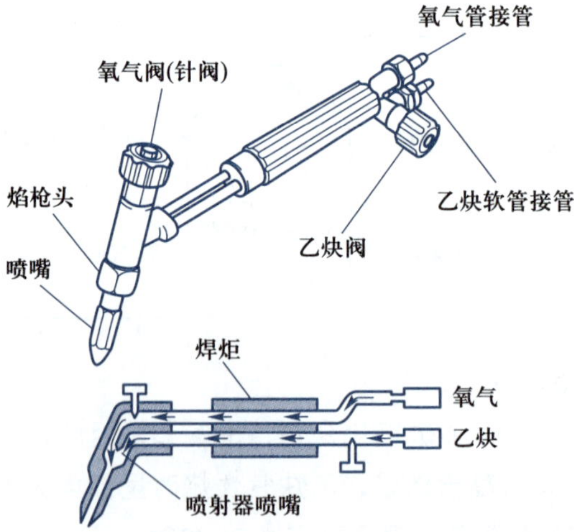

图 3–1–55
焊炬

5）切割枪

切割枪带一个附加的氧气管和一个用于将高压氧气输送至喷嘴的阀门。喷嘴的中心点为氧气源，而其四周的喷口用于切割前预热钢材。切割枪如图 3–1–56 所示。

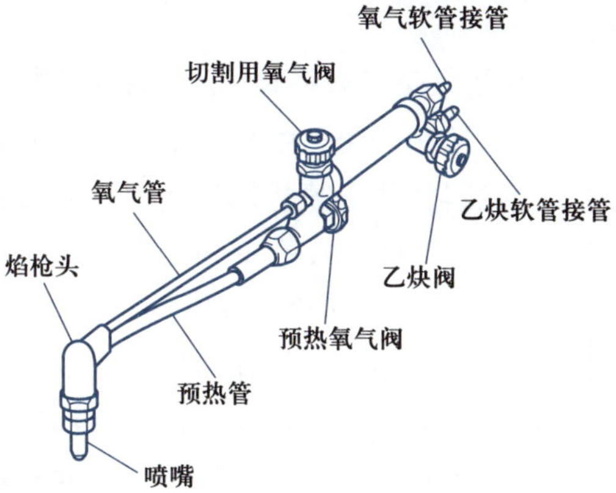

图 3-1-56
切割枪

特别说明

为安全起见，软管端部与焰枪之间应装备防逆火（止回）阀，这种止回阀可以防止内部火焰通过软管进入调节器和气瓶，引起爆炸。

3.2 汽车涂装工具、设备与材料

3.2.1 涂装工具与设备

（1）手工打磨垫块

在打磨垫块上附上砂纸，可用于手工打磨。手工打磨垫块有各种不同的尺寸、形状和材料，可以按照工件的面积和形状选用，如图 3-2-1 所示。

（2）打磨机

打磨机是动力驱动的工具，上面附有砂纸，用于打磨油漆表面、原子灰和中涂底漆。

打磨机在 3.1.3 一节中已详细介绍，在此不再赘述。

（3）空气除尘枪

空气除尘枪主要用于清洁工件表面，将压缩空气吹到工件表面，以除去剥落涂料的尘埃及打磨下来的尘粒，如图 3-2-2 所示。

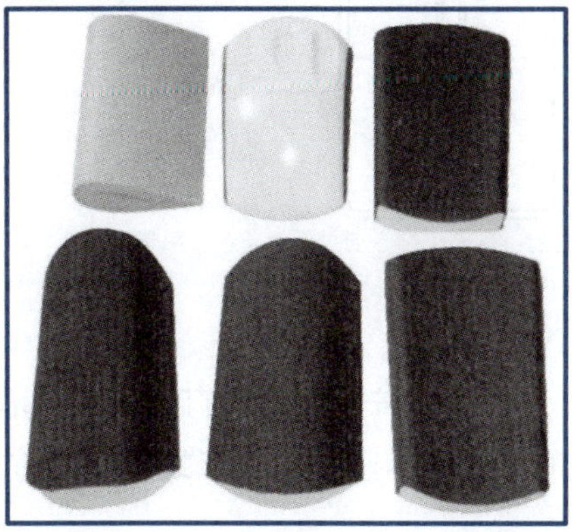

图 3-2-1
各种不同形状打磨垫块

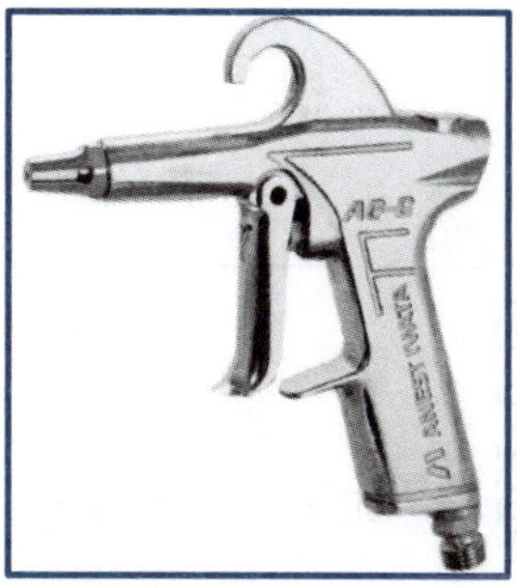

图 3-2-2
空气除尘枪

(4) 空气喷枪

空气喷枪是一种使用压缩空气来将雾化涂料涂至表面上去的工具。汽车重涂所用的空气喷枪主要分为重力式和虹吸式，前者的涂料杯位于喷枪体的顶部，而后者的涂料杯则位于喷枪体下部，如图 3-2-3 所示。

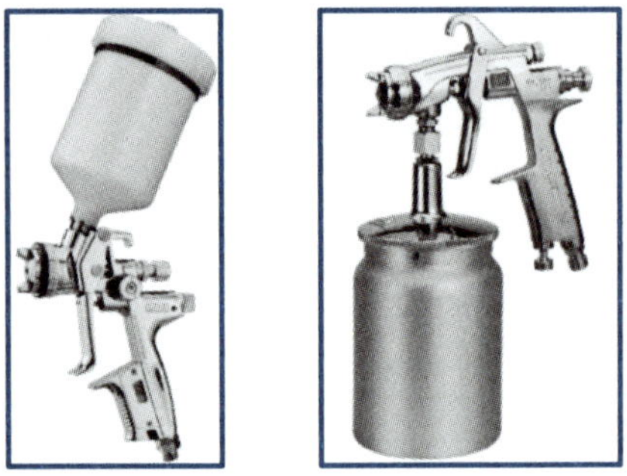

图 3-2-3
重力式（左图）和虹吸式（右图）空气喷枪

1）空气喷枪的原理

空气喷枪的原理与雾化器的原理是一样的。当压缩空气从气孔中排出时，在涂料喷嘴处产生负压，该负压对杯中的涂料施加吸力，使涂料经过气孔处被雾化喷出。空气喷枪雾化原理如图 3-2-4 所示。

动画 3-1
空气喷枪的
工作原理

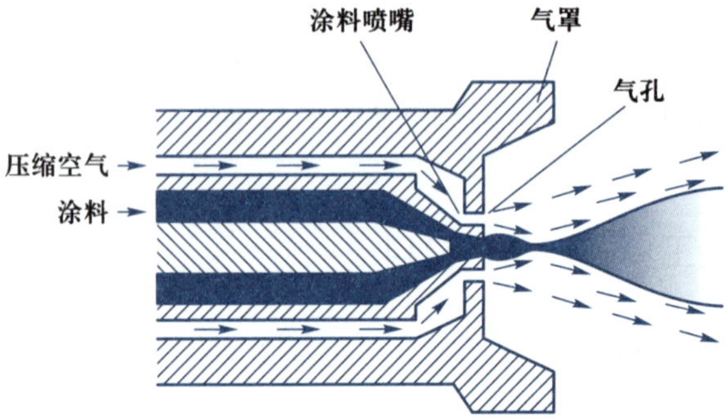

图 3-2-4
空气喷枪雾化原理

2）空气喷枪的结构

空气喷枪（以虹吸式为例）的基本结构如图 3-2-5 所示。

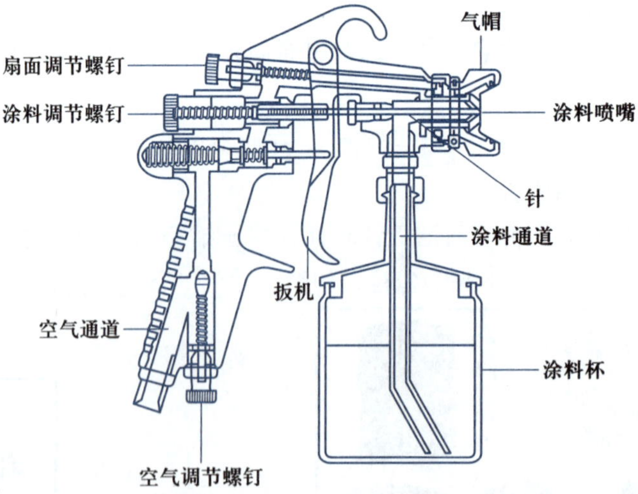

图 3-2-5
空气喷枪的结构

① 涂料调节螺钉

调节螺钉的移动量可调节涂料喷出量。如果拧松调节螺钉，喷出量增加；如果拧紧该螺钉，喷出量减少，如图 3-2-6 所示。如果调节螺钉完全拧紧，涂料便停止喷出。

动画 3-2
空气喷枪的调节—
出漆量

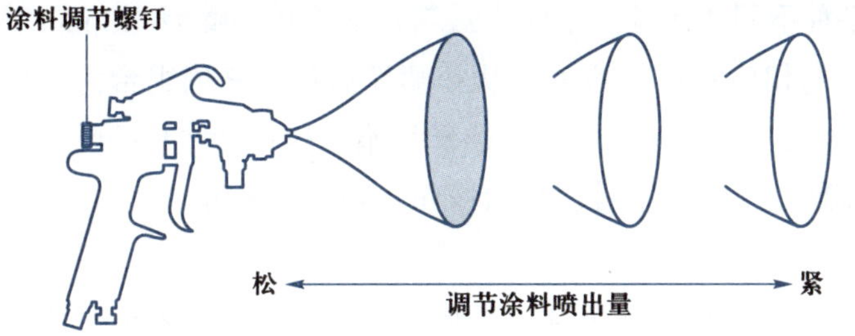

图 3-2-6
涂料喷出量调节

② 扇面调节螺钉

扇面调节螺钉用于调节喷雾形状。拧松螺钉可以产生椭圆形，拧紧螺钉可以产生较圆的形状，如图 3-2-7 所示。椭圆形比较适合于喷涂大的工作表面，圆形比较适合于喷涂较小的面积。

动画 3-3
空气喷枪的调节—
扇面

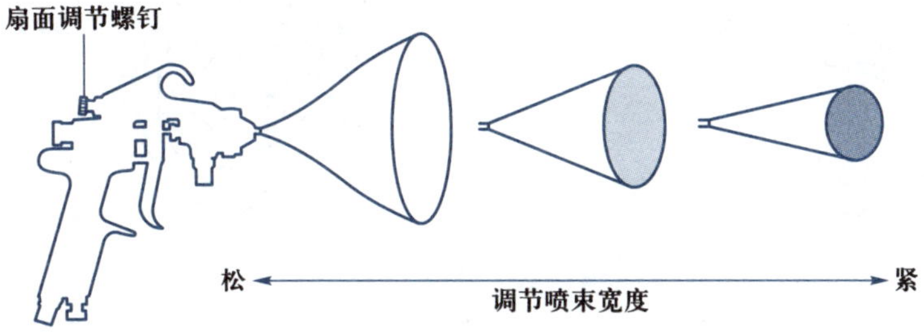

图 3-2-7
扇面调节

③ 空气调节螺钉

空气调节螺钉用于调节空气压力。拧松调节螺钉可以增加空气压力，拧紧则降低空气压力。空气压力不足会降低涂料雾化的程度，而空气压力过大，则会使更多的涂料喷溅，从而增加所需要的涂料量，如图 3-2-8 所示。

动画 3-4
空气喷枪的调节—
空气流量

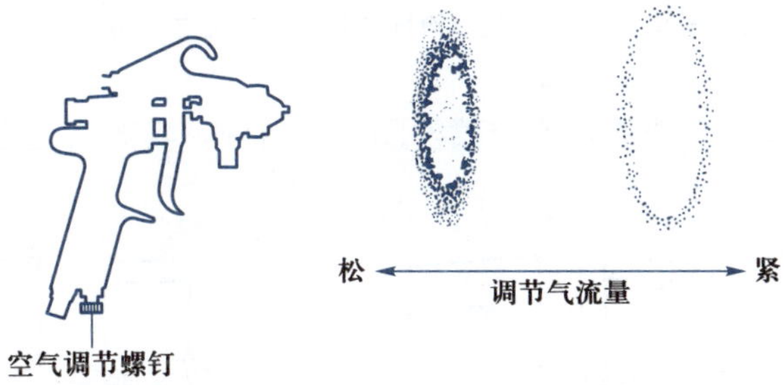

图 3-2-8
空气流量调节

④ 涂料喷嘴

涂料喷嘴对从喷枪进入气流的涂料进行测量和导向。在涂料喷嘴处有个尖锥，当枪针触及尖锥时，涂料停止流动。当涂料被排出时，排出的量取决于枪针离开喷嘴时涂料喷幅开度的大小。为了适当控制种类和黏度不同的涂料，同时为了将所需数量的涂料送至气帽，以满足不同施涂速度的要求，涂料喷嘴有各种不同的尺寸。重涂中最常用的涂料喷嘴为 1.3 mm 喷嘴。由于气帽、涂料喷嘴和枪针影响喷束形状和喷涂质量，它们组合为一个整体，称为喷嘴组合，如图 3-2-9 所示。在选择气帽、枪针和涂料喷嘴以前，应先考虑涂料种类和黏度、喷枪型号、喷枪操作、喷涂质量等。

动画 3-5
空气喷枪的调节—气帽

⑤ 气帽

气帽排气以帮助雾化涂料。气帽上有中央气孔、风量控制气孔及雾化气孔，它们各有各的功能，如图 3-2-10 所示。中央气孔在涂料喷嘴处产生真空，喷出涂料。扇面控制气孔利用压缩空气控制喷雾形状。雾化气孔促进涂料雾化，其雾化效果取决于数量及布置情况，如图 3-2-11 所示。

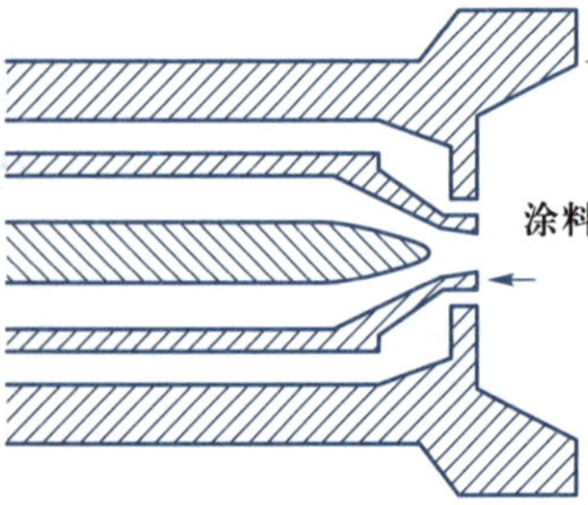

图 3-2-9
喷嘴组合

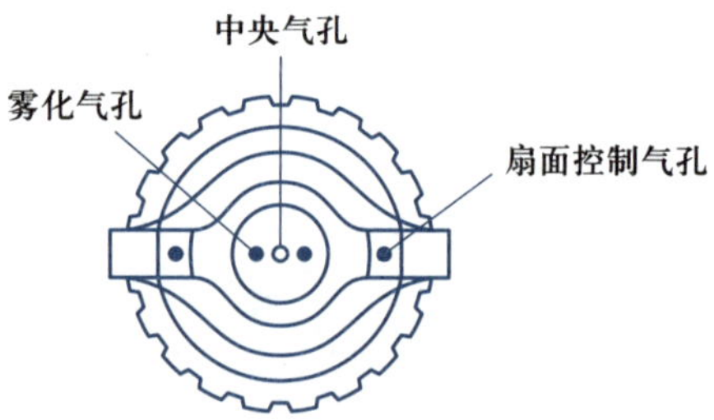

图 3-2-10
气帽上的气孔

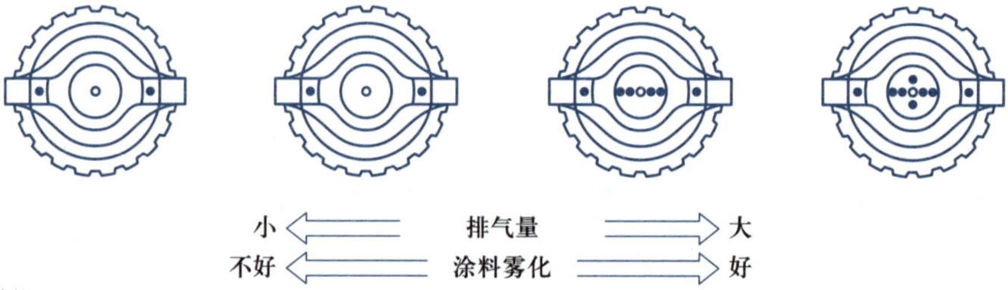

图 3-2-11
雾化气孔的数目及喷枪性能

气帽的另外一个功能是改变喷雾图形的方向，其方法是旋转气帽，如图 3-2-12 所示。

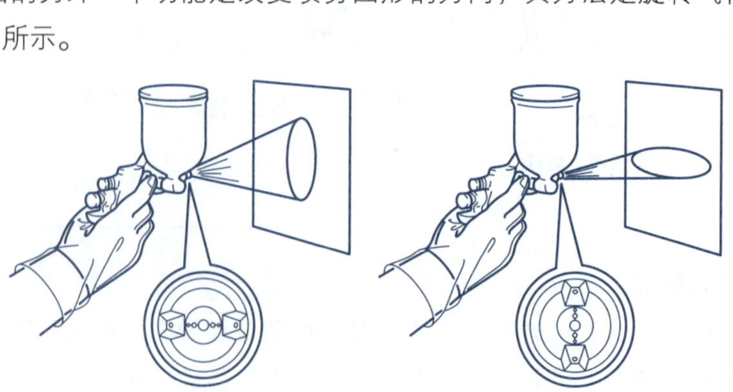

图 3-2-12
改变喷雾图形方向

⑥ 扳机

扳动扳机，空气及涂料便会喷出。扳机的工作分两步，初始拉扳机时，气阀打开，仅让空气喷出。再进一步拉动扳机，枪针便打开，让涂料随空气喷出。这种设计用于在拉动扳机时提供稳定的雾化，如图 3-2-13 所示。

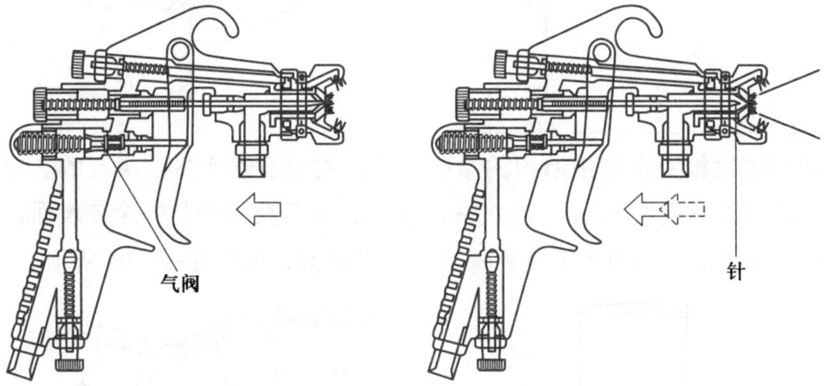

图 3-2-13
扳机操作

3）空气喷枪的操作

为了使工人保持轻松、稳定的喷涂状态，应该采取放松的姿势，不要收紧拿喷枪一侧的肩、肘或臂。一般来说，喷枪用拇指、食指及小指抓握，而扳机是中指和无名指扳动的，如图 3-2-14 所示。

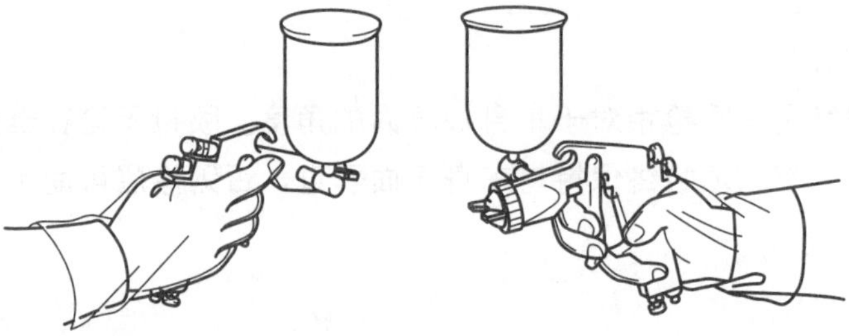

图 3-2-14
喷枪抓握方法

① 移动喷枪

移动喷枪时一定要注意喷枪距离、喷枪角度、移动速度、喷雾形状重叠四个要素。喷涂时，这四个要素都要考虑到，以保证完美的喷涂表面。

② 喷枪距离

喷枪距离指喷枪与要涂装的车身表面之间的距离。如果喷枪距离涂装表面太近，就会喷涂大量的涂料，产生较厚的涂层，结果发生垂流。相反，如果喷枪距离涂装表面远了，涂料量会减少，使涂层薄而粗糙，如图 3-2-15 所示。

动画 3-6
空气喷枪的操作四要素—喷枪距离

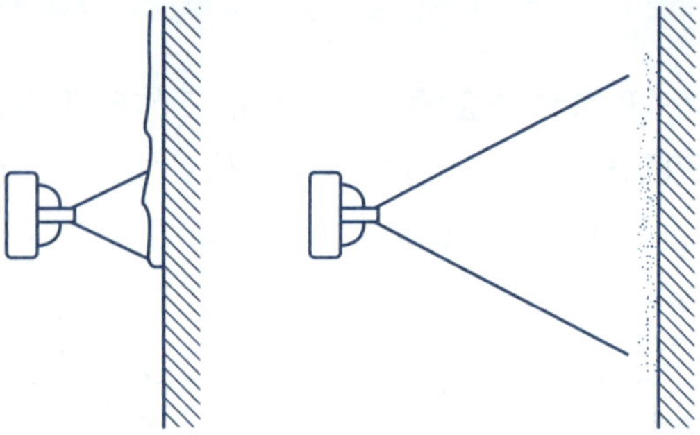

图 3-2-15
喷枪距离对涂层的影响

理想的喷枪距离是由所用的涂料种类、喷枪及喷涂方法决定的。但是，喷涂素色的距离通常为 100~200mm。此外，为了获得均匀的涂装表面，即使当喷涂不平坦的表面时也要注意保持恒定的距离，如图 3-2-16 所示。

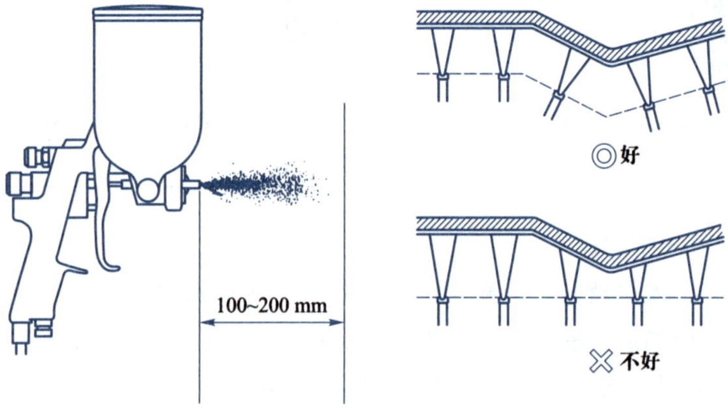

图 3-2-16
不平坦表面喷涂距离的保持

③ 喷枪角度

喷枪角度是指喷枪相对于车身板表面的角度。喷枪无论在垂直时还是在水平移动时，都必须始终保持与车身表面垂直，否则涂层可能不均匀，如图 3-2-17 所示。

动画 3-7
空气喷枪的操作四要素—喷枪角度

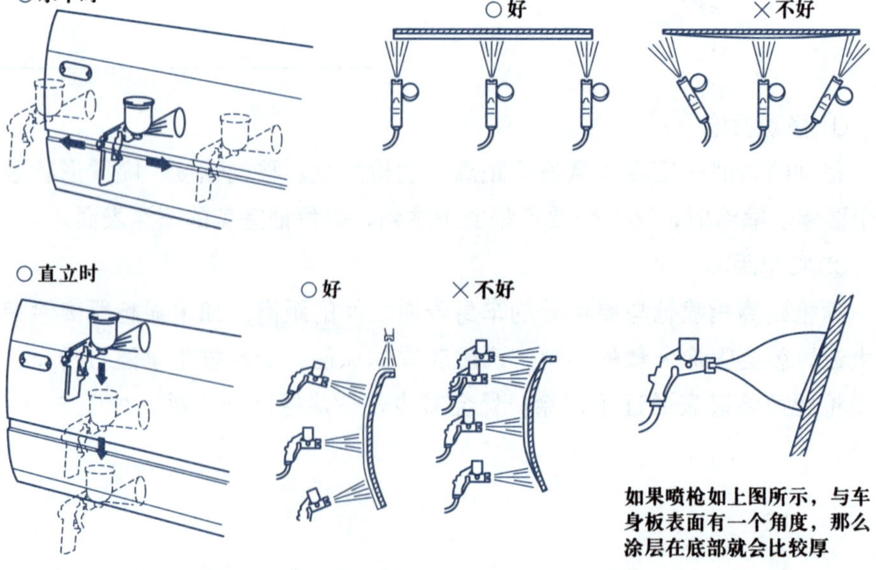

图 3-2-17
喷枪与喷涂表面角度

喷漆时，所站位置在保持喷枪与车身板垂直方面起很重要的作用。由于喷枪在移动时是以肩为支点，所以必须保证站立时拿喷枪一侧的肩面对着要涂装的车身板的中央，如图 3–2–18 所示。

此外，站立时，双脚必须分开并且要比肩宽一点，而且膝盖要下弯。移枪时，不能只移动手臂，必须将整个身体左右移动，将腰当作支点，如图 3–2–19 所示。

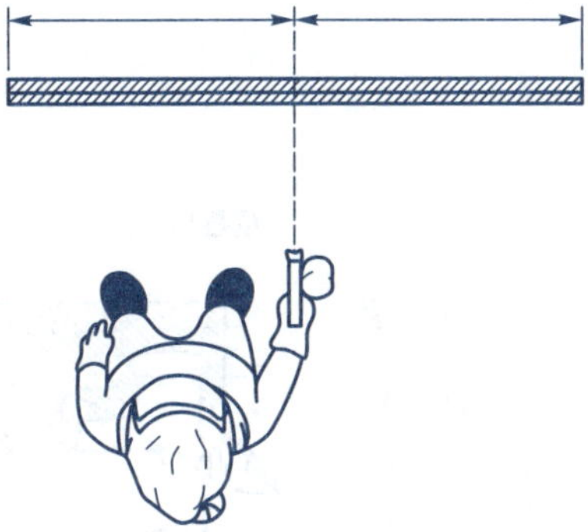

图 3–2–18
喷漆时站立位置

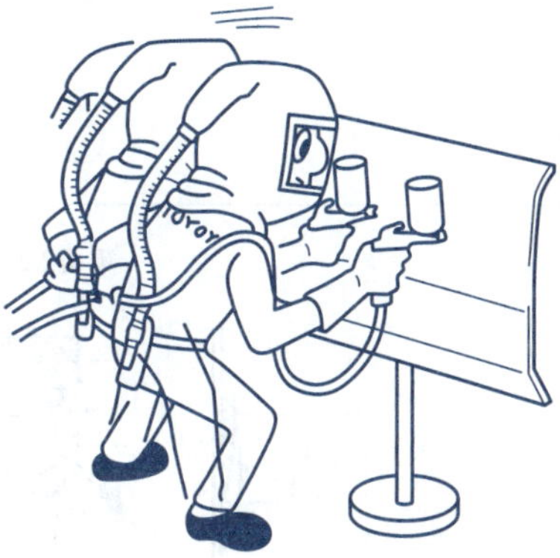

图 3–2–19
喷漆姿势

④ 喷涂速度

喷枪移动的速度称为运行速度。如果运行速度慢，那么涂层就厚，并且可能有垂流；如果运行速度太快，那么涂层就薄。此外，如果运行速度不均匀，那么涂层往往也不均匀。就一般的喷涂而言，运行速度介于 900~1200 mm/min 为宜。

动画 3–8
空气喷枪的操作四要素—喷涂速度

为了获得漂亮的涂装表面，一定要遵守喷枪的正确使用方法，注意喷枪的距离、运行速度及涂料排量。如果这三个因素不能很好地协调配合，那么便会影响涂装面质量。如果这三个因素中有任何一个必须改变，那么其余两个也必须相应改变，三者之间的关系见表 3–2–1。

表 3–2–1 涂料排量、喷涂距离及运行速度之间的关系

涂料排量	喷枪距离	运行速度
大	长	正常
小	长	慢
大	短	快
小	短	正常

⑤ 喷雾形状重叠

如图 3–2–20 所示，当涂料从喷枪喷出时，便形成喷雾形状，喷雾形状

动画 3–9
空气喷枪的操作四要素—重叠量

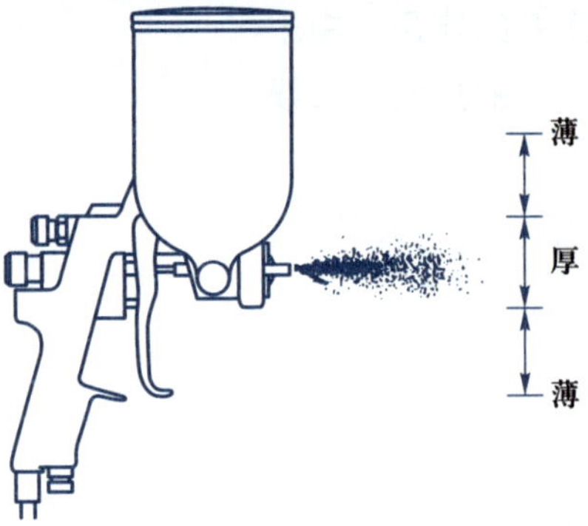

图 3-2-20
喷雾形状

边缘比中央部分薄。

因此，为了获得均匀的涂层，喷雾形状的厚度应该均匀，正确的喷雾图形重叠宽度为喷雾图形的 1/2~2/3，如图 3-2-21 所示。

喷雾形状的重叠一定要均匀。如果发生图 3-2-22b 所示的不均匀现象，那么涂层厚度便不均匀，从而产生涂装缺陷。

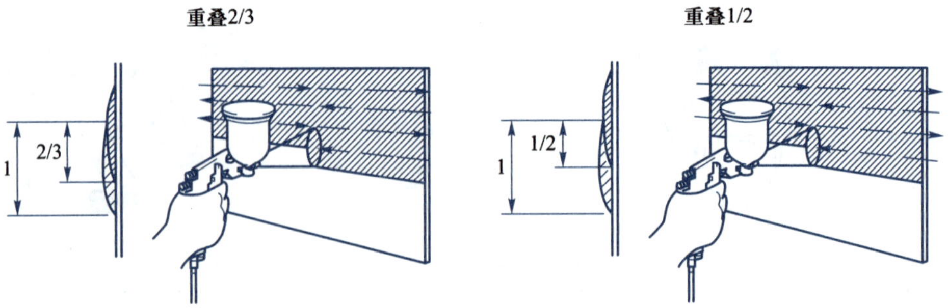

图 3-2-21
喷雾形状重叠

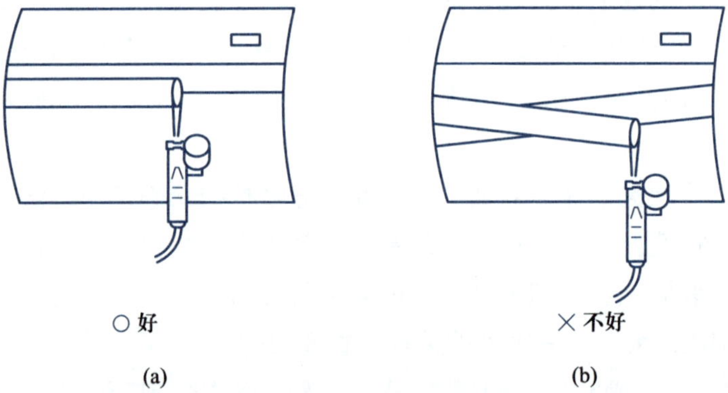

图 3-2-22
喷雾形状应均匀

此外，当喷枪向下指时，必须随之逐渐从站立姿势变为蹲的姿势，如图 3-2-23 所示。

图 3-2-23
随喷枪方向改变姿势

（5）搅杆

搅杆用于混合原子灰或中涂底漆，使其均匀，而且也可用于帮助将原子灰和中涂底漆倒出罐子。搅杆可以用金属或塑料制成，其中有一些还带有刻度，用以测量固化剂和稀释剂，如图 3-2-24 所示。

（6）混合板

混合板用于混合原子灰。它由金属、木头和塑料制成。还有一种用层压纸制成的用完即弃的混合板，如图 3-2-25 所示。

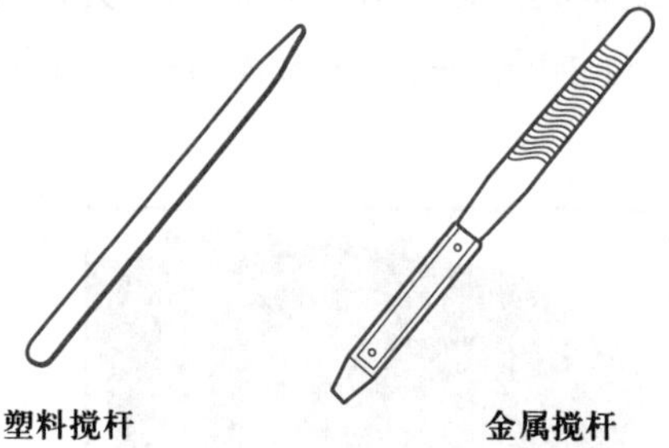

图 3-2-24
搅杆

图 3-2-25
混合板

（7）刮刀

刮刀的用途是在混合板上混合原子灰或将原子灰涂至工件表面。刮刀通常由塑料、钢板或橡胶制造，如图 3-2-26 所示。刮刀在使用以后必须用溶剂彻底清洁，因为如果原子灰留在刮刀上，会使刮刀硬化，从而使刮刀不能再使用。

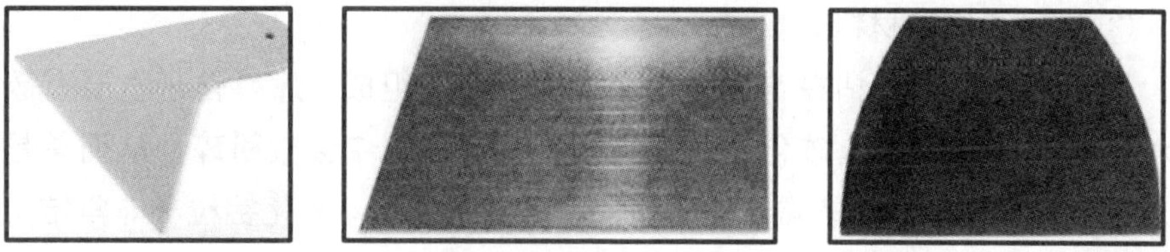

图 3-2-26
刮刀

（8）红外线烤灯

涂装维修中，红外线烤灯用于腻子、油漆的干燥。红外线的传热形式为辐射传热，由电磁波传递热量。红外线按照波长可分为短波、中波、长波。汽车烤漆专用短波红外线烤灯，如图 3-2-27 所示。

红外线烤灯烘烤渗透力强，直入漆层，使漆层温度迅速升高，由内向外挥发，漆层表面光泽度与丰满度高，镜面更加清晰，涂层附着力强，不易产生橘皮、流挂现象，避免返工；不需要预热时间，所以能有效地节省时间和费用，油漆烘干后不需要另外打光，不受场所和干燥部位限制，是极为先进的烤漆方法。

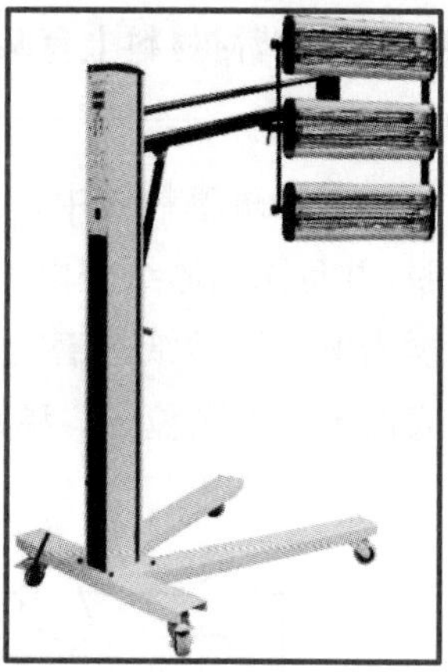

图 3-2-27
短波红外线烤灯

动画 3-10
短波红外线烤灯的工作原理

3.2.2　涂装材料

图 3-2-28
卷形砂纸

（1）砂纸

砂纸与打磨机或打磨垫块一起使用，以打磨涂膜、原子灰或中涂底漆。砂纸有不同的形状、材料和砂粒。

1）砂纸类型

① 按形状分类

按形状分，砂纸有卷形砂纸和片形砂纸之分，片形砂纸又有圆形和方形之分，如图 3-2-28 和图 3-2-29 所示。

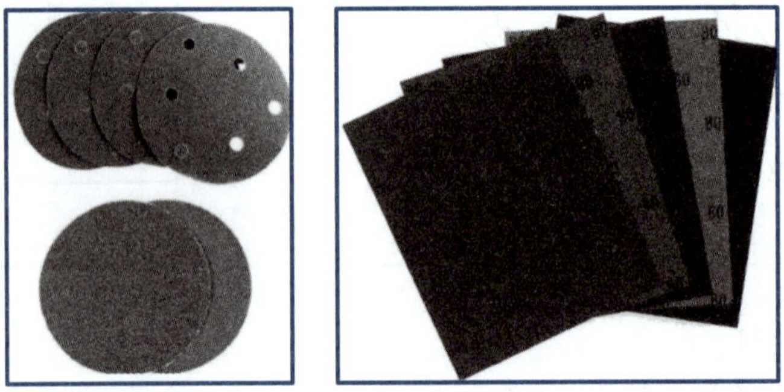

图 3-2-29
片形砂纸

② 按安装方法分类

按安装方法分类，砂纸有黏合剂型、尼龙搭扣型、非粘合剂型。

③ 按砂纸打磨材料分类

砂纸由用黏合剂粘在背衬材料上的摩擦粒子组成，摩擦粒子主要有碳化硅和氧化铝两种类型。碳化硅摩擦粒子在打磨过程中会被粉碎，从而总是产生新的锐边，这些粒子非常适合于打磨比较软的涂料。氧化铝粒子非常结实，可形成非常耐磨的材料，所以非常适合于打磨比较硬的涂料。

特别说明

将摩擦粒子粘到背衬材料上有两种方法：稀疏磨粒法和稠密磨粒法。

在稀疏磨粒法中，磨粒间的距离较大，使打磨掉的粒子可以从磨粒上飞脱，并且防止砂纸表面积满粒子。这种用稀疏磨粒法制造的砂纸主要用于干磨。稠密磨粒型砂纸的磨粒排列很紧密，主要用于湿式打磨，在湿式打磨中砂纸表面不会积满粒子。稀疏型砂纸和稠密型砂纸如图 3-2-30 所示。

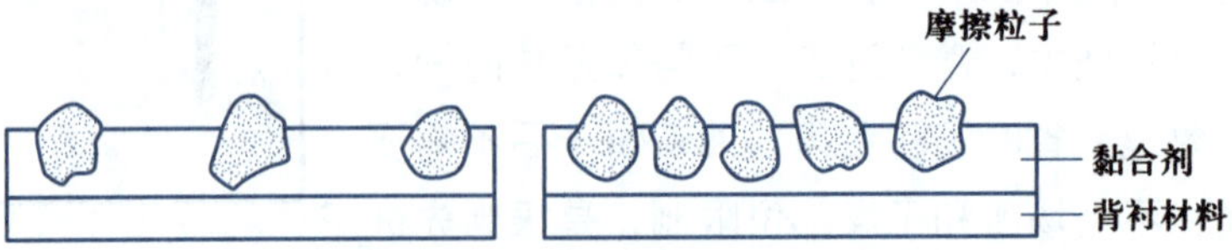

图 3-2-30
稀疏型砂纸和稠密型砂纸

2）砂纸型号

砂纸型号通常印在砂纸的背面。数字越大，砂纸磨粒越细。在汽车修补涂装过程中所用砂纸型号通常在 P60~P2000。表 3-2-2 列出了不同型号砂纸及其一般用途。

表 3-2-2　砂纸型号及其一般用途

砂纸	JIS	P60	P80	P120	P180	P240	P320	P600	P1000	P1500	P2000
	ANSI	60	80	120	220	–	240	360	600	–	–
	FEPA	60	80	120	220	–	240	500	1200	–	–
工作类别		清除涂料 打磨羽状边 打磨聚酯原子灰 打磨中涂底漆 打磨涂膜 在施涂面漆以后清除颗粒									

在使用砂纸以前，选择适当型号非常重要，因为这会影响工艺及完成工作所需要的时间。例如，如果使用细砂纸如 P600 来清除旧漆层，那么就会浪费大量人力及时间。另一方面，如果用 P60 砂纸打磨表面以后施涂面漆，那么不管施涂多少层，也不可能获得平滑的表面。二者适用情况对比见表 3-2-3。

表 3-2-3　粗细砂纸适用情况对比

	好	不好
清除涂膜	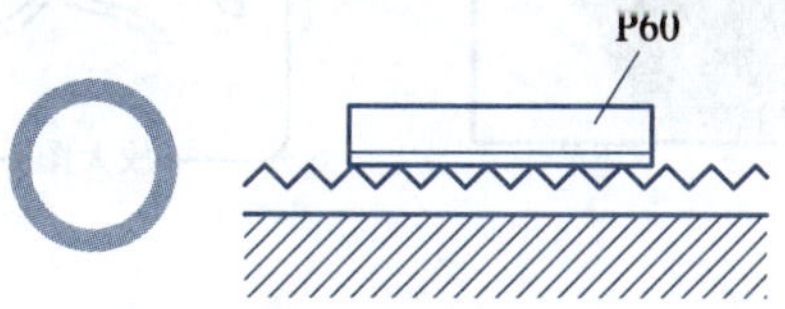 因为筛目数较小的砂纸的打磨力比较强，所以清除得比较快	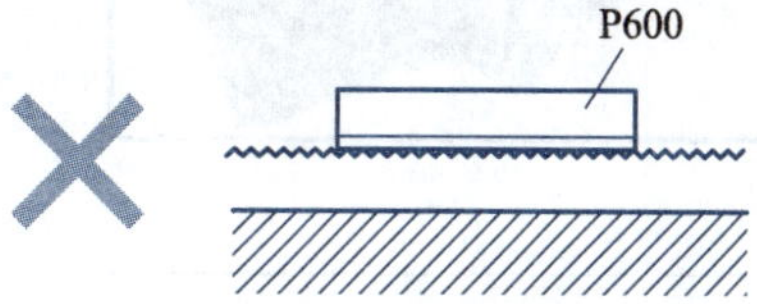 较小筛目数砂纸要很长的时间才能清除，因为砂纸表面的粒子较小
打磨涂膜	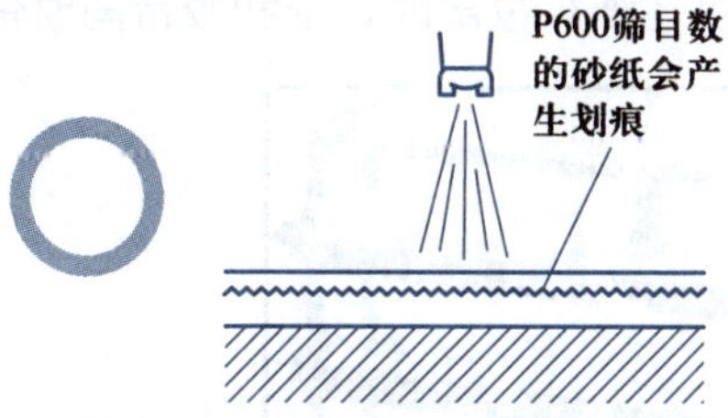 如果用细砂粒纸，砂纸划痕可以遮掩	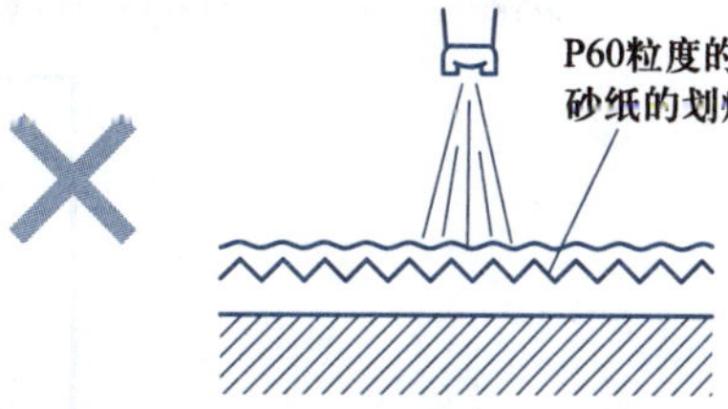 如果用粗砂粒砂纸，砂纸划痕不能遮掩

按步骤选用砂纸的型号也是很重要的，表 3-2-4 所示为各种型号砂纸的应用实例。

表 3-2-4　不同型号砂纸的应用

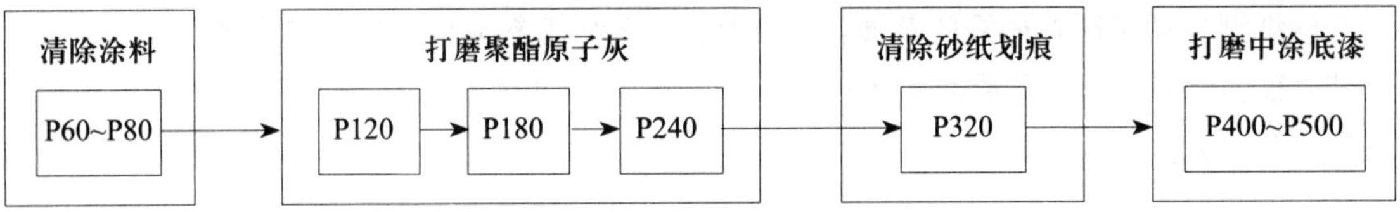

表 3-2-4 中，P120 与 P240 之间如果不用 P180，会发生什么情况呢？实际上，P120 砂纸所造成的砂纸痕不容易用 P240 砂纸清除。因此，逐步改用较细砂纸是很重要的，这样每次更换细砂纸时才能够清除前面砂纸所留下的划痕。一般情况下，砂纸型号连续更换跨度不要超过 100。

（2）百洁布

除了砂纸以外，还有其他打磨材料，如百洁布。百洁布是含有合成纤维毡垫的材料，黏合剂将打磨粒子牢牢附着在每个纤维上，如图 3-2-31 所示。这种材料具有挠性，所以非常适合于打磨外形比较复杂、不易触及的工件表面。它能防水，又耐用，在干式和湿式打磨中都可以使用。最常用的型号为 P320~P1500。

图 3-2-31
百洁布

（3）遮蔽纸

遮蔽纸用于遮蔽不需要施涂底漆或中涂底漆的区域，因此被称为遮蔽纸。通常，遮蔽纸卷放在供纸机上，供纸机上还有遮蔽胶带，如图 3-2-32 所示。遮蔽胶带可以自动地粘到纸上，所以在纸被拉出时，纸和胶带同时供应。

图 3-2-32
遮蔽纸和供纸机

（4）原子灰

原子灰俗称腻子，又称不饱和聚酯树脂腻子，是一种膏状或厚浆状的涂料，通常需要配合固化剂使用，如图 3-2-33 所示。它容易干燥，干燥后变得坚硬，能耐砂磨。一般使用刮具刮涂原子灰于底材的表面，用来填平底材上的凹坑、缝隙、孔眼、刮痕以及加工过程中所造成的物面缺陷等，使底材表面达到平整、匀顺，使面漆的丰满度和光泽度等能够充分地显现。

图 3-2-33
原子灰及固化剂

课后习题

1. 操作电动砂轮机打磨焊点时不适合佩戴下列哪一项安全防护用具?（　　）

A. 口罩

B. 耳塞

C. 透明防护面罩

D. 棉手套

2. 板件修复时使用钣金锉刀，其主要目的是?（　　）

A. 整平钣金面

B. 确认凹陷处

C. 锉平钣件

D. 收缩钣件

3. 钣金修复时撬棒适用于何处?（　　）

A. 钣件外侧，宽阔而手顶铁容易伸入的部分

B. 钣件外侧，狭窄而手顶铁不易伸入的部分

C. 钣件内侧，宽阔而手顶铁容易伸入的部分

D. 钣件内侧，狭窄而手顶铁不易伸入的部分

4. 影响介子机点焊焊接强度的因素有（　　）。

A. 加压力

B. 焊接电流

C. 通电时间

D. 以上皆是

5. 更换气钻钻头时的注意点是什么？(　　　)

A. 为防止突然转动二人固定

B. 为防止突然地转动调低空气压力

C. 为防止转动拔下气管

D. 带皮手套即使突然运转也是安全的

6. 双作用打磨机可用于（　　　）。

A. 打磨原子灰

B. 切割钣件

C. 去除漆膜

D. 打磨羽状边

7. 带式打磨机可用于（　　　）。

A. 打磨原子灰

B. 切割钣件

C. 去除漆膜

D. 打磨羽状边

8. 车身锉在使用时应（　　　）。

A. 拉动

B. 推进

C. 拉动或推进均可

D. 都不对

9. 使用砂轮机时，应使砂轮的背面比金属表面（　　　）。

A. 升高 10° ~ 20°

B. 升高 20° ~ 30

C. 下降 10° ~ 20°

D. 下降 20° ~ 30°

10. 外形修复机是通过（　　　）把垫圈焊接在钢板上的。

A. 电弧加热

B. 电阻热

C. 火焰加热

D. 蒸汽加热

11. 使用砂轮机打磨时所必需的劳防用品是哪一件?（　　　）

A. 安全绳

B. 眼镜

C. 大力钳

D. 气动锯

12. 垫铁使用前应保证作业面（　　）。

A. 平滑

B. 有凸起

C. 有凹坑

D. 凸凹不平

13. 涂装作业中常用烘干设备是（　　）。

A. 烤箱

B. 中波红外线烤灯

C. 短波红外线烤灯

D. 长波红外线烤灯

14. 喷枪使用时注意的要素有（　　）。

A. 喷涂距离

B. 喷枪角度

C. 移动速度

D. 喷涂形状重叠

15. 清除旧漆层最适用的砂纸型号为（　　）。

A. P600

B. P240

C. P180

D. P80

第 4 章
汽车车身维修工艺

电子教案
汽车车身维修工艺

电子课件
汽车车身维修工艺

PPT

本章重点

了解汽车钣金修复工艺基本流程；掌握各工艺过程的操作要点及技巧。

4.1　汽车钣金修复工艺

车身结构的设计除了要承受一般行驶过程中产生的冲击外，还必须在发生事故时保障乘客的人身安全。而为了在发生撞击事故时能够最大量地吸收碰撞能量，且又能将危及乘客人身安全的因素降到最低程度，必须对车身构造和车身材料有特殊的考虑，因此，前后车身设计成在某种程度下结构部件容易发生变形以吸收碰撞产生的能量，乘客舱则不易变形从而最大限度地保护乘客免受伤害。

4.1.1　车辆损伤评估

事故车辆损伤评估是利用目视、触摸或测量法来确定事故车的受损程度的过程。车辆损伤评估的目的是能够正确地掌握受损车身的部位和程度，从而制定正确的维修计划。错误的损伤评估会造成修理方法错误或修理计划混乱，从而会浪费大量时间也会影响修复质量。所以，钣金修复人员需要掌握车辆碰撞损伤特性及损伤评估的技巧。

（1）车身损伤类型

汽车车身损伤主要分为两大类，即车身疲劳自然损坏和人为及意外事故损坏。自然损坏主要指由于道路的不平整引起的车身颠簸振动，发动机自身运转引发的振动等原因造成的车身某些部位板件产生变形，比如车门关闭不严，翼子板与车门缝隙变大等；汽车钢板受到水汽侵蚀，内层表面防锈层脱落，造成车身生锈等。人为及意外事故损坏是指由于驾驶人驾驶技术等因素造成车身碰撞等引发的损伤。车身损伤主要分为轻微损伤、轻度损伤、中等损伤和严重损伤四种形式。以上车身损伤，是汽车钣金维修人员常见的工作对象。

发生撞击时的车辆重量和速度均相同时，破坏程度也会随车辆撞击物体的不同而存在显著不同。撞击力和撞击面积的关系如下：

单位面积的撞击力 = 总撞击力 / 总撞击面积

随着总撞击面积的加大，单位面积的撞击力变小，变形量也相应减小，但破坏面积加大。

1）与地面上固定的物体碰撞

① 与建筑物类平面物体碰撞

汽车与建筑物类物体碰撞时，由于碰撞接触面积大，受力分布均匀，单位面积的冲击力变小，造成的损伤会变小。图 4-1-1 所示为汽车与平面物体的碰撞。

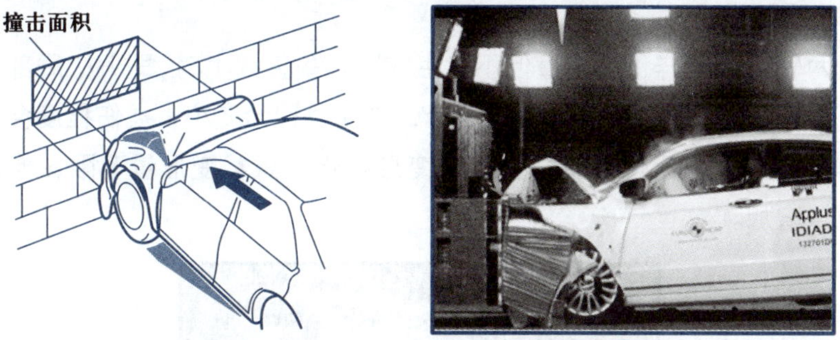

图 4-1-1
汽车与平面物体碰撞

② 与立柱类物体碰撞

汽车与立柱类物体如电线杆或树木碰撞时，由于受力面积小且集中，单位面积冲击力就会变大，变形量也相应较大。图 4-1-2 所示为汽车与立柱类物体的碰撞。

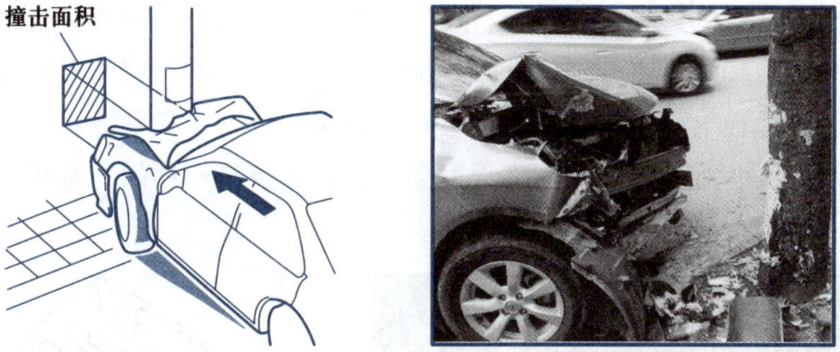

图 4-1-2
汽车与立柱类物体碰撞

2）车辆间的相互碰撞

① 正面完全碰撞

当两辆汽车行驶在同一条直线上发生碰撞时，如图 4-1-3 所示，两车车头或车尾 100% 完全接触，碰撞接触面大，拱形前纵梁变形从前部依次向后进行，最终在与前地板架的连接点处发生弯曲，形成板件挤缩变形损伤，以有效吸收碰撞能量。由前纵梁传递的能量被有效地分散到前侧外伸架、前地板架以及侧门槛，而由前立柱传递的能量被有效地传递至上边梁，以防止驾驶室发生变形。

视频 4-1
汽车正面碰撞

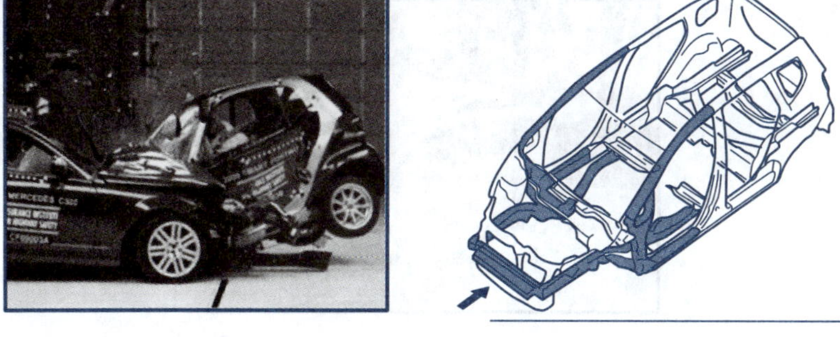

图 4-1-3
两车正面完全碰撞

② 正面局部碰撞

当两辆汽车同样正面碰撞但不发生在同一条直线上时，即偏心局部碰撞，接触面为 40% 左右，如图 4-1-4 所示，碰撞面积会变小，损伤程度会变大。这种撞击产生的力矩使车辆发生菱形变形损伤，虽然变形量有限，但是修复难度成倍增加。

图 4-1-4
汽车正面局部碰撞变形

视频 4-2
汽车侧面碰撞

③ 侧面碰撞

当横向行驶的汽车撞上纵向行驶的汽车时，纵向行驶的汽车会发生弯曲变形，车门梁和中间立柱加强件吸收侧碰撞能量，并通过侧门槛加强件将能量分散至主地板横梁、中间地板横梁等，以保护驾驶人和乘客。而且由于纵向行驶汽车没有旋转运动，损伤程度会很大，车身变形后如同香蕉一样，如图 4-1-5 所示。

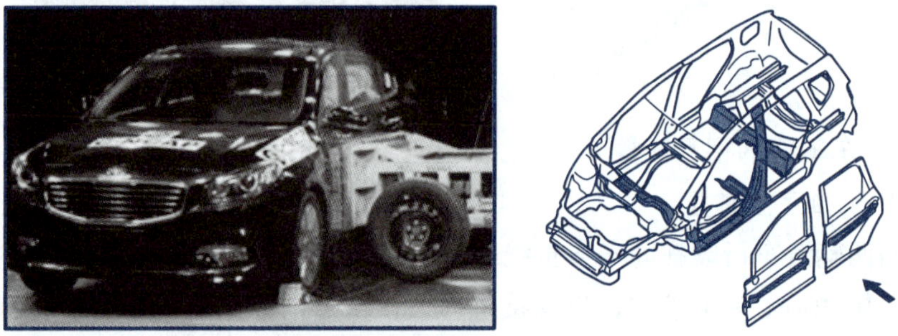

图 4-1-5
汽车侧面碰撞变形

④ 多重复杂碰撞

多重复杂碰撞是指车辆在遭受第一次碰撞后，由于惯性等原因紧接着发生第二次、第三次甚至第四次碰撞。这种碰撞损伤最为严重，损伤类型较为复杂，如图 4-1-6 所示。

图 4-1-6
汽车多重复杂碰撞

⑤ 翻车损伤

发生意外翻车事故时，汽车车身大部分板件或结构件往往会发生严重的变形。翻车分为 90° 侧翻，180° 翻转，甚至 360° 翻转，如图 4-1-7 所示。

视频 4-3
翻车损伤

图 4-1-7
翻车损伤

（2）碰撞角度和车身碰撞特性分析

由于汽车碰撞事故的随机性，汽车的车速、碰撞位置、碰撞位置的构造、碰撞方向等的不同，导致了千差万别的损坏形式。现在根据常见的事故车碰撞方式，从车身结构、碰撞角度和碰撞位置来分析车辆损伤。

1）碰撞角度

按照撞击力方向的不同，碰撞可以分为两种类型，一种是指向车辆重心的向心力型碰撞，另一种是背离车辆重心的切向力型碰撞。

① 向心力型碰撞

当撞击力直接指向车辆重心时，碰撞产生的能量将全部由车身吸收，对车辆造成的破坏最为严重，如图 4-1-8 所示。

图 4-1-8
向心力型碰撞

② 切向力型碰撞

当撞击力作用方向偏离重心时，造成破坏的程度稍轻，车辆将发生旋转，如图 4-1-9 所示。

图 4-1-9
切向力型碰撞

2）车身碰撞特性分析

根据车身结构和碰撞位置等情况，从车身前部、车身中部、车身后部三个方面进行分析。

① 车身前部碰撞特性

根据碰撞力的幅度，在第一阶段，车身前部在碰撞力尚未传递到悬挂安装点之前（悬挂安装点会将碰撞影响进一步施加于前轮定位），将碰撞能量予以吸收；在第二阶段，车身前部将阻止碰撞力向仪表板分散；在第三阶段，逐渐减少并削弱已到达仪表板的碰撞力。图 4-1-10 所示为车身前部碰撞示意图。

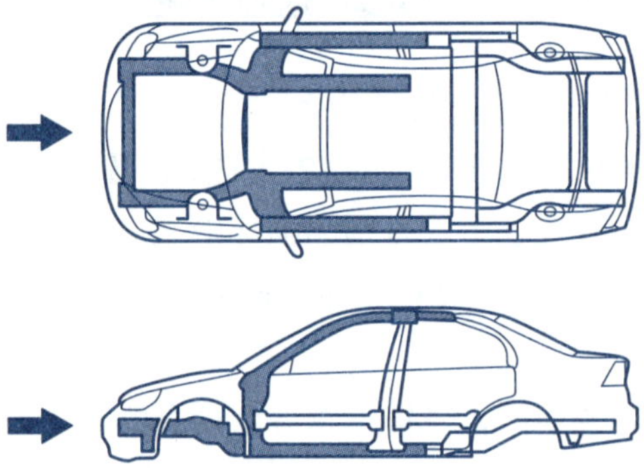

图 4-1-10
车身前部碰撞特性

当车辆碰撞力较小时，保险杠被向里挤压变形，碰撞力通过保险杠骨架向左右纵梁传递，引起前纵梁变形，然后前翼子板、发动机舱盖发生变形，如图 4-1-11 所示。

当碰撞力较大时，前翼子板骨架撞击外板，使前翼子板后移，造成与前车门之间的间隙消失；发动机舱盖严重弯折，发动机舱盖铰链严重损坏变形，如图 4-1-12 所示。

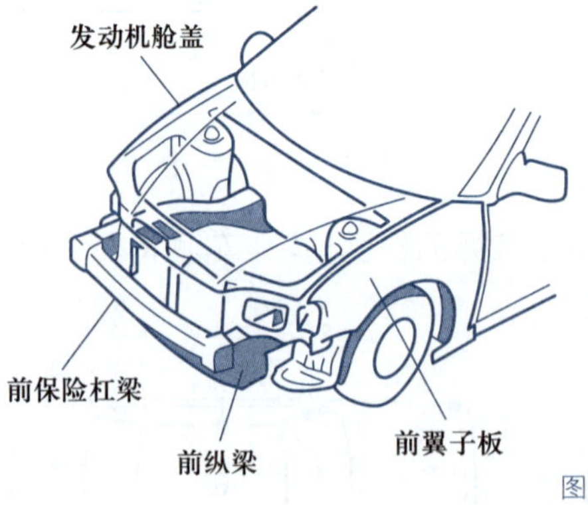

图 4-1-11
车身前部碰撞第一阶段

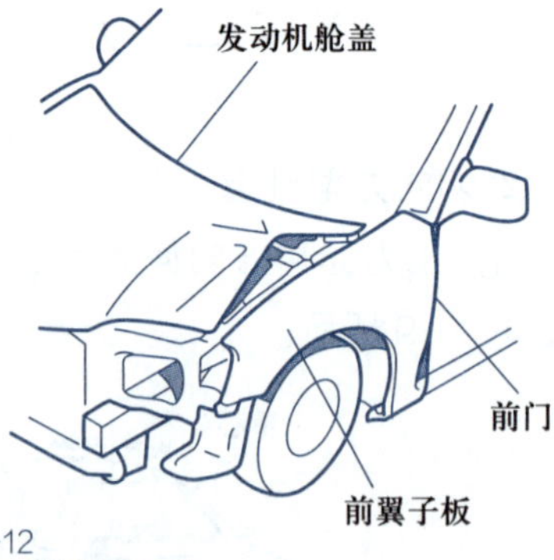

图 4-1-12
车身前部碰撞第二阶段

前纵梁将先于减振器支架失稳，并且前轮罩会产生严重变形。在某些严重情况下，受到挤压作用的副车架将会同时导致另一侧的纵梁变形，此时碰撞力已逐步削弱，如图 4-1-13 所示。

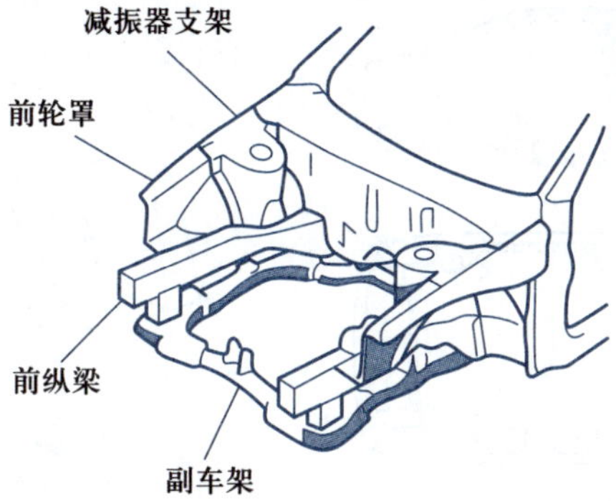

图 4-1-13
车身前部碰撞第三阶段

如果对面汽车的头部较低，则碰撞发生时极有可能出现因车辆轧过路面上的一个物体而导致前纵梁被压下或抬起。在这种情况下，将产生一个以纵梁根部为旋转中心的弯矩，从而导致前纵梁根部和仪表板下部板变形。如果前纵梁被压下，则前面铰链根部发生变形，并由此提起车门；相反，如果前纵梁被抬起，则铰链安装部位的根部也会发生变形，导致车门下移，如图 4-1-14 所示。

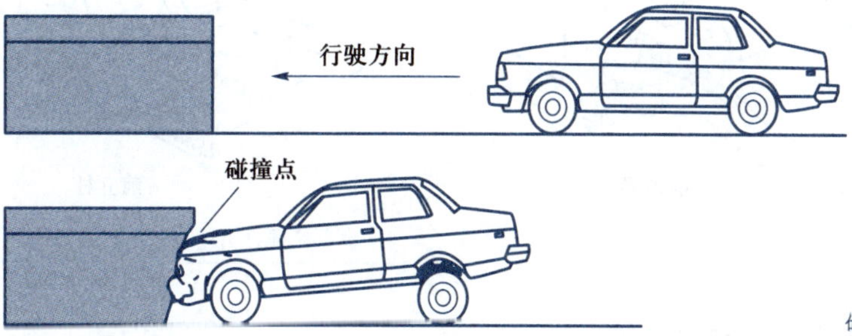

图 4-1-14
碰撞物高低对车身前部损伤影响

② 车身中侧部碰撞特性

在车身设计中，为保护驾驶室人员安全，提高抗变形能力，车身 A 柱、B 柱、C 柱及门槛板中心都采用了加强件进行加强，同时，车门内部也安装了防撞梁进行加强。当发生碰撞时，这些构件能够很好地将碰撞力分散至地板横梁和车顶横梁，如图 4-1-15 所示。

根据车辆类型不同，碰撞损坏程度亦有所不同。当车辆中侧部发生碰撞时，首先车门外板受到挤压而内凹变形；如果碰撞力较大，则碰撞力经过车门防撞梁向 A 柱、B 柱、C 柱及门槛板传递，通过部分变形吸收碰撞能量，如图 4-1-16 所示。

当碰撞位置位于前翼子板及 A 柱附近时，前轮会受到冲击，并波及减振器支座、前纵梁等部位，此时悬架系统将会损坏，甚至影响到转向系统，如图 4-1-17 所示。

当碰撞力很大时，碰撞能量会传递到车身的对面，引起对面板件的变形，如图 4-1-18 所示。

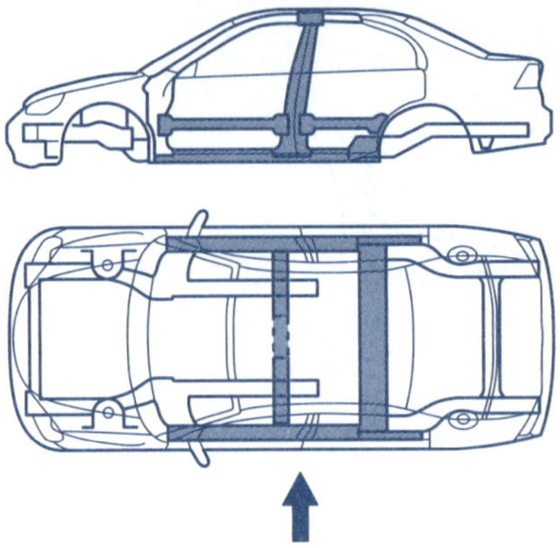

图 4-1-15
车身中侧部碰撞特性

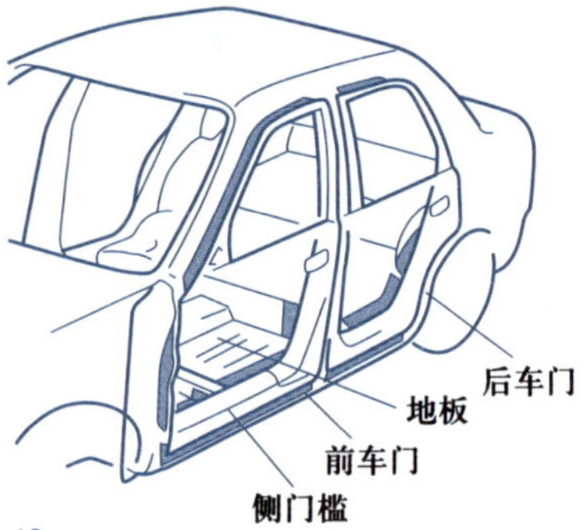

图 4-1-16
车身中侧部碰撞分析（1）

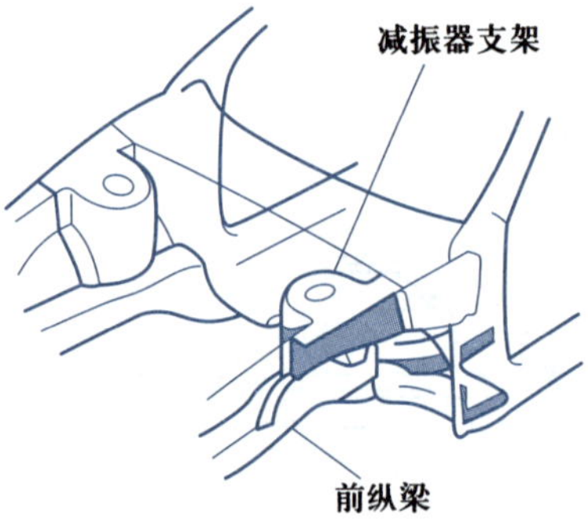

图 4-1-17
车身中侧部碰撞分析（2）

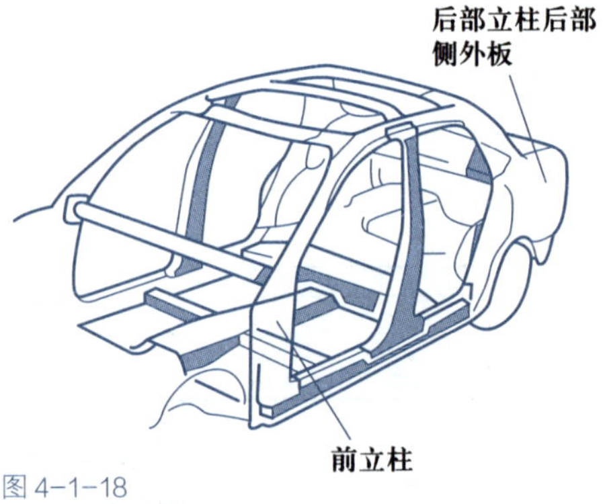

图 4-1-18
车身中侧部碰撞分析（3）

③ 车身后部碰撞特性

车身后部布置有后部车架，后部车架由点焊板件如后板、后部侧外板、内板、后部地板和骨架构件组成。如果车身后部受到碰撞力作用，上述板件将吸收绝大部分撞击能量。后部车架特别采用了减振零件进行加强，就整体而言，后部车架具有极强的抗变形能力。

如果碰撞力不是特别大，则后保险杠、后板、行李舱盖及后车门中任何一件或多件的变形能够吸收碰撞能量，此时可能发生的情况是后侧外板隆起，如图 4-1-19 所示。

图 4-1-19
车身后部轻中度碰撞

碰撞力过大时，后部立柱的下端和车顶板也会发生变形。此外，中间立柱也可能变形。有些情况下，碰撞力的影响程度足以使后部车架的向上弯曲部分发生变形，如图 4-1-20 所示。

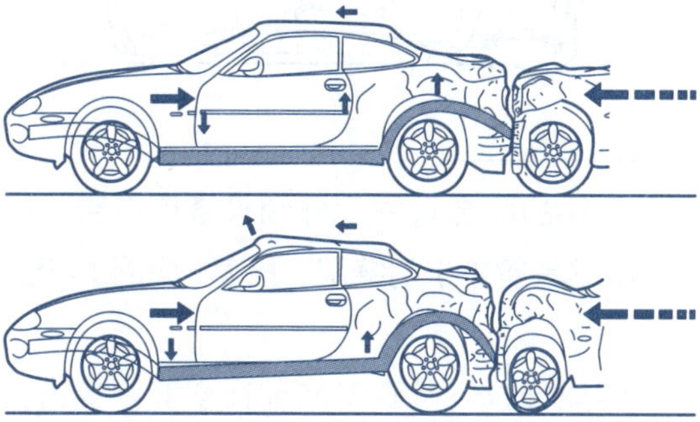

图 4-1-20
车身后部重度碰撞

（3）车身损伤评估流程

1）损伤评估步骤

① 信息收集。损伤评估的第一步是收集车辆发生事故时的相关信息，维修人员可以通过与车主交流了解事故时的情景，比如，与车辆撞击物体的状况、撞击时的车速、车辆撞击位置以及撞击时车内人数等情况。

② 目测、触摸进行评估定损。根据碰撞等级的不同，可能需要更换大尺寸的零件，如外板等。无论如何，在维修严重损坏的车辆时，尤其有必要对整个车辆的损坏范围进行正确诊断。人工 / 工时数和维修估计很大程度上取决于初步诊断是否正确。维修人员可以利用“八方向检查法”对车身进行全方位检查。车身损伤八方向检查法如图 4-1-21 所示。

a. 确定损坏部位。观察整个车辆并统计撞击处数量，评价其幅度，确定其损坏顺序。

图 4-1-21
车身损伤八方向检查法

b. 检查外部损伤和变形。从车辆的前部、后部和侧部观察车辆，并从侧面检查横向和垂直弯曲、扭曲、变形的线条，以及车身上的隆起和凹陷。同时，检查外板或其他与碰撞部位相关联的部位的变形，如图 4-1-22 所示。

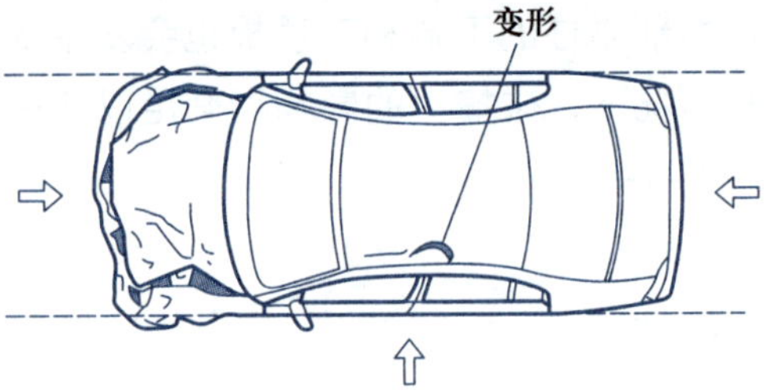

图 4-1-22
车身外部检查

c. 检查外部车身零件的配合尺寸。仔细检查所有带铰链部件（如发动机舱盖、车门、行李舱盖或尾舱盖）的缝隙、段差、间隙以及开启与关闭状态，如图 4-1-23 所示。

d. 检查车厢和行李舱部位。检查车厢或行李舱内撞击力造成的间接零件损坏；检查转向柱、仪表板、内板、座椅、座椅安全带以及其他内饰件上因驾驶人或货物而导致的损坏，如图 4-1-24 所示。

图 4-1-23
车身零件配合尺寸检查

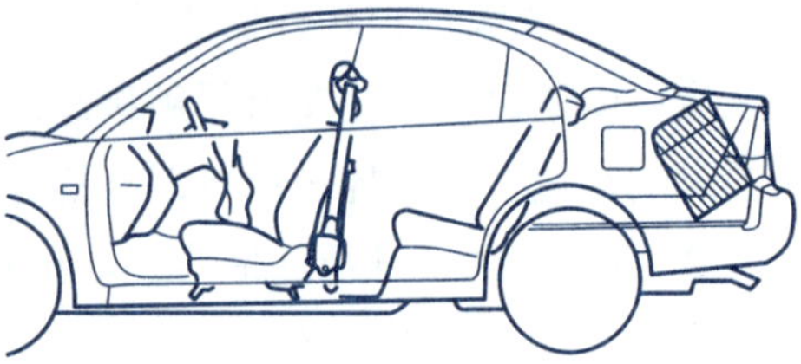

图 4-1-24
车厢及行李舱部位检查

e. 检查发动机舱。检查发动机支承以及变速器支座的变形，辅助系统与底盘以及线束与底盘间的接触情况；检查车身各部分的变形以及焊缝密封胶的剥落情况，如图 4-1-25 所示。

f. 检查车身下部。举升车辆并检查悬架或辅助车架、发动机机油、变速器油、制动液或散热器冷却液的泄漏情况；检查车身各部分的变形以及焊缝密封胶的剥落情况，如图 4-1-26 所示。

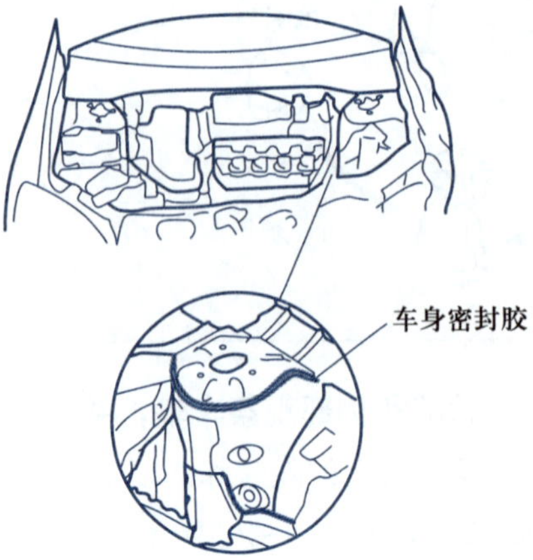

图 4-1-25
发动机舱的检查

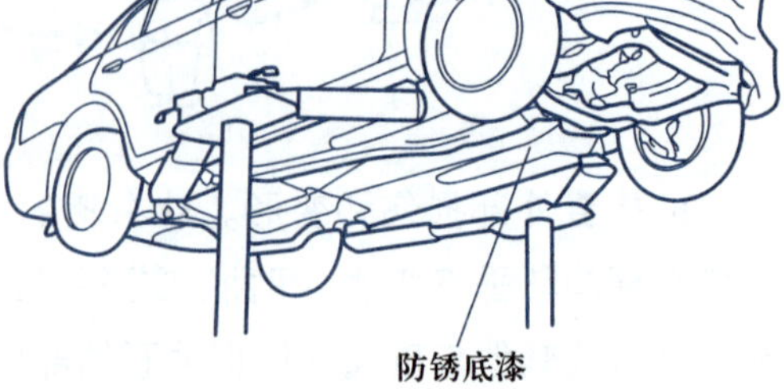

图 4-1-26
车身下部的检查

g. 功能性检查。起动发动机，检查是否有异常的振动噪声或接触噪声；操作离合器、制动器、驻车制动杆以及换档杆；检查车辆功能是否正常；检查电气系统的功能，其中包括灯光和附件的开关功能。

2）车身不同部位损伤诊断的方法

① 前部车身的损伤诊断。车身前部骨架由前隔板（水箱框架）、前纵梁、前轮罩、减振器支架等组成，如图 4-1-27 所示。对损坏车辆进行诊断时，不仅要检查各部分零件，而且还要检查仪表板和前立柱的变形。评价破坏时，如果仅凭借外观检查，可能会忽视某些严重的损坏，因此，应采用相应的测量仪器对车身进行测量评估，尤其对减振器支架等部位，因为这些部件对车轮定位有很大影响，必须采用测量仪器进行测量。如果破坏程度较高，还必须测量车身底部的尺寸。

图 4-1-27
前部车身的损伤诊断

检查可以在装配有外板的状态下进行，但必须注意左右侧前纵梁前端的变形、前部下横梁的变形、前轮罩和减振器支架的变形、仪表板及其周围的变形、减振器安装部位的位移、左右前轮罩前端的变形、水箱框架的变形等。

② 侧车身的损坏诊断。横向撞击力大部分被传递到车门槛和立柱，而这些部件大部分不易维修。车身侧部的大部分零件为槽形断面，因此具有较高的刚性，但在较大碰撞力的作用下，这些零件仍会发生变形，如图 4-1-28 所示。

图 4-1-28
侧车身的损坏诊断

如果碰撞力集中作用于立柱部位，则整个车身会因碰撞力分散至车顶板而出现变形，如果发生这种情况，则建议更换。如果碰撞力过大，则整个维修工作的规模将比较大，因为维修将涉及底部、轮罩以及地板横梁。由于传递到中间立柱的碰撞力同时会造成相对侧的侧板表面变形，所以有必要检查整个车身是否受到碰撞影响。除了对车门位置、开启尺寸等进行外观检查外，还有非常重要的一点就是利用地板架和横梁作为测量基准测量车身底部尺寸，以便对破坏程度做出评价。

③ 后部车身损伤诊断。按照碰撞力方向及幅度，除后板和后部侧外板会发生变形外，后部内板和后立柱也会发生变形，如图 4-1-29 所示。

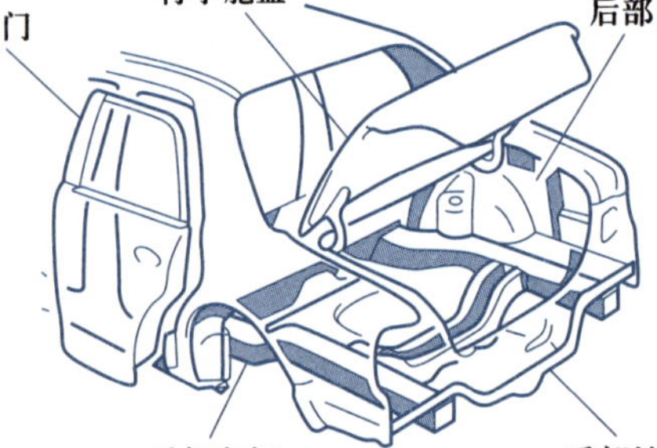

图 4-1-29
后部车身损伤诊断

此外，后部地板和后部车架甚至后立柱均可能发生变形。除了检查所连接零件的外观外，还应检查前后方向的收缩量、横向及上下方向的挠度，以便从总体上对破坏做出评价。对于后部车架和后部减振器安装位置的破坏，应以未破坏的地板和前部的车身底部为基准进行测量。

4.1.2　钢制车身轻度损伤修复

对有轻微损坏的车身或板件，其维修需要经历的过程包括：首先使用垫圈焊接方式或用锤子和垫铁维修损坏部分，直至修复到原来状态；对有严重损坏的车辆，首先要使用车架矫正机进行初步整形，然后将损坏的板件和车架零件更换为新的零件；板件维修完成后，需要进行防锈处理以及密封和局部漆层处理。钢制车身板件损伤修复流程如图 4-1-30 所示。本节主要讲解轻度损伤钢制板件的修复。

车身轻度损伤常用修复方法有：敲击法、焊接拉拔法、无痕修复法以及填补法四种。其中，敲击法和焊接拉拔法是目前最为常用的修复方法，无痕修复法维修质量最好，填补法已经很少被采用。

（1）敲击法修复板件

敲击法是指运用各种钣金锤配合垫铁或其他设备对板件损伤进行修复的方法。使用手锤与垫铁的配合是传统钣金修复的主要手段，它不需要大规模的设备就可以进行复杂曲面的加工，适合于少量多种加工要求的损伤面板修复。现代汽车的面板采用高张力钢板和薄钢板的数量日趋增加，如果只用锤子和垫铁使板件恢复至受损前的状态，这要求钣金维修人员具有相当高的熟练度。钢板在修复前，应首先区分损伤部位拉伸区和压缩区，然后才可根据其损伤程度确定修理方法和选择合适的工具。钢板的修复并不是单纯的使凹陷或隆起向高处或低处移动。通常情况下，应对压缩区先行释放，否则拉伸区有可能会屈服于矫正力而发生更为严重的延展甚至裂纹。修复时应选择接

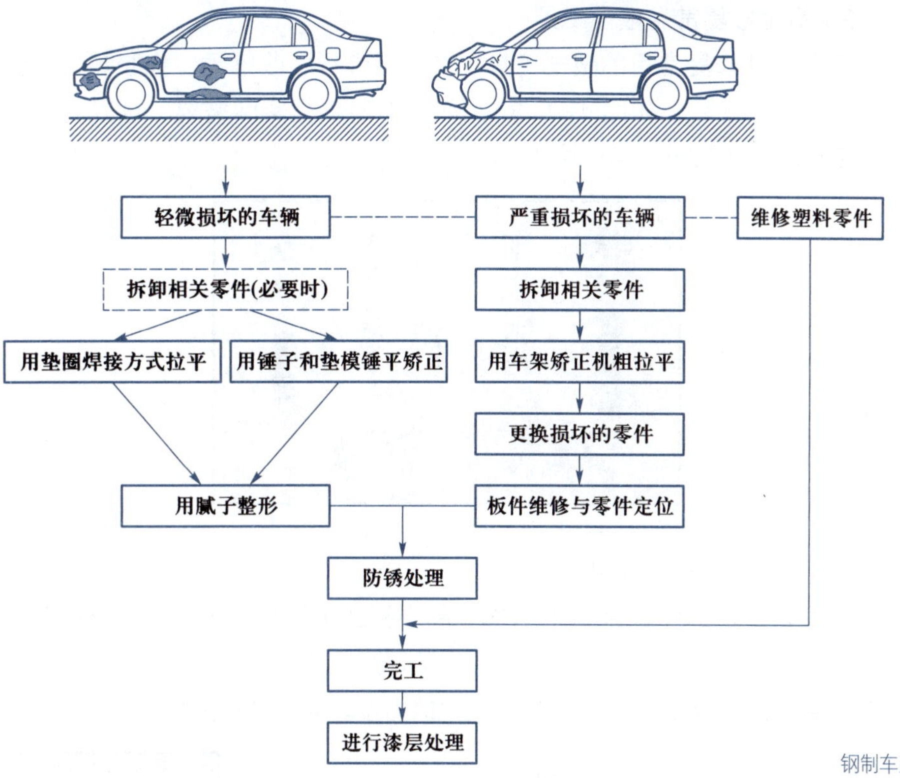

图 4-1-30
钢制车身板件损伤修复流程

近或小于面板弧度的手锤和垫铁，并尽可能地减小锤击力度和减少锤击次数，小心谨慎地进行修复作业，以避免加重损伤，减少金属的延展。敲击修复法可以消除板件内部残余内应力，使板件恢复到原来状态。

1）敲击原理

钢板具有一定的塑性，在受到外力时会产生变形。将一块薄钢板放在工作台上，用锤子敲击，由于冲击力的作用，钢板两侧会发生翘曲。锤击力量越大，锤击部位钢板延展现象和两端翘曲现象就更加明显，如图 4-1-31 所示。从敲击后的钢板可以了解到，表面弧度大的钣金锤敲击后会产生明显的凹陷，所以钢板表面会朝着凹痕的方向延伸；表面弧度小的钣金锤在敲击后产生的凹陷较小或没有凹陷，故在修复中通常选择弧度较小的钣金锤。

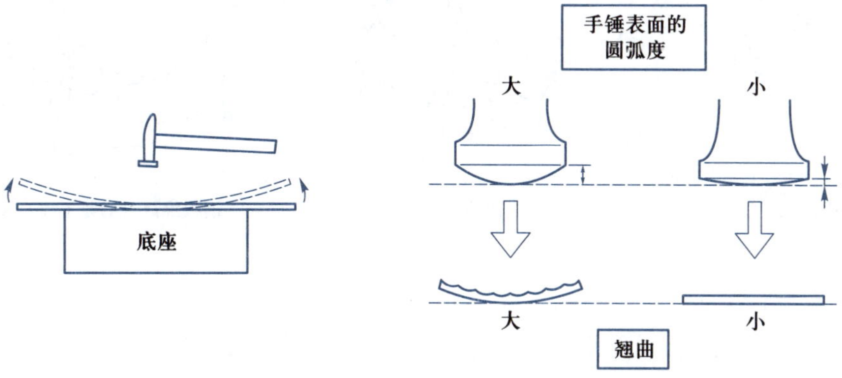

图 4-1-31
敲击原理

2）钣金修复常用敲击工具

汽车车身修复常用的敲击工具主要有钣金锤、收缩锤、橡胶锤、木锤、匙形刮刀、垫铁等，如图 4-1-32 所示。有时根据实际需要，可以动手制作敲击工具。

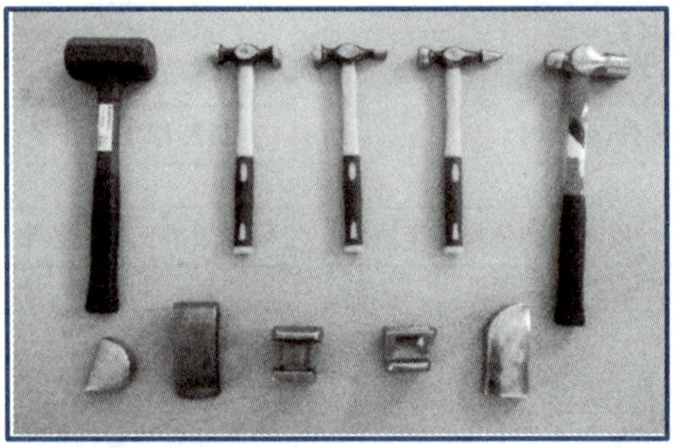

图 4-1-32
常用钣金锤及垫铁

3）钣金锤的基本应用方法

用手轻松地握住钣金锤手柄的端部（相当于手柄全长的 1/3 位置），锤柄下面的食指和中指应适当放松；小指和无名指则应相对紧一些，使之形成一个支点，拇指用于控制锤柄向下运动的力度，如图 4-1-33 所示。

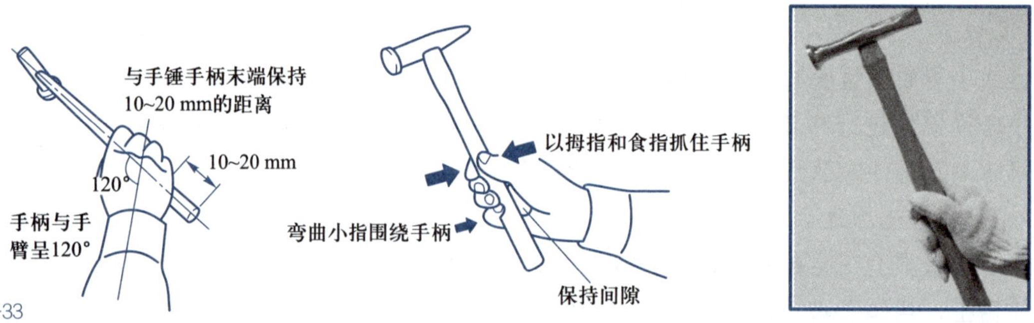

图 4-1-33
钣金锤的正确握持方法

敲击时，应通过依靠手腕的动作来挥动锤子，并利用钣金锤敲击零件时产生的回弹力沿一个圆形的轨迹运动，如图 4-1-34 所示。

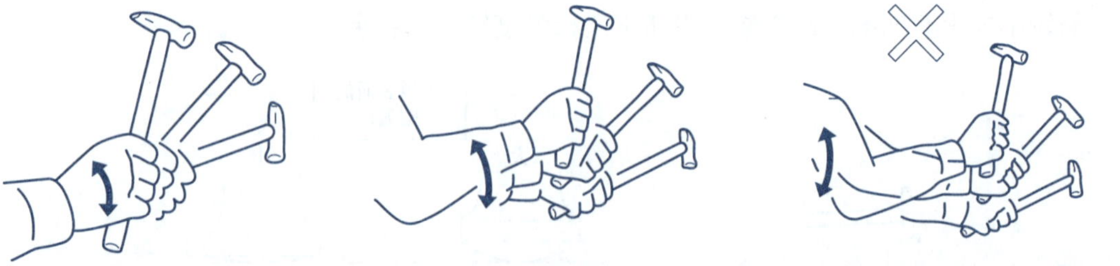

图 4-1-34
钣金锤的敲击方法

敲击时保证锤头垂直地与板件接触，遵循“先大后小、先强后弱”的原则，如图 4-1-35 所示；合理选择钣金锤的尺寸和锤顶曲面的隆起高度。

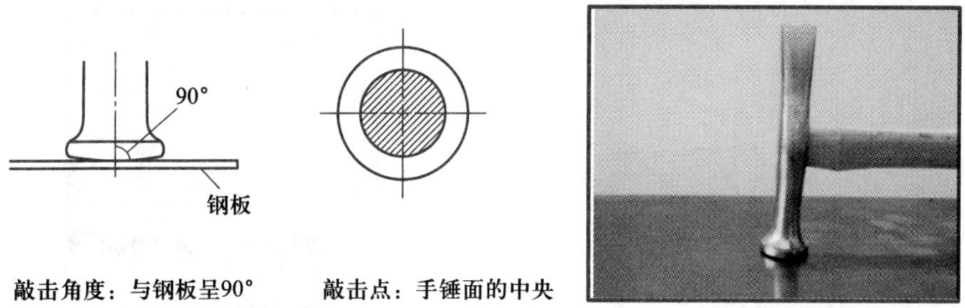

图 4-1-35
锤子敲击板件

4）使用钣金锤敲击的方法

根据钣金锤与垫铁的配合方式不同，敲击方法可分为实敲、虚敲和弹性敲击三种。其中实敲也称为正托法，虚敲也称为偏托法。

① 实敲法。实敲法是指在敲击修复过程中，把垫铁用手托置于敲击点的正下方进行敲击的方法，如图 4-1-36 所示。一般实敲是在使用虚敲修正较大的凹陷后，再来修整轻微的小凹陷损伤变形。在实敲过程中，敲击力度要适中，不要在同一点反复敲击。时刻观察板件变形情况，否则板件容易发生延展，从而导致修复失败。

当钢板产生较小的凹陷时，使用垫铁由内侧用力向外顶压，同时从外侧使用钣金锤敲击凹陷位置，从而将钢板修复平整，如图 4-1-37 所示。

图 4-1-36
实敲演示

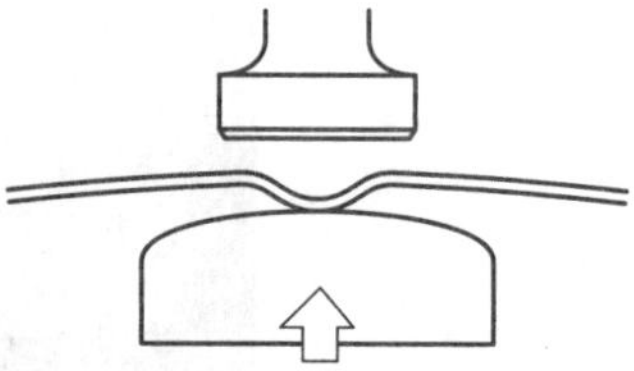

图 4-1-37
实敲维修凹陷板件

当钢板产生较小的凸起时，将垫铁轻轻贴靠板件内侧受损位置，无需施加顶压力，用钣金锤从外侧敲击凸起，直至平整，如图 4-1-38 所示。

② 虚敲法。虚敲法是指在敲击修复过程中，把垫铁用手托置于钢板内侧较低的部位，锤子敲击板件外侧较高的部位，垫铁起到反面敲击的作用的方法。此种方法通常用来修复大区域的变形损伤，如图 4-1-39 所示。

当钢板产生较大凹陷变形时，在钢板内侧用垫铁顶压 B 处，用钣金锤敲击 A 处，使得 B 处向外隆起，A 处向内变形，直至板件大体恢复至原来的尺寸，如图 4-1-40 所示。

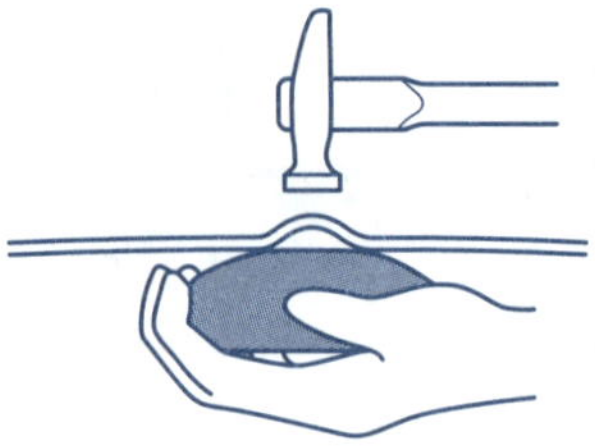

图 4-1-38
实敲维修凸起板件

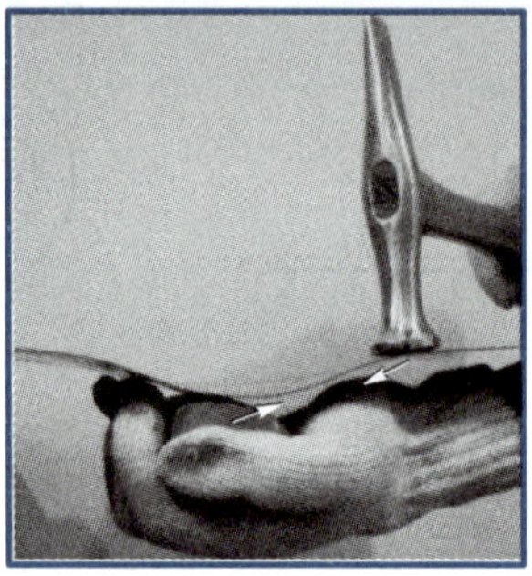

图 4-1-39
虚敲演示

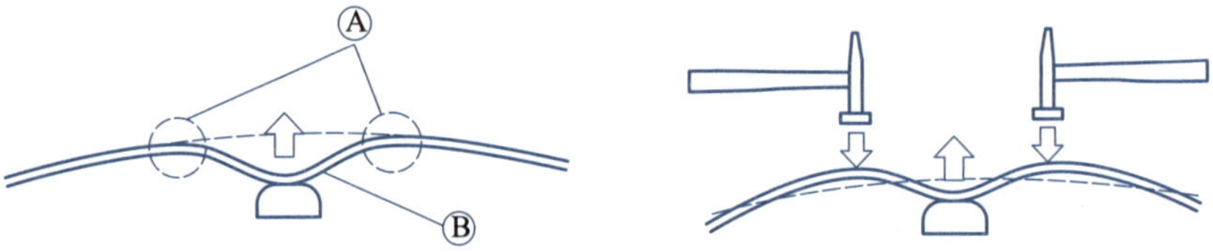

图 4-1-40
虚敲维修钢板

③ 弹性敲击法。弹性敲击法是指通过轻型锤子、木锤或橡胶锤，使用恰当的力量从外部直接弹跳敲击隆起部位，内部不使用垫铁配合，以释放内应力为目的的敲击方法。

此方法仅适用于具有相当强度的板件延展隆起部位的修复，对于强度较低的板件损伤可以配合拉伸工具进行敲击。此类敲击方法主要用于车门槛板、车身纵梁、车门、翼子板、横梁等板件，如图 4-1-41 所示。

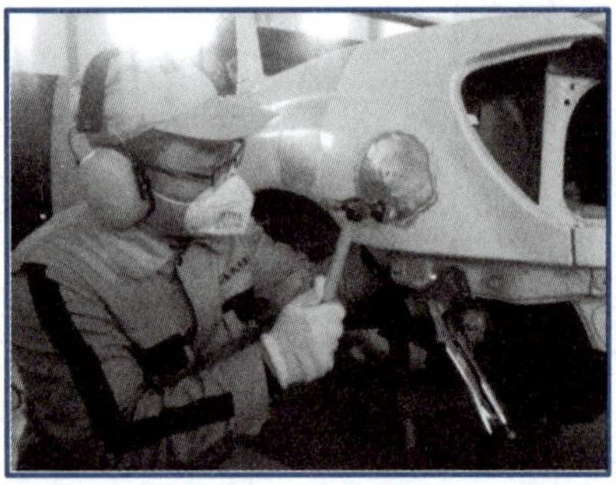

图 4-1-41
弹性敲击

视频 1-1
手工工具修复板件

5）钣金锤修复示例

① 连续小变形维修

第一步，将垫铁按压在凹陷部位的背面，从外侧用锤子敲击隆起部位，直至整个损坏区域大致恢复到原来的形状，如图 4-1-42 所示。

第二步，对部分不平整的部位进行精细敲击，直至板件平整，如图 4-1-43 所示。

② 深变形维修

第一步，用垫铁从凹陷内侧敲击损伤部位，如图 4-1-44 所示。

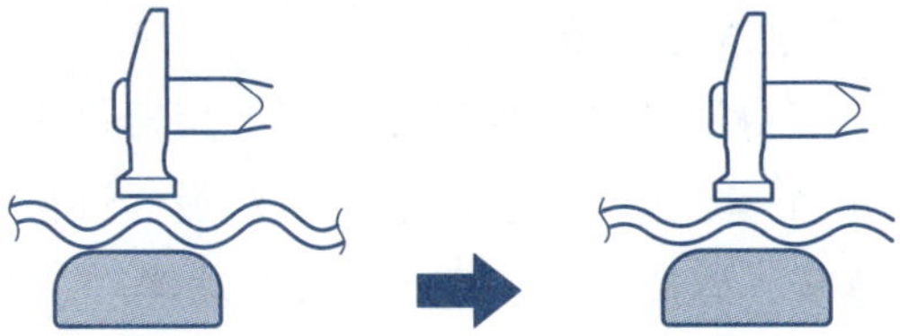

图 4-1-42
小凹陷粗修整形

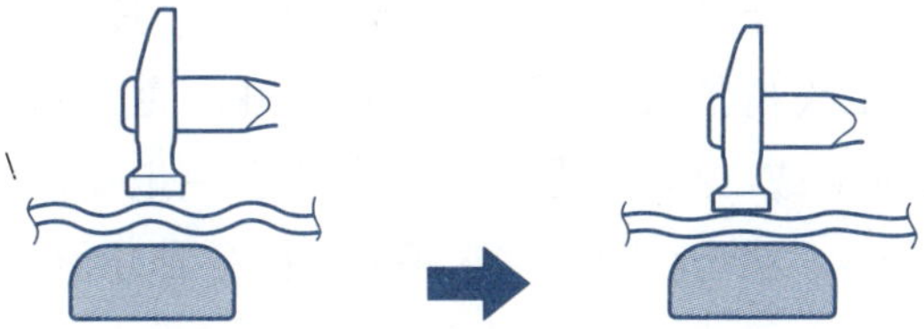

图 4-1-43
精修整平

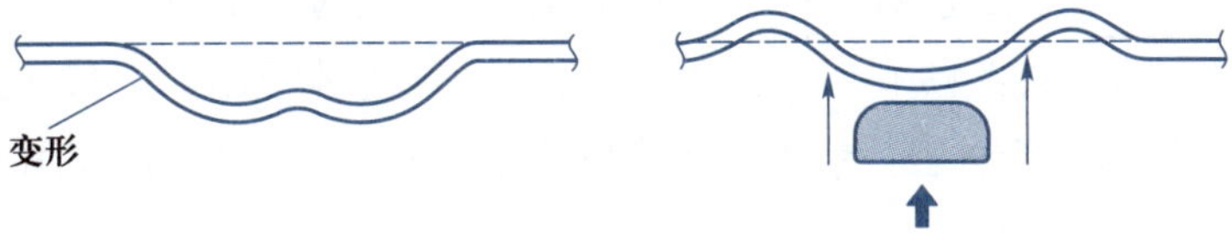

图 4-1-44
大凹陷粗修整形

第二步，交替采用虚敲和实敲的方法进行敲击整形，直至将其恢复到原来的状态，如图 4-1-45 所示。

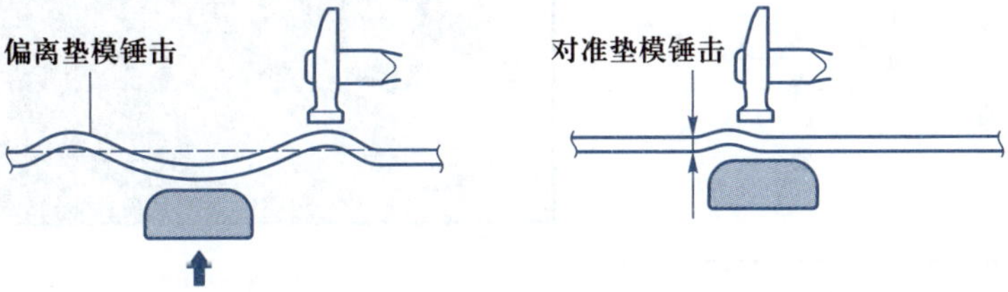

图 4-1-45
精修整平

敲击过程中的注意事项

在敲击过程中要正确地佩戴劳保用品，比如工作服、手套、耳塞、钢头鞋等防护用品。

敲击修复前要检查敲击工具是否完好，锤子、垫铁表面是否光滑。

敲击时，锤子的平面应均匀地与钢板接触，如果锤击面的边缘接触钢板，则会出现月牙形的凹痕，对板件造成二次损伤。

一般情况下，敲击法只适合修复单层板件或内部容易触及到的钣金件损伤区域。

敲击修复过程中，要经常检查板件的修复效果，避免因过度敲击造成板件延展变形。

（2）焊接拉拔修复板件

焊接拉拔法通常使用的是车身外形修复机（也叫介子机）或其他焊接设备。在板件待修复区域焊接介子片，通过介子间拉拔凹陷损伤的板件从而达到修复的方法称之为焊接拉拔法。焊接拉拔法适用于一些常规方法无法触及的损伤区域内部的修复。目前焊接拉拔法是车身覆盖件损伤修复最为常用、最为有效的修复方法。

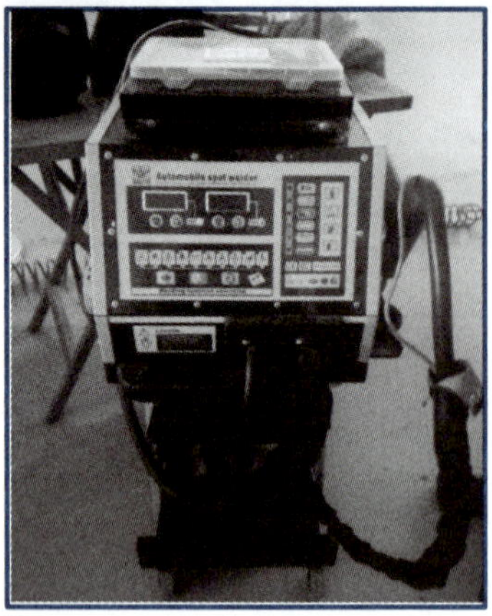

图 4-1-46
介子机

1）焊接设备

车身覆盖件损伤修复常用的焊接修复设备为介子机，如图 4-1-46 所示。它能够实现对板件进行介子片修复、波纹线修复、碳棒收火、铜极收火等功能。

2）焊接修复原理

介子机属于电阻焊接的一种，其工作原理是利用电极头上夹持的各种附件与钢板接触，通过内置变压器将输入的 380V 或 220V 电压转变为低电压高电流，使接触部位产生电阻热，从而获取与需求相对应的各种功能。

介子机将介子焊接在凹陷损伤的板件外侧部位并向外拉以取代从内侧向外顶出的垫铁，其拉拔原理等同于锤子、垫铁的虚敲作业，如图 4-1-47 所示。当介子片被向外拉出时，位于凹陷周围的塑形变形区域将会外凸，然后用钣金锤将凸出部位进行敲击，即拉低打高，从而将板件修复平整。

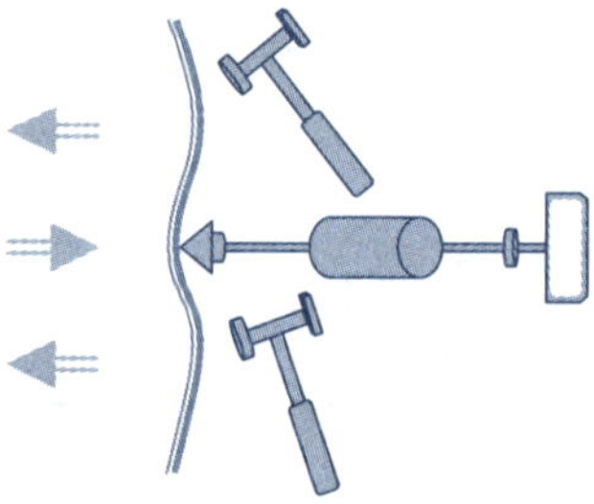

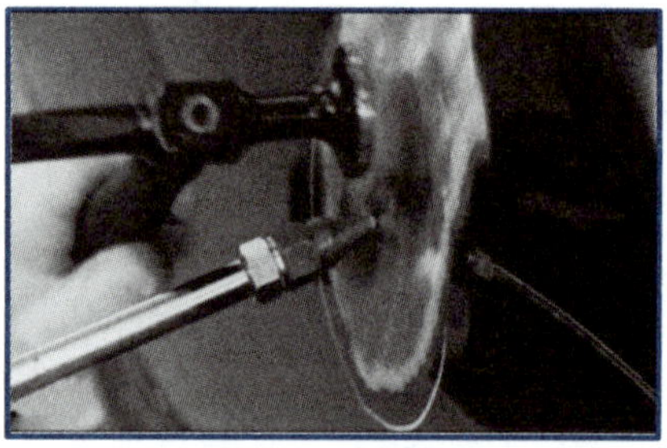

图 4-1-47
拉拔原理

3）拉拔方法

根据板件变形程度，介子机拉拔方法可分为两类，分别为单点拉拔法和整体拉拔法。

① 单点拉拔法。单点拉拔法是指使用具有焊接极头的滑锤焊接介子片，对单点凹陷实施拉拔的方法，此类拉拔方法适合于小的凹陷变形的修复，如图 4-1-48 所示。

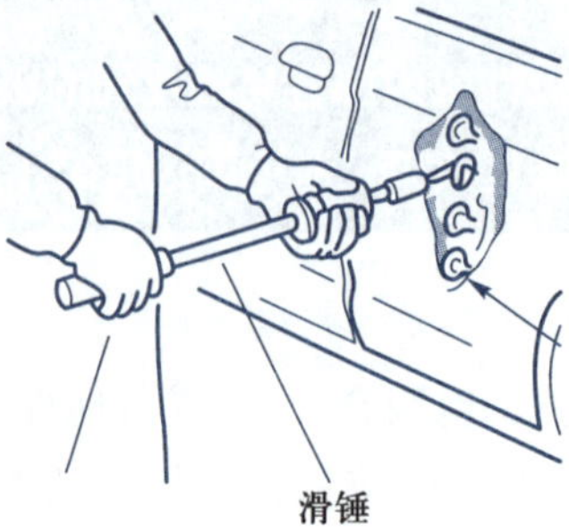

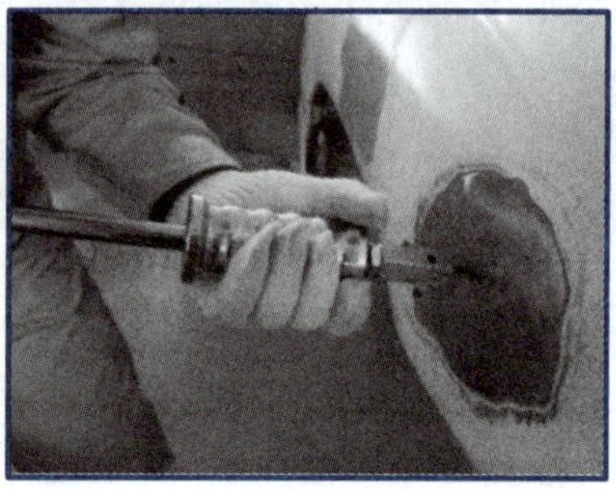

图 4-1-48
单点拉拔

② 整体拉拔法。整体拉拔法是指焊接成排介子片，通过 L 形钢条或焊接波纹线等配合爪式拉力器实现整体拉伸的一种修复方法，如图 4-1-49 所示。

此类拉拔方法适合于大的凹陷损伤变形或车身板件装饰线凹陷损伤变形的修复，如车身门槛、翼子板棱线等位置。

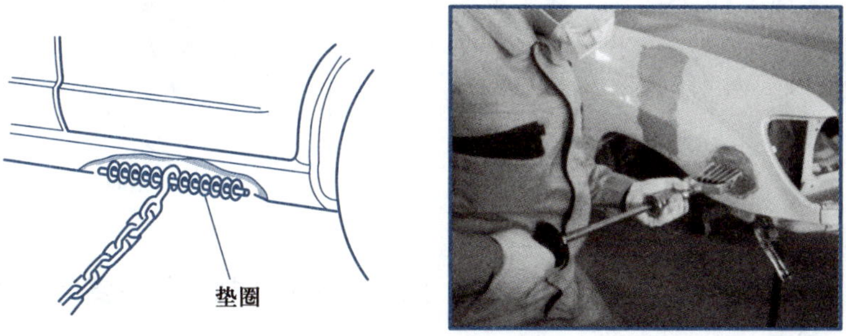

图 4-1-49
整体拉拔

4）使用介子机维修钢制板件损伤的流程

① 确定损坏范围。维修开始前，必须充分确定损坏范围。例如，如果碰撞力主要集中于车门中心部位（饰条部位），则碰撞力的分散将导致车门饰条的上下方发生塑性变形，如图 4-1-50 所示。这种变形再加上饰条下方的冲压线变形，使得上下凸起部位的损坏（弹性变形）无法回复到原始状态。通过维修冲压线以及上下部位的变形，损坏区域可以自然地回复至原始状态。

视频 4-5
介子机维修钢制板件流程

② 去除旧漆膜。用打磨机磨除损坏区域的旧漆膜，如图 4-1-51 所示。

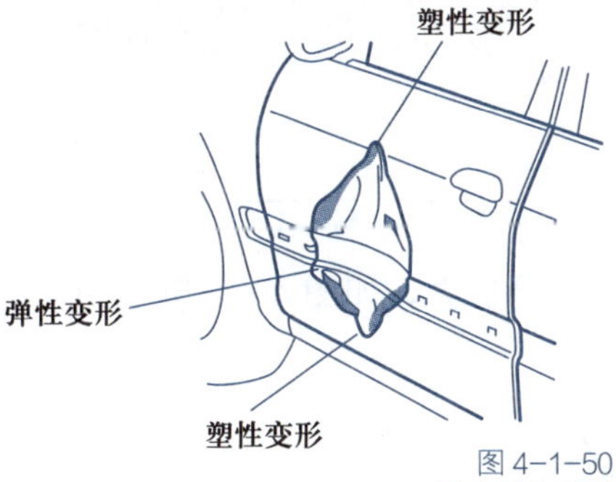

图 4-1-50
确定损伤范围

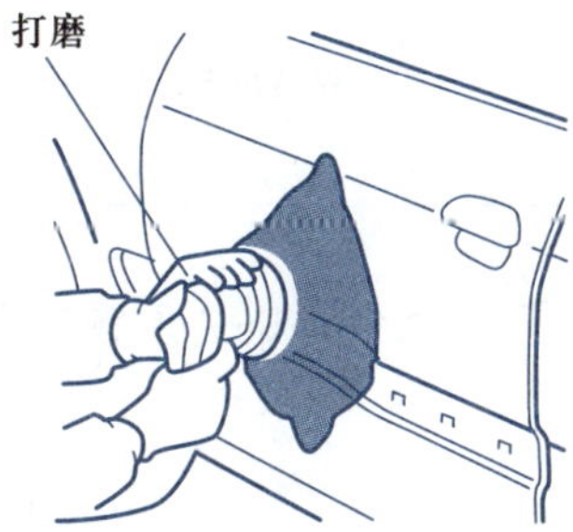

图 4-1-51
去除旧漆膜

③ 板件整形维修。由于车门板的刚性是由冲压线保持的，所以如果冲压线发生变形，则车门板会发生较大的应变。通过正确维修冲压线，可以减小应变。

首先修理冲压线，然后进行平面区域的整形。在损坏特别严重的情况下，仅靠修复冲压线无法消除应变，这种情况下，板件失去刚性不仅仅是因冲压线变形而引起，由平面部分的塑性变形导致的延伸也是一个重要原因。如果确认平面部分出现延伸，则应通过板件收缩消除应变。

④ 整体拉拔。焊接一排介子垫圈，插入一根 L 形轴。根据损伤程度，确定每个介子垫圈之间的间距。为保证良好的拉伸效果，介子垫圈应位于同一水平线且不宜过于稀疏，如图 4-1-52 所示。

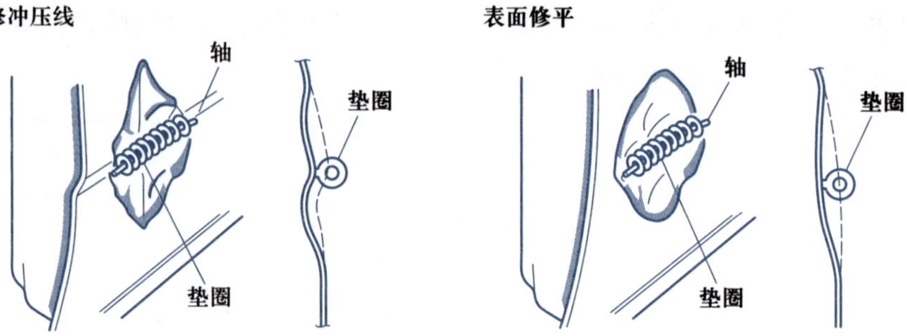

图 4-1-52
焊接介子片

⑤ 将链条固定至轴的中间部位，然后外拉并保持，但不要用力过猛，如图 4-1-53 所示。

⑥ 拉高敲低。利用介子垫圈焊接的方法，将冲压线上的凸起部位拉出；用修整凿和钣金锤修整凹进部位，如图 4-1-54 所示。

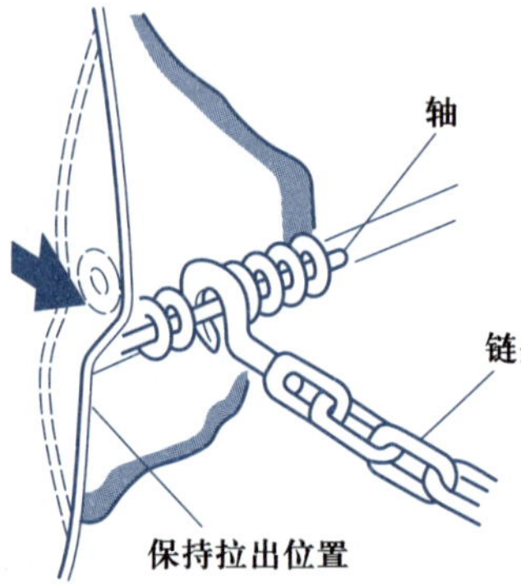

图 4-1-53
整体拉拔

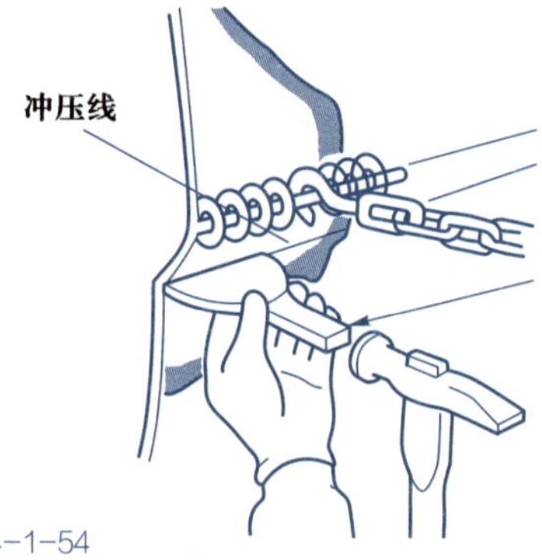

图 4-1-54
拉高敲低

⑦ 采用合适的力度锤击垫圈周围，消除应力，如图 4-1-55 所示。

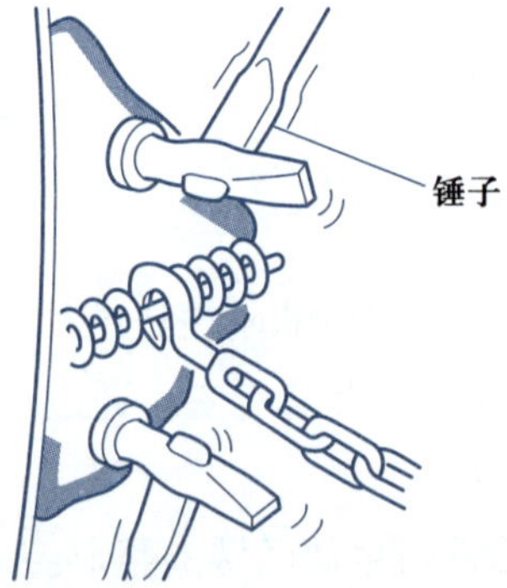

图 4-1-55
消除应力

注意事项

在采用介子机修复方法时，为获得稳定的工作电流，避免构件之间连线的烧损，焊接时，搭铁和电极应处于同一构件的工作面，而且二者之间距离不可超过 50 cm。在对损伤部位拉拔时，不可用力过猛，以防过度拉伸。修复作业完成后，要及时对焊接造成的烧损部位做防锈处理。

（3）钢板的收火修复

钢板收火是指将钢板加热后急速冷却，达到延展钢板收缩的目的。车辆在撞击过程中会造成板件凹陷拉伸变形，过度实敲会造成板件的延展，此时钢板无法提供足够的刚性，在外力作用下会发生鼓动现象，如图 4-1-56 所示。应对该区域进行收缩处理，以使其回复至原始形状。

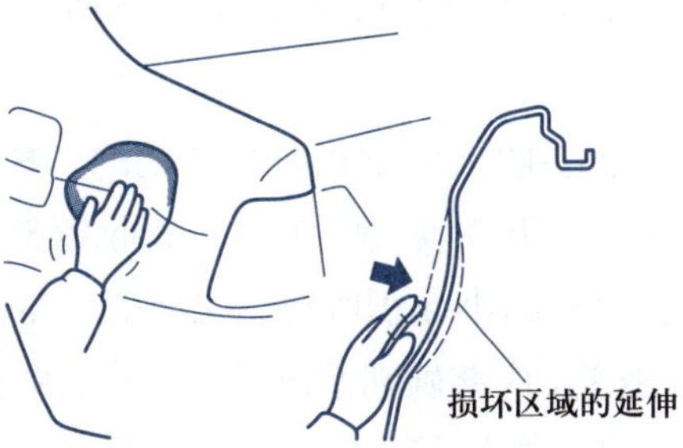

图 4-1-56
延展的钢板

1）收火的原理

一根两端能够自由膨胀与收缩的钢棒加热后会产生膨胀（直径变大，长度变长），冷却后会收缩恢复至原来的状态，如图 4-1-57 所示。

图 4-1-57
收火的原理

如果将钢棒两端限制后，再进行加热，钢棒受热膨胀（直径变大），冷却收缩后，钢棒变粗变短，其变化过程如图 4-1-58 所示。

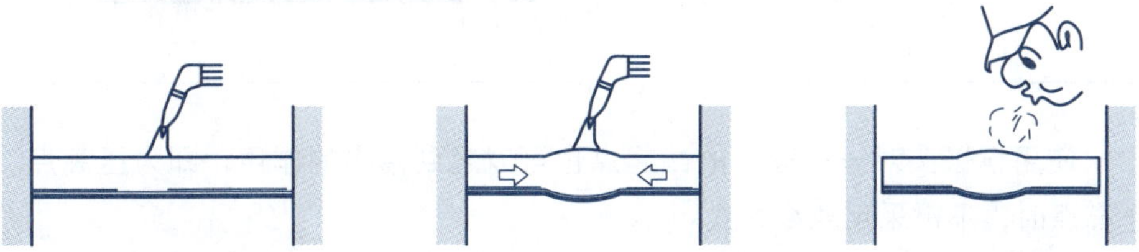

图 4-1-58
钢板加热变化示意图

钢板收火原理与上述钢棒收火原理相同。将钢板的单一部位进行急速加热，钢板被加热部位开始向外膨胀，但周围未加热的冷硬钢板限制钢板的膨胀，从而产生强大的压缩应力，如图 4-1-59 所示。对红热部位进行急速冷却，钢板冷却时由于收缩而产生张力，如图 4-1-60 所示。

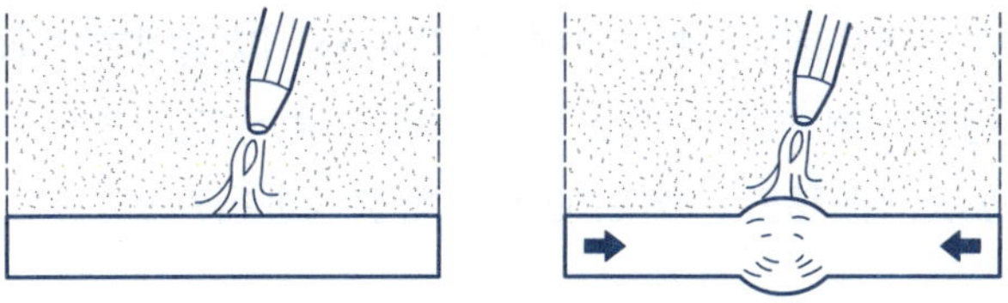

图 4-1-59
钢板的受热膨胀

2）收火的条件

① 高于原始面。

② 表面张力降低。

③ 车身线已恢复。

3）收火方法

在车身收火作业中，最常用的收火方法有两种，即铜极头收火和碳棒收火。

视频 4-6
铜极头收火

① 铜极头收火。铜极头收火为电热收火方式的一种，热影响小，操作简单，如图 4-1-61 所示。铜极头收火以单点方式收缩损伤部位，它所影响的范围较小，适用于延展较轻的小面积收缩，面积较大时，可以通过移动极头位置实现多点收缩。作业前，应准确判断出延展部位，并使用研磨机清除漆膜。作业时，负极搭铁应固定在损伤部位的附近，将铜极头安装于整形机正极，对准延展部位，轻轻施加一个压力，使钢板轻微变形，此时钢板会产生一个反作用力。按下开关，与极头接触的钢板会逐渐出现红热，使用压缩空气枪对加热部位进行冷却。

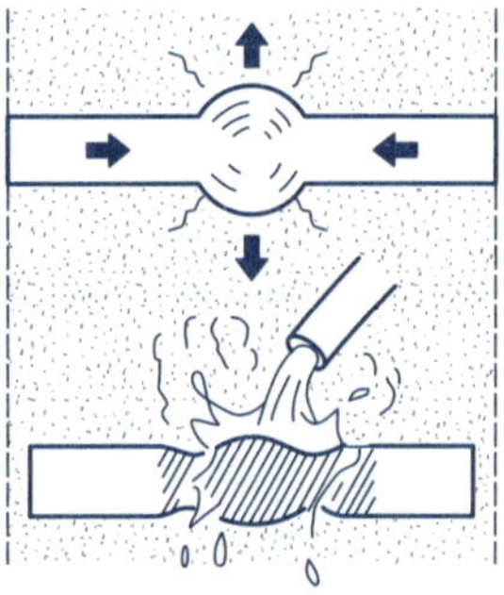

图 4-1-60
钢板冷却收缩

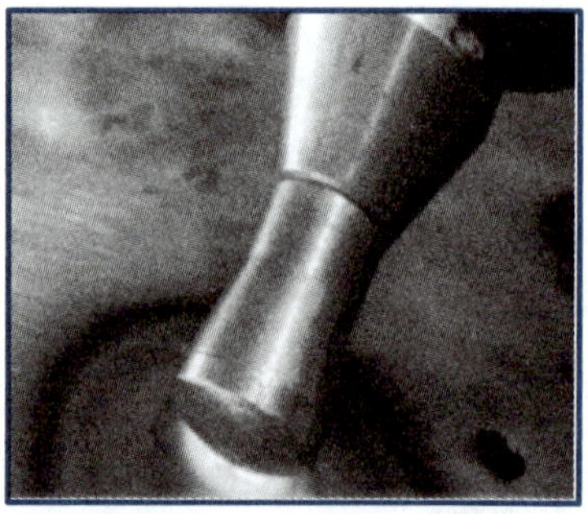

图 4-1-61
铜极头收火

使用铜极头对一些较小的凸起点也可以起到修平的作用，即为压高点。压高点时，不需采用急冷方式。

视频 4-7
碳棒收火

② 碳棒收火。碳棒收火为电热收缩方式的一种，也是以急热急冷的方式达到收缩的目的。目前，电热收缩是延展钢板的主要收缩手段。与铜极头收火不同，碳棒收火所影响的范围大，收缩效果也相对明显。作业时，在准确判断延展区域并研磨旧漆膜的基础上，将碳棒倾斜，轻轻接触钢板。起动开关，热量会在碳棒上产生，然后通过碳棒传递到钢板，钢板并不产生红热现象，如图 4-1-62 所示。

加热时应从外侧开始，沿螺旋方向直至中心，以连续方式收缩延展部位，螺旋线之间的距离、圈数及收缩面积视延展程度而定，没有统一的标准。松开开关，将碳棒从钢板移开，然后使用压缩空气进行冷却。

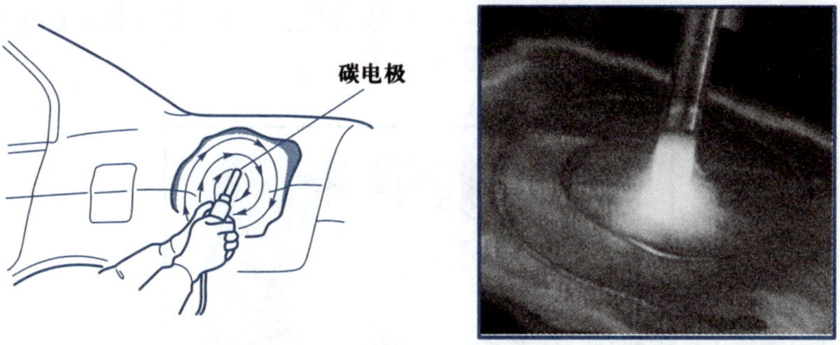

图 4-1-62
碳棒收火

注意事项

需对加热区域急速冷却，严禁在屈服强度高于 180 MPa 的钢板上执行此程序。

③ 热能产生过程。铜极头收火与碳棒收火时，热能产生过程如图 4-1-63 所示。

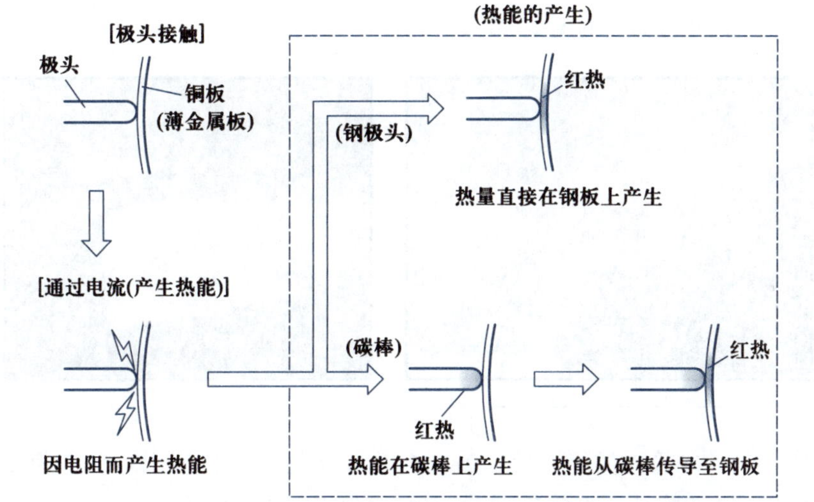

图 4-1-63
收火热量产生过程

（4）车身损伤无痕修复

无痕修复也称为免喷漆凹陷修复，主要用于面漆没有发生破损的薄板件损伤和车身薄板件大面积的弹性损伤变形，是修复时不破坏板件表面漆膜的一种修复方法。此种修复方法不破坏油漆可以直接从外部修复凹陷，不用拆装饰板和其他车身部件，能够保持车身原始状态，节约大量时间与资源。无痕修复常用的修复方法有三种，即熔胶拉拔修复法、撬棍顶压修复法和真空牵引法。

1）熔胶拉拔修复法

熔胶拉拔修复法也称胶贴修复法，是指使用热熔胶枪加热胶棒使其融化，均匀地涂抹在胶贴上，将其粘接在凹陷损伤区域并冷却，使用专用拉拔器拉拔胶贴，从而达到拉伸凹陷区域至平整的一种修复方法。

① 工具和辅助材料。专用拉拔器、热熔胶枪、胶贴、热胶棒、专用除胶剂、抹布、锤子、平整销、抛光机、抛光蜡，如图 4-1-64 所示。

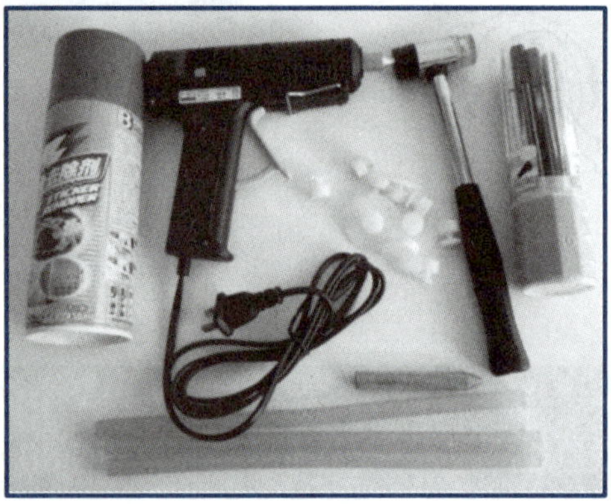

图 4-1-64
溶剂胶套装

② 操作步骤。

第一步：定损。利用灯光辅助确认板件变形区域，清理灰尘杂物，并用有色笔对变形区域做好标记，如图 4-1-65 所示。

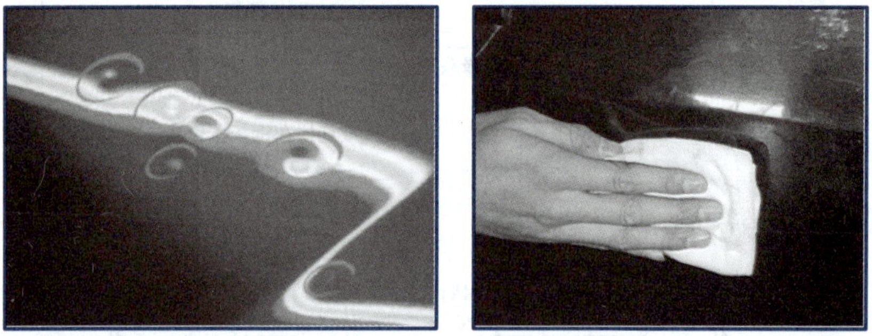

图 4-1-65
定损

第二步：涂胶。加热胶枪，将胶涂在胶贴的中央位置上，然后将胶贴粘接在受损区域凹陷处，并等待胶体凝固，如图 4-1-66 所示。

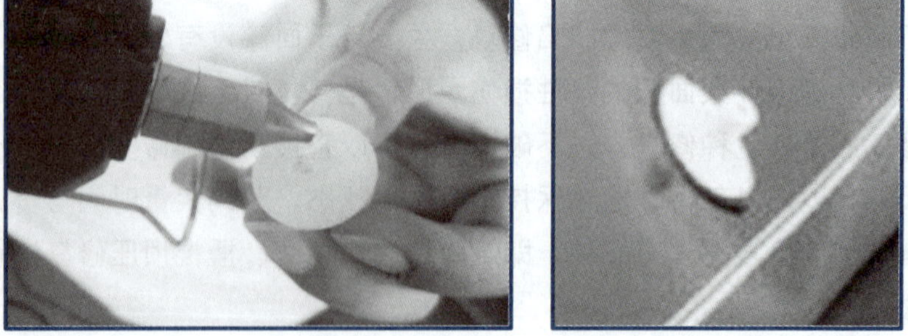

图 4-1-66
涂胶作业

第三步：使用专用拉拔器与介子片连接，拉伸凹陷损伤，如图 4-1-67 所示。

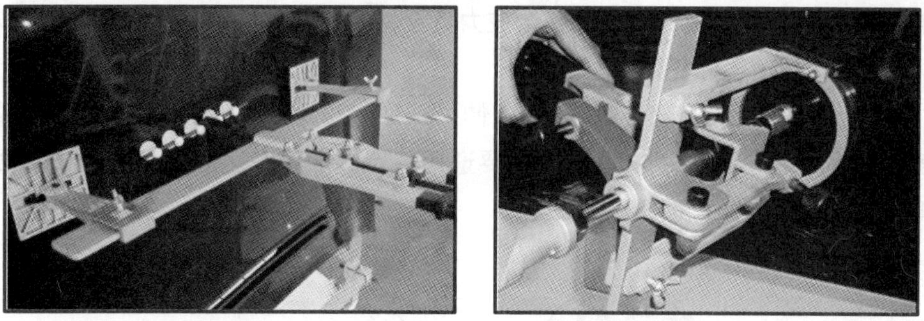

图 4-1-67
拉拔器拉拔作业

第四步：取下塑料介子。使用专用除胶剂除下塑料介子，并清洁板件表面，如图 4-1-68 所示。

第五步：精修。通过灯光或良好的光线观察修复效果，如果有高点，则可以使用锤子配合牛筋销轻轻敲击高点直至平整，如图 4-1-69 所示。

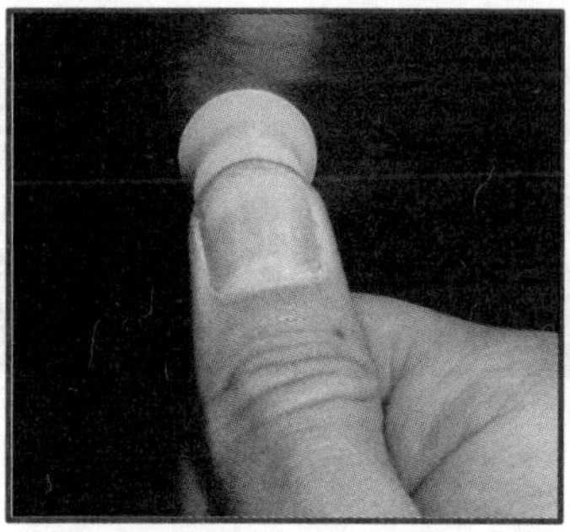

图 4-1-68
取下塑料介子

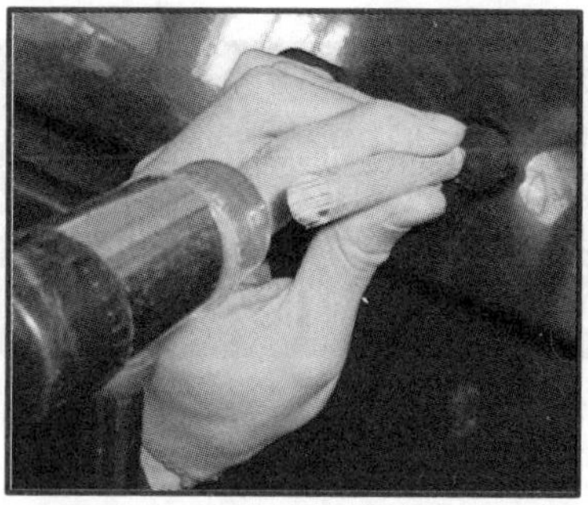

图 4-1-69
精修

第六步：抛光处理。使用抛光机对修复后的油漆表面进行抛光处理，直至出现光泽，如图 4-1-70 所示。

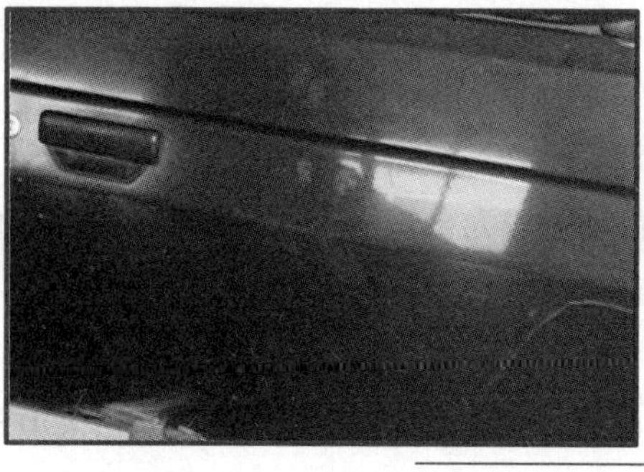

图 4-1-70
抛光处理

2）真空牵引法

真空牵引法主要用于修复车身薄板大面积的弹性塌陷，如车门和引擎盖外板大面积的延展。维修工具主要是气动钣金牵引器和橡胶锤。操作步骤如下。

第一步：给牵引器装好盘面小于损伤面积的真空吸盘，连接气源。

第二步：将吸盘贴在损伤板件表面，打开气源开关使吸盘与板件吸牢。

第三步：用手拉拔牵引器，向后滑动滑锤对凹陷进行拉拔，同时使用橡胶锤弹性敲击四周板件，分散残余应力直至修复损伤。

3）撬棍顶压修复法

撬棍可顶压修复已经发生的拉伸，即通过一系列的轻推，将面板调整回正确的外形。对于每次顶压，都要遵照特定的顺序来达到精确的结果。图 4-1-71 所示为撬棍顶压示意图。

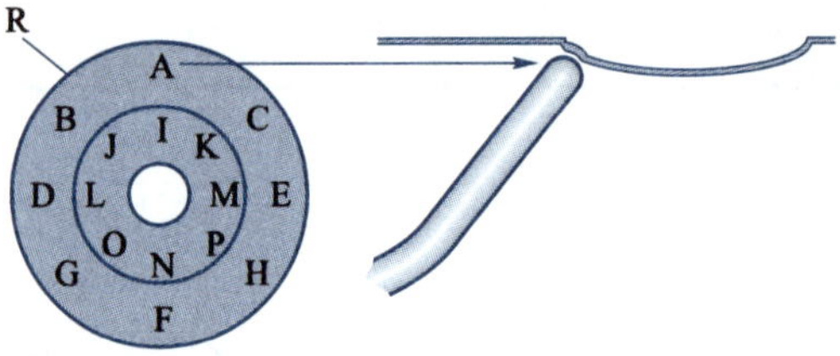

图 4-1-71
撬棍顶压点

注意事项

在任何情况下，都不应该通过在车身面板上制造孔洞来完成无痕修复。

撬棍顶压修复法适用于易于用撬棍顶到的位置，主要针对一些较小的未伤漆的损伤。

不能使用无痕修复技术维修极尖的凹痕和褶折。

特别说明

要成功完成维修，需要掌握以下几点。

油漆的弹性

现代油漆都有一个称为“黏弹性”的属性，当在制造期间对汽车进行喷漆时，该属性能够改变油漆的分子结构，赋予油漆弹性以及合适的外观。这些“弹性增强剂”提高了执行无痕修复的能力。

金属的延展性

通常凹痕越浅，无痕修复越有可能成为合适的选择。即使是直径为若干厘米的凹痕，只要凹痕浅并且未起折，均可以采用该方法。

能否接近凹痕

若要成功完成维修，技术人员需要能够触到凹痕的内侧。如果由于面板加强件或封闭式箱形断面而无法接触到凹痕的内侧，则很难进行无痕修复。

要接触凹痕的内侧，可能需要拆卸或移开某些电气部件和饰件。这些步骤需要参照维修手册，以确保正确的拆卸和重新安装程序。

如果无法接触损坏的内侧，则可能需要拆卸某些隔振装置（消音垫），如图 4-1-72 所示。

维修环境

无痕修复无法在照明不良的车间内执行，光线可指导技术人员向凹痕施加多大压力。如果损伤部位位于发动机舱盖上，则需要从任何角度都能看到该损伤，所需的光照量为 300~400 勒克斯照度。

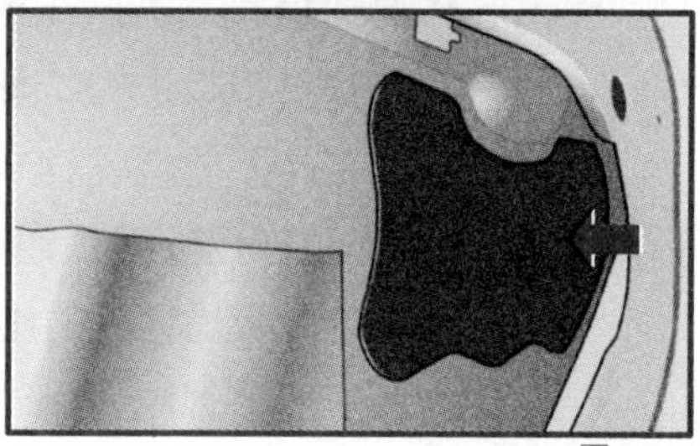

图 4-1-72
隔振装置

4.1.3 铝质板件损伤修复

（1）铝合金车身的优点

1）经济性

铝的应用可以使车辆减轻 20%~40% 质量，可以减少 10% 的燃油消耗，并改善车辆的可操作性能。

2）环保性

99% 的铝可以被循环利用。

3）防腐蚀性

铝合金是一种具有优良防腐性能的材料，铝暴露在空气时，其表面会很快形成一层致密的氧化物保护膜，这层氧化物熔点高于 2000℃，并能保护其内部的铝元素不会继续被氧化腐蚀。

4）可加工性

铝材的一致性要比钢材好，它能够很好地通过冲压或挤压加工成形，具有良好的塑性与刚性。

5）安全性

铝材具有很高的能量吸收性能，在碰撞过程中能够很好地吸收碰撞产生的能量，是制造车身变形区的理想材料。

（2）车身铝制钣金件损伤的修复

1）铝质面板的修复

① 用橡胶锤或木锤配合使用木顶铁进行修复。铝材的可延展性较强，在受到碰撞后，很难恢复到原来的形状和尺寸。维修人员修复时可使用木锤或橡胶锤进行碾锤错位敲击，以减少铝材的延伸。如必须采取碾锤正位敲击，应采用多次轻敲，否则将会加重铝材的损伤程度。铝板修复前，首先区分其变形的类型。对隆起部位使用木锤或橡皮锤进行弹性敲击，以释放撞击产生的应力，这样可减小坚硬折损处弯曲的可能性。凹陷部位修复时不要使其每次升起得太多，应避免拉伸铝材。

② 使用铝板外形修复机修复。一些不便于用敲击法进行修复的部位，可以使用铝外形修复机进行修复。铝板外形修复机与钢板外形修复机修复的工

作原理相同，也是在板件上焊接介子，铝板焊接的介子是铝焊钉。然后通过介子机对铝板进行拉伸，达到修复的效果。铝板外形修复机和钢板外形修复机的结构不一样，钢板外形修复机内部有线圈变压器，通过线圈变压器变成低电压高电流，然后通过垫圈与板件接触通电产生电阻热熔化而焊接在一起。铝板的电阻是钢板的 1/5~1/4 左右，对铝焊接时的电流就需要钢铁的 4~5 倍，线圈变压器很难做到这么大的电流。铝板外形修复机内部没有线圈变压器，里面有十几个大容量的电容，通过所有的电容瞬间放电来焊接。铝焊钉的头部有一个小尖与板件接触，接触面积小，电阻大，产生电阻热大，容易焊接。如果铝焊钉没有尖头，就无法使用，这么大的接触面积正常的焊接电流不能够焊接。所以铝焊钉是一次性使用的，不能重复使用。在焊接介子后要使用拉伸工具对铝板进行拉伸，以达到预定的修复效果。

2）铝板外形修复机修复的工艺流程

① 刷除损伤区域氧化层，否则焊接不牢固，如图 4–1–73 所示。

② 试焊。将铝钉装入枪头，刷掉铝钉氧化层，在搭铁位置进行植钉试焊，调整合适的电流大小，确定焊接参数，如图 4–1–74 所示。

图 4–1–73
去除铝板表面氧化层

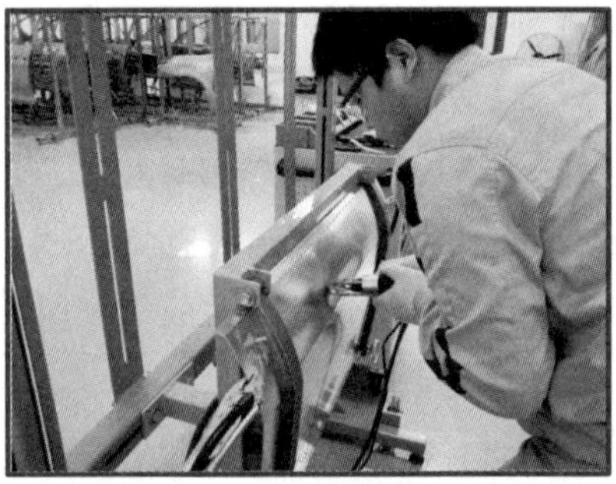

图 4–1–74
试焊

③ 焊接。把铝钉用一定力压在板件上（压力不能太大也不能太小），铝钉要与板件接触面垂直，按压焊枪启动开关，焊钉通电后会焊接在铝板上，如图 4–1–75 所示。

④ 连接件安装。把拉伸连接件拧到焊钉的螺纹上，如图 4–1–76 所示。

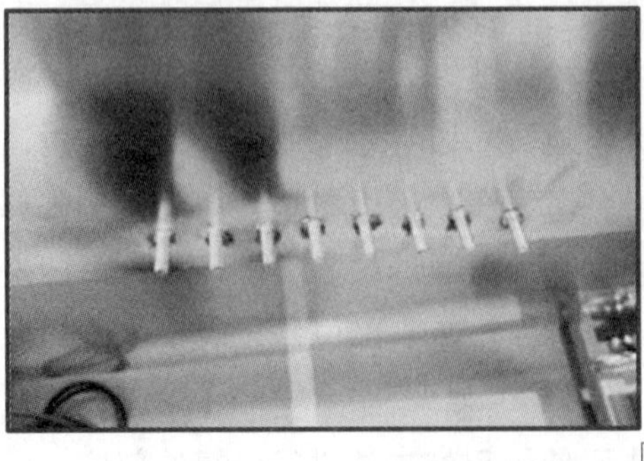

图 4–1–75
焊接铝钉

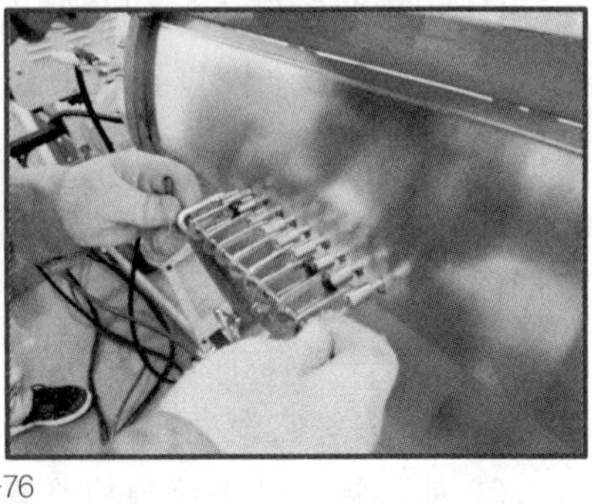

图 4–1–76
连接件安装

⑤ 加热。在加热区域附近粘贴温度纸贴，使用热风枪对损伤区域加热，注意温度纸贴变化，如图 4–1–77 所示。

⑥ 拉伸修整。通过拉伸连接件对板件凹陷处进行拉伸操作，并迅速用锤子或垫铁在板件内层敲击损伤区域。检查修复效果是否平整，不平整则继续加热、敲击，直到平整，如图 4–1–78 所示。

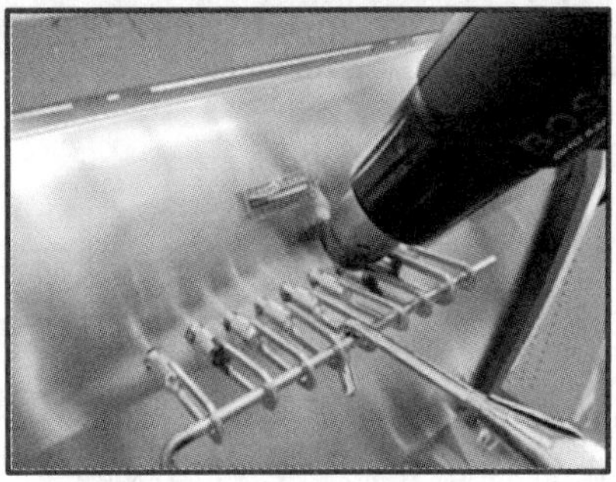

图 4–1–77
加热

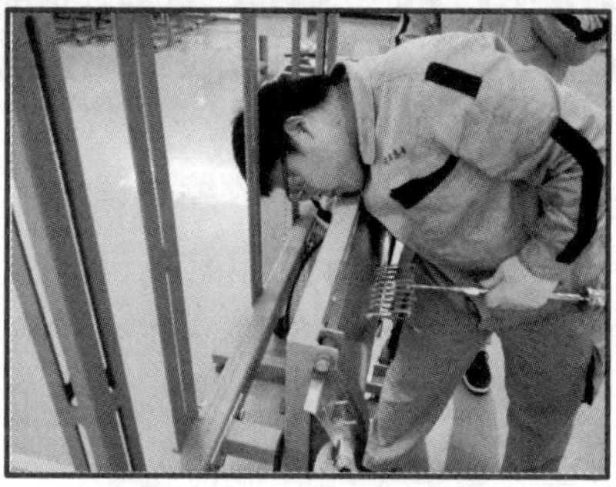

图 4–1–78
拉伸修整

⑦ 剪除铝钉。拉伸完毕后，用斜嘴钳清除焊接在表面的焊钉，如图 4–1–79 所示。剪切铝钉时要从根部进行剪切，否则很难去除铝钉。

⑧ 打磨。使用车身锉倾斜 40° 角向前推进，磨除铝钉残留焊接部位，如图 4–1–80 所示。

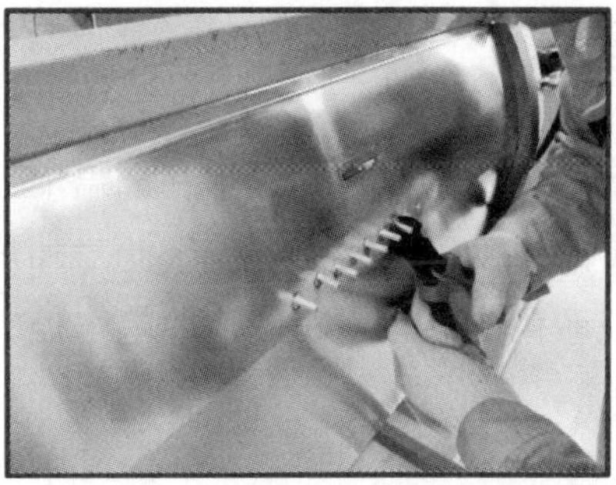

图 4–1–79
剪除铝钉

图 4–1–80
钣金锉打磨铝钉

⑨ 精修并检查平整度。板面修复后，平整度应控制在 –1~0mm，如图 4–1–81 所示。

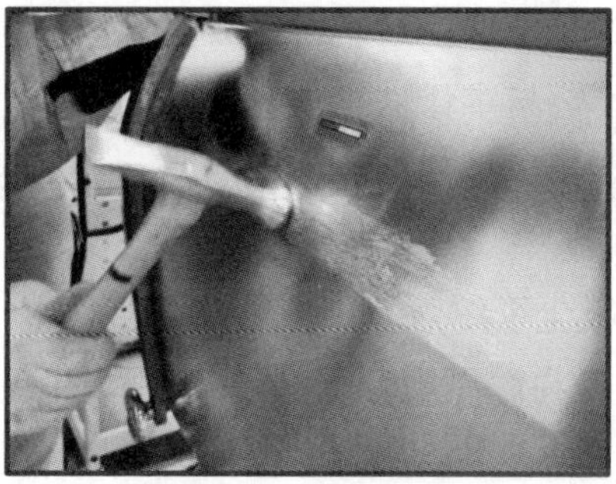

图 4–1–81
精修

⑩ 最终打磨清洁。先使用钢丝刷刷除板件修复区域的黑色氧化物，然后使用 80 # 纤维砂纸打磨，再用 120 # 纤维砂轮机打磨修整区域，最终完成修复作业。

注意事项

铝板处理后不用单独做防腐处理，因为铝板会马上形成氧化膜阻止进一步的氧化。

3）铝质面板的收缩处理

对铝板进行拉伸或敲击时用力过大很容易形成隆起变形，这时就需要对受到拉伸的板件进行收缩处理，恢复正常的板件高度。收缩时可以用氧乙炔（氧丙烷）。铝板的强度低、熔点低，加热温度不能过高，否则会使板件产生更大的变形或熔化，导致修复失败。使用外形修复机电极触头或碳棒进行。收缩处理的程序和钢板收缩程序类似。对铝板进行钣金处理时，铝板的韧性低，容易在敲击部位形成加工硬化而破裂，要经常加热消除内部的应力。

校正铝质面板与钢板有重要的区别。校正钢板时，必须尽量避免加热，以免降低钢的强度。

铝板件加热时操作过程如下：

① 用热敏涂料或热敏笔画一个环状的标志；

② 均匀移动火焰，对变形处加热。

热敏涂料或热敏笔画的标志改变颜色时，停止加热。由于铝在高温下不会变色，所以往往会过量加热。铝在 660℃的温度下便会熔化，因此对加热的控制非常重要，可以使用在 200℃时改变颜色的热敏涂料或热敏笔来控制加热温度，否则容易形成烧穿孔而无法修复。

4）铝合金件的修理注意事项

① 使用铝车身专用介子机。由于铝的熔点低，易变性，焊接要求电流低，所以铝介子机也不能像普通介子机一样去点击拉伸，只能采用专用的铝车身介子机焊接介子机钉，使用介子机钉拉伸器进行拉伸。

② 使用专用的铝车身修复工具。与传统事故车维修不同的是，维修铝车身大部分采用铆接的维修方法，这就必须要有强力铆钉枪。而且维修铝车身的工具一定要专用，不能与维修铁材质车的工具混用。因为维修完铁材质车的工具上会留有铁屑，如果再用来维修铝车身，铁屑会嵌入铝表面，对铝造成腐蚀。

③ 配备防爆集尘吸尘系统。在打磨铝车身过程中，会产生很多铝粉，铝粉不但对人体有害，而且易燃易爆，所以要有防爆集尘吸尘系统及时吸收铝粉。

④ 使用带定位夹具的大梁校正仪。铝车身修复常采用换件修理的方法，维修过程中需要黏结、黏结铆接和焊接，因此首先需要对部件进行定位，如果没有定位，车身技术尺寸很难保证。

⑤ 建立独立的维修空间。由于铝车身修复工艺要求严格，为保证汽车维修质量和维修操作安全，避免铝粉对车间的污染和发生爆炸，要设立独立的铝车身维修工位。

⑥ 避免产生裂纹。铝合金板材的局部拉伸性不好，容易产生裂纹。如发动机舱盖内板因为形状比较复杂，在车身制造时为了提高其拉延变形性能而采用高强度铝合金，延伸率已超过 40%。所以在维修时要尽可地保证形状不突变，以避免产生裂纹。

⑦ 防止二次变形。铝车身修复尺寸精度不容易掌握，回弹难以控制，在维修时要尽可能地采用定位固定和加热释放应力等方法使其稳固而不会产生回弹等二次变形现象。

⑧ 防止损伤零部件。因为铝比钢软，在维修过程中碰撞和各种粉尘附着等原因可使零部件表面产生碰伤、划伤等缺陷，所以要在模具清洁、设备清洁、环境除粉尘、空气除污染等方面采取措施，确保零部件完好。

⑨ 挫修时注意控制力度。由于铝很柔软，用挫修平时，应减轻手施压在车身挫上的压力。应使用圆形边缘车身挫，以免擦伤金属。

⑩ 注意打磨时的冷却。在铝板上打磨时，要防止高速砂轮机上粗糙的砂轮烧穿柔软的铝，还要注意打磨过程中产生的热量能够使铝板弯曲。可以使用 46# 粒度的疏涂层砂轮。打磨时要特别注意，只能将油漆和底层涂料去掉，不可切割到金属。打磨 2~4 次后，用湿布使金属冷却。对于小范围和薄边的打磨，应使用双向砂轮机或电动抛光机，转速应低于 2500 r/min。建议使用粒度为 80# 或 100# 的砂纸或柔软、能变形的砂轮垫块。

4.1.4 车身塑料件损伤修复

（1）车身塑料件基础知识

近年来，随着科技的迅猛发展，汽车生产工艺及车身材料不断更新。未来汽车技术发展的主要方向是轻量化和环保化。现在越来越多的汽车零部件用塑料来制造，例如仪表板、内饰板、翼子板内衬板、车轮饰件、燃油箱、倒车镜壳、车门外拉手、前保险杠、后保险杠、散热器罩、前照灯、尾灯、整流罩上盖板和通风格栅等。目前，常用的车身塑料件稳定性高，耐腐蚀性好，其机械性能甚至可以与钢材的机械性能相媲美，而且损伤变形后易于修复。因此，掌握塑料件的维修技术是对车身维修人员不可或缺的要求。图 4-1-82 所示是车身常见塑料件实例图。

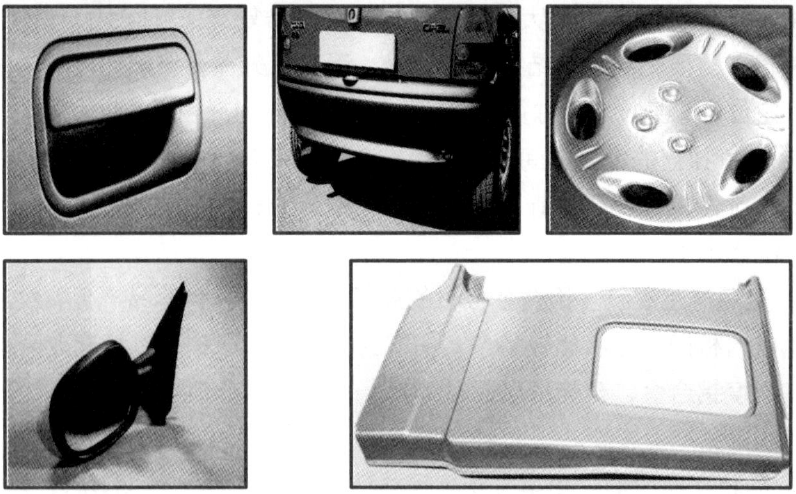

图 4-1-82
车身常见塑料件

1）塑料的组成

塑料是一种高分子材料，其主要成分是合成树脂，可在一定条件下被塑制成一定形状，在常温下可保持形状不变。塑料以合成树脂为基本原料，由填料、增塑剂、染料、稳定剂等各种辅助材料组成。不同种类的塑料，由于选用树脂及辅助材料的性能、成分、配比及塑料生产工艺不同，其使用及工艺特性也略有不同。

2）车身塑料的种类

① 按受热特性分类

塑料按受热特性可分为热塑性塑料和热固性塑料两类。热塑性塑料在加热时会软化或熔化，其形态和化学成分并不发生变化，可以被重新成形，可以使用塑料焊机焊接，常用的热塑性塑料有 ABS 树脂、聚乙烯（PE）、聚丙烯（PP）、聚甲醛（POH）、聚碳酸酯 (PC)、聚氯乙烯（PVC）、聚苯乙烯（PS）等; 热固性塑料是通过在缩聚树脂中加入适当的添加剂固化而成的合成材料，硬化后得出永久形状，不能通过加热来使其软化，也不能被重新成形或焊接，但可以进行粘接或“胶合”，常见的此种类型塑料有酚醛树脂（PF）、环氧树脂（EP）、聚氨酯（PU）等。

② 按车身对塑料件的性能要求分类

a. 普通塑料。这类塑料包括聚苯乙烯（PS）、低压聚乙烯（PE）、ABS 树脂、聚丙烯（PP)、有机玻璃等，常用作车身一般性零部件。

b. 耐磨塑料。这类塑料具有良好的透光能力，收缩率和吸水率低，具有良好的耐热、耐寒性能和电绝缘性能，尺寸稳定性及耐化学腐蚀性能优越。它常用于制造汽车的整体外壳和分电器外壳，还用于制造车身中的仪表板、翼子板等部件。

c. 隔热减震塑料。这类塑料有聚氨酯泡沫塑料、聚氯乙烯泡沫塑料等。常用在汽车上需隔热、隔声、防振的地方，如翼子板连接板缓冲件，如图

4-1-83 所示。聚氯乙烯泡沫塑料常用作汽车上的地毯、密封条、垫条等。

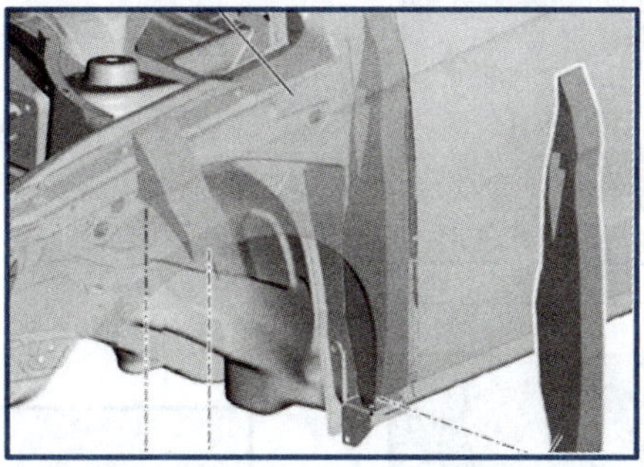

图 4-1-83
车身用隔热减震塑料

d. 复合型塑料。这类塑料由不同类型的塑料及其他配料混合而成，从而获得特定的性能，如玻璃纤维加强型复合塑料等。

对塑料件进行修理时，首先需要鉴别所修塑料的种类。鉴别错误不仅会导致修理失败，甚至还会对零件造成二次伤害。

3）车身塑料件的类型鉴别

为了更好地对塑料件进行维修，维修人员需要掌握塑料件的种类及识别方法。不同种类的塑料件有不同的维修方法。在对塑料件进行维修前，必须明确需要维修的塑料件的类型，进而决定维修方法。识别未知塑料件类型的方法主要有以下几种。

① 编号识别法

塑料件可以通过压印在零部件上的国际标准符号或 ISO 码进行识别（许多制造商使用这些符号，必须拆下零件才能读取这些符号），如图 4-1-84 所示。如果无法用符号确定塑料件，可以通过车身维修手册查找车辆所用的塑料件的信息（一般车身维修手册均会列出专用的塑料种类）。

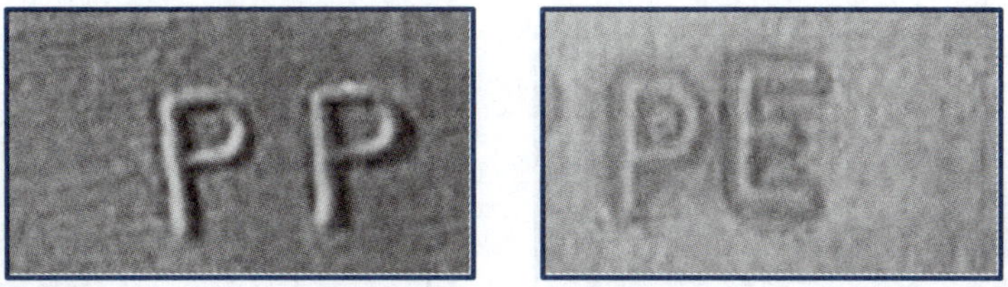

图 4-1-84
编号识别法

② 测试识别法

a. 黏性测试法。在塑料件损坏部位用不同焊条尝试焊接进行测试，如果焊条能粘接在塑料件上，就能判断该塑料部件的基本维修特性，确定该塑料件是可以用焊条进行修补的。

b. 挠性测试法。对塑料进行弯曲测试，一般情况下，热固性塑料在弯曲后不能完全恢复形状，如图 4-1-85 所示；热塑性塑料弹性较好，弯曲后可以恢复形状，如图 4-1-86 所示。

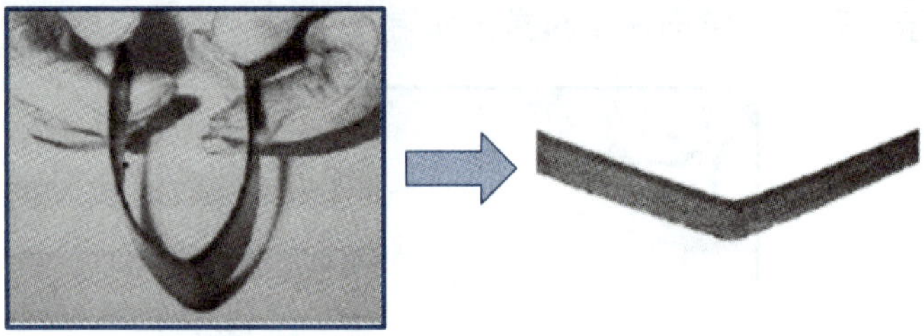

图 4-1-85
热固性塑料

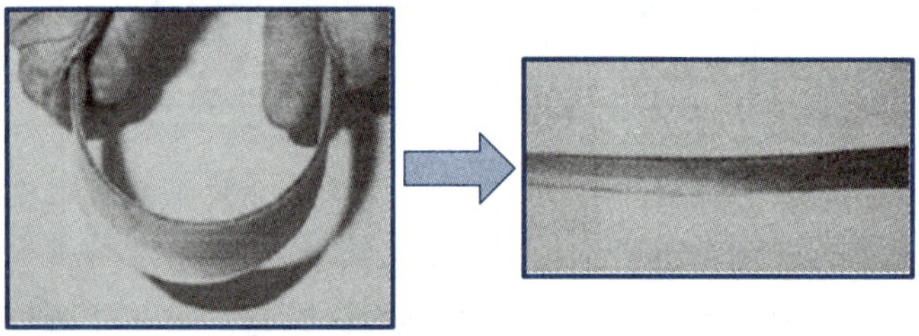

图 4-1-86
热塑性塑料

c. 燃烧测试法。通过塑料燃烧时产生的火焰和烟来确定塑料的种类。热固性塑料燃烧时不会产生熔滴，而热塑性塑料燃烧会产生熔滴。但是这种测试并不总是可靠的，现在许多塑料件使用含有多种成分的复合塑料，在这种情况下，燃烧测试则不能确定塑料的种类。此外，燃烧塑料会对环境造成污染，因此一般不建议使用此方法。

（2）车身塑料件常见的损伤类型

车身塑料件的损伤一般分为以下四种类型：

① 开裂、裂口、断裂，如图 4-1-87 所示。汽车前部或后部在发生剧烈撞击时，一般会产生此种类型的损伤。

② 变形、凹陷、扭曲，如图 4-1-88 所示。汽车在发生轻中度撞击时，一般会发生此种类型的损伤。

图 4-1-87
塑料件断裂类型损伤

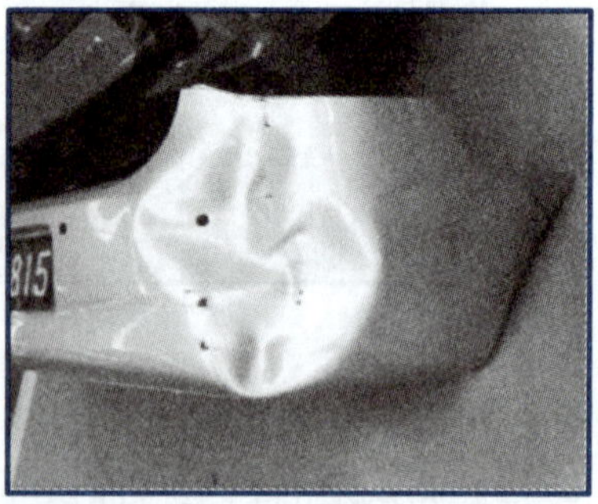

图 4-1-88
塑料件凹陷变形损伤

③ 划痕、擦伤、刮伤，如图 4-1-89 所示。汽车前部或后部发生轻微擦伤时，会导致前后保险杠出现划痕、刮伤等损伤。

④ 坏洞、缺口、掉块，如图 4-1-90 所示。当汽车撞击尖锐物体时，车身塑料件容易发生坏洞、缺口、掉块等损伤。

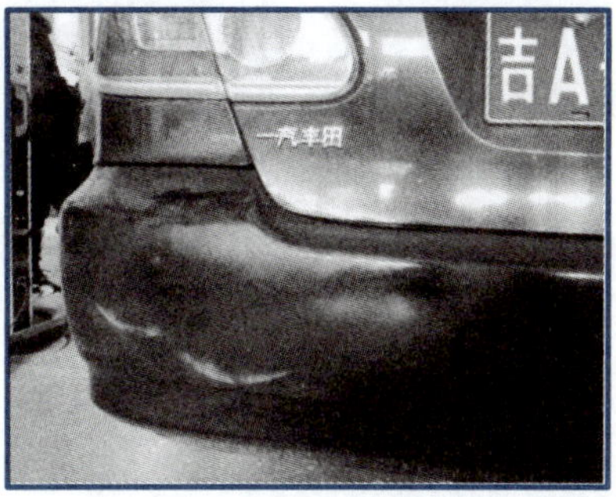

图 4-1-89
后保险杠擦伤

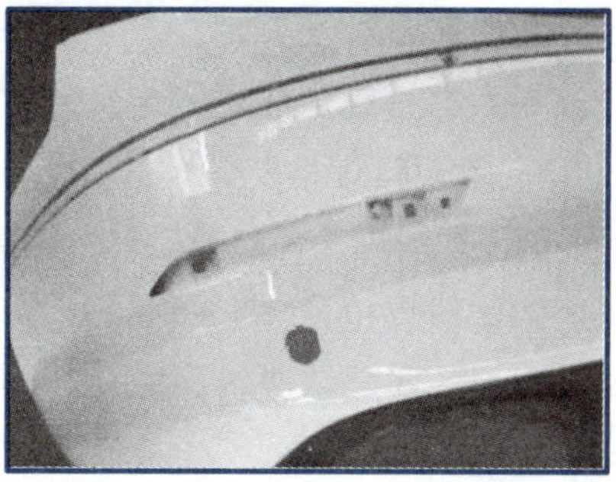

图 4-1-90
后保险杠缺口

（3）车身塑料件修复

常用车身塑料件修复方法有三种，即焊接修复、粘接修复、热塑成型。这里主要讲解塑料件焊接修复和粘接修复相关知识。

1）塑料件焊接修复原理

塑料钣金件焊接采用热空气塑料焊枪，如图 4-1-91 所示。热空气塑料焊枪是采用陶瓷或不锈钢电热元件来产生热风，热风的温度为 240~440℃。热风通过焊嘴吹到焊件及焊条上，使其软化，然后将加热后熔化的塑料棒压入接缝即可。在焊接过程中，塑料的收缩量较金属大，所以在焊接下料时应多留焊接余量。

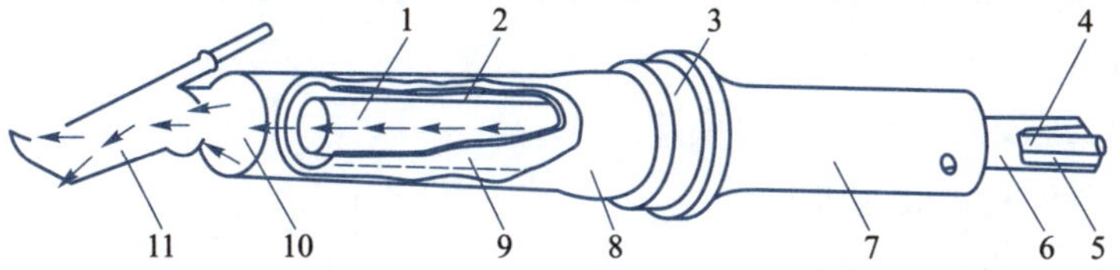

1—加热元件；2—加热腔；3—固定螺母；4—电源；5—压缩空气或惰性气体；6—空气管；7—把手；8—外套管；9—内套管；10—热空气；11—焊嘴

图 4-1-91
快速塑料焊枪结构示意图

2）车身塑料件焊接修复流程

① 识别塑料件的类型

a. 开始维修之前，首先要通过测试法或编号法识别塑料材料，只有热塑性塑料才可以进行焊接修复。根据材料的种类，选用最适合的焊接材料。

b. 维修时，小心不要因干加热而造成变形或损坏。

c. 按照维修材料生产商的有关说明进行。

② 焊接修理的操作

a. 清洗。用热肥皂水和塑料清洁剂清洗塑料件。

b. 做 V 形槽。用刀子或类似工具，清除表面上的毛刺及所有突出物。必要时，在前后侧切出 V 形槽，开口角度为 60° ~70° 。

c. 钻孔。在裂缝末端用 4 ㎜钻头钻孔。

d. 除油脂。用气枪吹洗保险杠损坏部位，然后用除油剂彻底清除表面上的油、脂及蜡。

③ 将受损部位进行定位

a. 受损部位对正。

b. 用大力钳或定位钳将连接部位进行夹持固定。

④ 准备塑料焊枪及焊条

a. 调试塑料焊枪，从塑料焊枪后部设置焊枪内的空气温度在 240°~440° 。

b. 对塑料焊枪预热 2–4 min。

c. 将焊条前端切成斜面。

⑤ 焊接

聚丙烯保险杠焊接时，必须使用聚丙烯焊条。利用塑料焊枪将焊条加热，然后将加热的焊条慢慢压向损坏的部位，以实现焊接。

a. 用熔流法焊接塑料件，保持焊条与焊缝垂直，焊枪与焊接表面呈 15°~20° 角，均匀加热焊条和焊缝，慢慢地移动以获得良好的熔合。

b. 焊接时焊缝边缘只形成很小的或平滑的凸起，焊接效果理想。

c. 焊接完成后，用湿海绵或湿布使焊接部位快速冷却。然后将多余的焊条尖切下。

⑥ 打磨

将表面上多余的焊条锉除，并用 P80~P120 砂纸将表面磨光。

注意：如果修理部位有小孔或空隙，则将该部位边缘处理成斜面，再次焊接、打磨。

⑦ 在修理表面上涂上塑料底漆。

3）塑料件粘接修复流程

① 待修理部位的准备

a. 修理前用高压水枪清洁塑料件两侧并干燥。

b. 使用塑料清洁剂和稀释剂对部件彻底清理，并保持 5 min 风干时间，如图 4–1–92 所示。

② 对塑料部件进行预处理

a. 用带式打磨机将待修理部位打磨出楔形，如图 4–1–93 所示。打磨表面宽度为 40~60 mm。

b. 使用轨道式打磨机和 P120~P240 砂纸将刮痕彻底打磨平整。

c. 在裂缝末端钻直径为 4 mm 的孔。

图 4–1–92
塑料件清洁

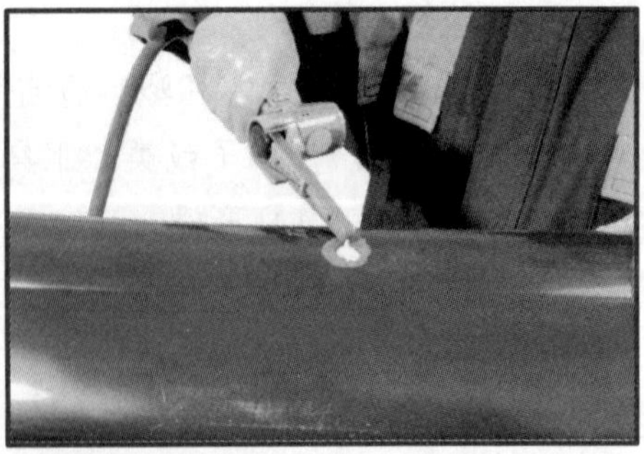

图 4–1–93
塑料件表面楔形打磨

③ 处理待维修部位的两侧

a. 背面与正面同样进行打磨处理，如图 4-1-94 所示。

b. 使用气枪清除研磨粉尘。

④ 喷涂粘接用底漆

a. 用清洁剂和稀释剂重新处理维修部位，并风干 5 min。

b. 在待维修部位喷涂塑料底漆，并风干 10 min，如图 4-1-95 所示。

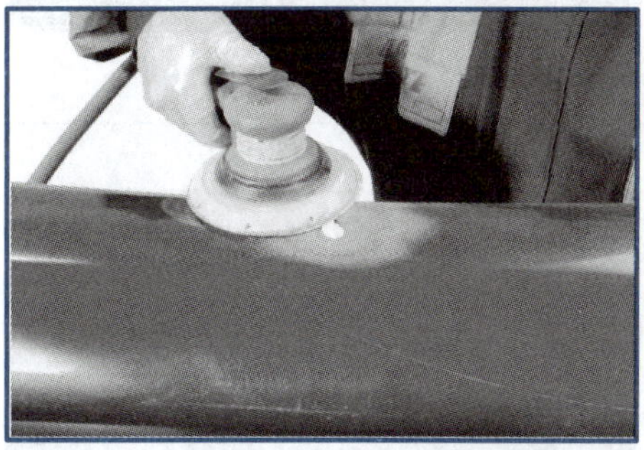

图 4-1-94
塑料件表面精细打磨

图 4-1-95
喷涂塑料底漆

⑤ 黏接

a. 在损伤部位背面涂敷黏接剂，如图 4-1-96 所示。

b. 使用塑料刮刀或刷子摊开并平整黏接剂，如图 4-1-97 所示。

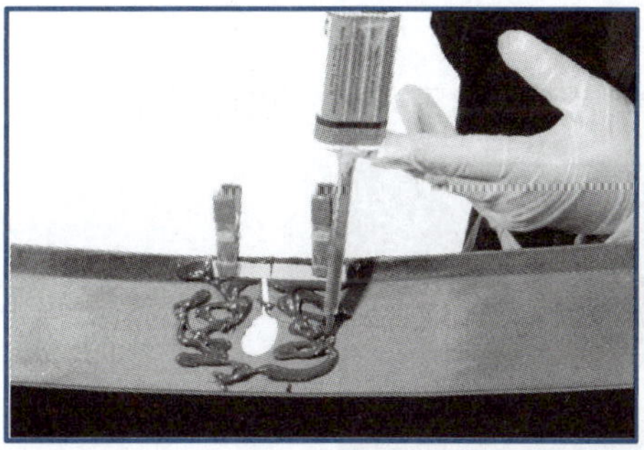

图 4-1-96
涂敷黏接剂

图 4-1-97
刮平黏接剂

c. 用红外线烤灯或在干燥器内在 60~70 ℃温度下干燥 10~20 min，如图 4-1-98 所示。

d. 在损伤部位正面涂敷过量黏接剂，用塑料刮刀或刷子摊开并平整黏接剂，如图 4-1-99 所示。

e. 用红外线烤灯在 60~70 ℃温度下干燥 15 min 并冷却，如图 4-1-100 所示。

⑥ 打磨

a. 使用 P120 轨道式打磨机磨掉黏接剂的突出部分，如图 4-1-101 所示。

b. 手动修整下陷和弯曲区域。

c. 使用打磨衬垫摩擦漆面。

d. 使用塑料清洁剂彻底清洁塑料部件。

图 4-1-98
红外线烤灯干燥

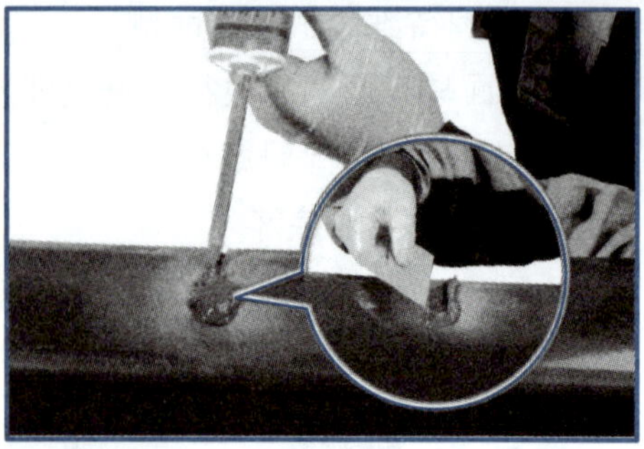

图 4-1-99
正面涂敷黏接剂

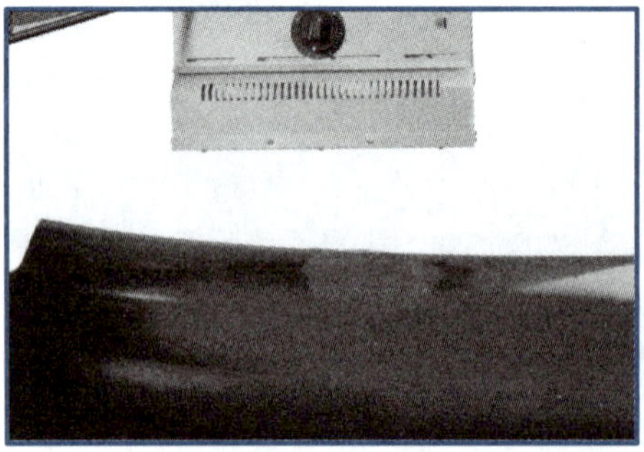

图 4-1-100
正面干燥

图 4-1-101
打磨黏接剂

⑦ 喷涂底漆

在修理完成部位和磨砂表面喷涂塑料底漆，如图 4-1-102 所示。

图 4-1-102
喷涂底漆

4.1.5　车身修复的质量及检查要求

（1）车身修复质量要求

车身修复是指通过一定的外力将因事故损坏或疲劳损坏的部位修复到车辆出厂时技术标准“状态”的过程。“状态”一词包含两层含义：“状”是指比较直观的外观和形状，而“态”则是一种比较抽象的更深层次的概念，如金属内部分子结构是否能按照原来的位置重新顺序排列、内部的应力是否完全释放等，它将直接关系到车辆修复后的功能和使用寿命。

车身维修主要是对车身或附属钣金件的修复和喷涂，修复的目的是恢复汽车原有的性能和表面外观质量，车身表面修复的检查标准主要有以下几种。

① 表面形状的复原。轿车的外形一般是以汽车中心面为对称面的对称结构，整车外形呈非规则的主体曲面。外形覆盖件的形状主要有两种形式：刚度较大的平滑的大曲率曲面和曲面结构与形状复杂的棱角之间的过渡曲面结构。修复时，对于大面积的平滑结构，如车身顶盖、发动机舱盖、行李舱盖、车身侧面和车门等均要尽可能地恢复到原来的形状。对于局部的复杂结构和圆角过渡处的楔形结构，也必须恢复到原来的形状，特别是对称结构的一侧损坏时，要恢复到对称面的结构形状；对于两侧同时损坏的情况，应恢复到原来的形状。

特别说明

车身表面修复后要确保没有高于未受损表面的部位，且低于未受损面不超过 1 mm。

② 连续曲面的完整性、精致性及配件能够正确地安装。轿车车身构件大部分是由大批量模具冲压生产的，具有表面的完整性和精致性。车身侧面，从车头到车尾分别为前翼子板、前车门、后车门和后翼子板，延续约 5 m 长，流线形曲面要连续过渡；车身上面，从前到后为发动机舱盖、前风窗玻璃、车身顶盖、后窗玻璃、行李舱盖，曲面面积较大，延续很长；转折处要圆滑过渡，如侧面与上面、侧面与前罩帘、侧面与后端都要圆滑过渡。特别是在车身侧面开有前车门和后车门，车门需要经常开启和关闭，车身侧面从前到后有腰线装饰，要保证所有接合面的连续性，应平滑过渡，保证整体的完整性。

车身侧面上的装饰性棱线、肋条或腰线要连续、平滑。侧面由多块单板组成，从前到后有腰线，线条应清晰醒目，过渡均匀，相邻两覆盖件之间的衔接要互相吻合，不得有扭曲或折断现象。修复后的外表面应光亮如新，不允许有皱折、皱纹、凹痕、敲痕、擦伤、肉眼可见和手触摸感觉得到的明显缺陷。特别是大面积修复时要保证连续曲面的完整性、流线性、连续性和精致性。

修复后，要确保所有配件都能很好地安装，无偏差现象，比如发动机舱盖、行李舱盖、翼子板、车门、保险杠、车灯等配件能正确安装。

③ 足够的强度和刚度。由于汽车行驶速度较高，行驶中汽车和发动机的振动会引起车身振动。轿车车身很多部件在原设计中具有足够的强度和刚度，比如 A 柱（车门前柱）、B 柱（车身中柱）、C 柱（车门后柱）、车门上缘和门槛等，维修后都必须恢复原有的强度和刚度，这样当再次发生撞击或翻车时，能够最大程度地保护乘客的安全。

修复后的车身应保证振动噪声在允许的范围内，不能由于振动引起异常响声。修复后的车身在一定行驶里程内不得有疲劳损坏，车身整体必须有一定的刚度，保证车身钣金件在使用过程中有保持原有形状的能力。

④ 表面涂层的要求。轿车表面涂层要求很高，修复后的轿车要求达到尽可能完美的程度。涂层应具有一定的强度和抗崩裂性，要具有耐潮湿性和耐腐蚀性，并具有耐热性、耐温度变化性、耐寒冷性，并要具有优秀的可抛光性能，抛光后能够得到平整光滑、光亮如镜、物像清晰、光彩照人的优质外表面。

表面质量的好坏对于涂层十分重要，表面上的某些微小缺陷都会直接反映到表面涂层上，可由光线的反射效果直接反映出来。检验车身覆盖件质量优劣和涂装质量好坏的关键是看表面涂层的反射效果，汽车表面要有高的光泽度，全部反射和折射的物像应均匀过渡。

（2）车身修复质量的检验

碰撞车辆维修完工后，除道路交通车辆安全标准中规定车身修复的质量要求项目外，还必须检验如下项目。

1）安全性检验

① 车轮定位的检验和调整。当车身已被回复至原始状态后，必须调整车轮定位使其符合标准要求。

② 制动。检查制动液是否泄漏，有无混入空气等造成制动故障的现象。

③ 灯光。检查灯光照明及其光束是否良好，否则进行调整。

④ 燃油。检查燃油管路是否完好，有无泄漏情况。

⑤ 功能零件。除了上述部件外，还需进行车门锁和车门玻璃调节器的操作，检查雨刮器、空调、发动机舱盖开关、行李舱盖开关等功能是否良好。

2）检查防锈处理

① 车身底部。如对车身底部进行过维修，则应检查车身底部涂层是否有破损等。

② 板件接头部位。检查车身板件接触部位的密封胶是否密封良好，有无开胶等现象。

③ 检查水泄漏。检查任意两块板件间、板件与固定件间（如玻璃或尾灯）的接合处、车门框密封条处、后备厢密封条、前风窗玻璃连接处、天窗（有天窗汽车）处是否有漏水情况。

3）最终检验中应仔细观察的项目

① 检查车身上部所有部位的平整度是否符合要求。

② 检查各相邻构件之间的间隙，如车门与门槛之间的间隙，是否准确均匀。

③ 开关车门、发动机舱盖、行李舱盖等活动部件，看其是否运动自如，是否牢固锁紧。

4）返工

检验时若发现任何维修质量问题，应返工进行维修，直至达到质量要求为止。

4.2 汽车涂装修复工艺

汽车涂装修复流程是一个复杂的过程，包括很多步骤，每一步骤的施工质量都决定了最终的涂装修复质量，因此，涂装修复过程中，每一步都至关重要。涂装修复工艺流程概括来说包括涂装前表面处理、底漆施工、原子灰施工、中涂底漆施工、面漆施工等。

4.2.1 涂装前表面处理

一般而言，我们把底漆施涂之前的工艺过程称为涂装前表面处理或漆前表面处理。涂装前表面处理是汽车修补涂装中最重要的环节，它要花费整个修补涂装作业 60% 的时间，其质量好坏又直接影响着涂层使用寿命和装饰效果。底材处理的目的是去除底材表面的油污、锈蚀等异物，提供适合于涂装的清洁表面，能显著提高涂膜附着力和耐腐蚀能力。

由图 4-2-1 可知，涂装前表面处理主要包括鉴别涂料、评估损坏的程度、修理金属表面的凹穴、清除涂料、打磨羽状边、清洁和除油等步骤。

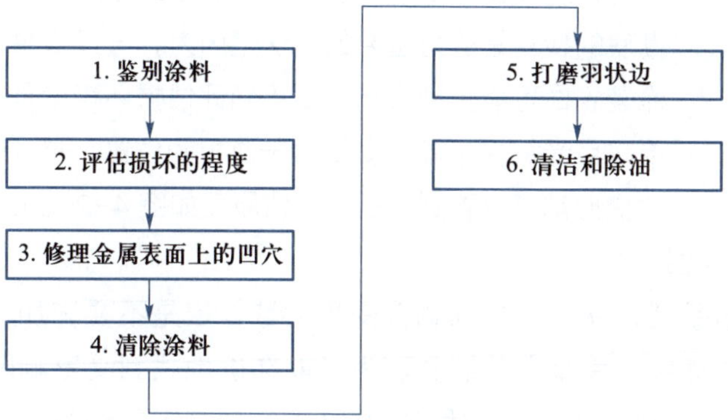

图 4-2-1
涂装修复工艺流程图

（1）鉴别涂料

鉴别车身钣金件上的涂料类型在涂装修复工艺中是十分重要的。如果没能正确鉴别涂料类型，那么可能在面漆施涂时会出现非常严重的问题。例如，待修理车辆以前是用硝基漆修理的，那么在中涂底漆或面漆中所含有的稀释剂就会渗透到以前施涂的硝基漆中，导致涂装了的表面产生收缩。为了防止此类问题的发生，在表面处理时必须正确鉴别涂料的类型。

鉴别涂料的方法和标准：一般来说，当棉纱浸入硝基稀释剂，并且在涂装表面上摩擦时，擦不掉的涂料便是烘烤型或聚氨甲酸酯型，而可擦掉补上的涂料则是硝基型，其原理如图 4-2-2 所示。虽然聚氨甲酸酯和烘烤涂料通常不受溶剂的影响，但是如果涂层固化不足，或者涂层变质，那么它们在受到摩擦时也会有些掉色或褪色。

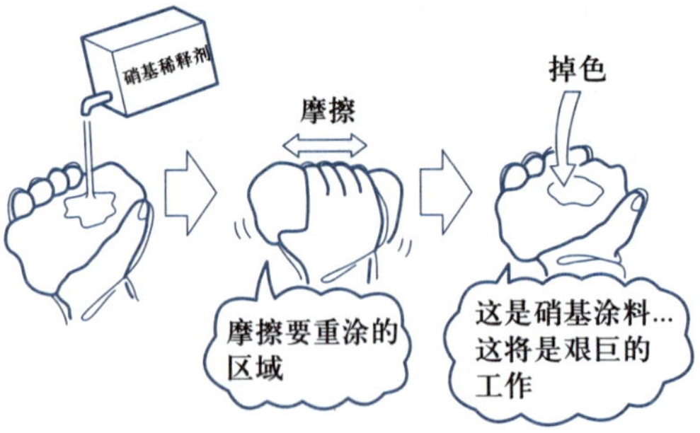

涂料类型	对硝基稀释剂的反应
热固性氨基醇酸	不溶解
热固性丙烯酸	↑
丙烯酸聚氨酯	↑
CAB丙烯酸清漆	溶解
NC丙烯酸清漆	↑

图 4-2-2
硝基型涂料鉴别方法及原理

（2）评估损坏的程度

钣金件表面损伤程度评估常用方法有目测评估、触摸评估、用直尺评估等方法。损伤程度评估后，则可以此为依据制定维修所需步骤。

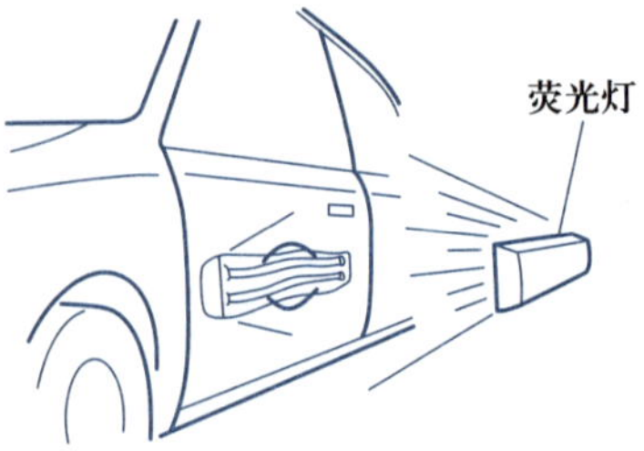

图 4-2-3
目测评估原理

1）目测评估

目测评估可以通过检查荧光灯在面板上的反射，以评估损坏的程度及受影响的面积的大小。在这个阶段对损坏区域进行彻底的检查是极为重要的。这是因为，一旦钣金工开始工作，涂装表面可能受到影响，要正确评估损坏程度是很困难的。只要将目光每次稍微改变相对于面板的位置，那么即使非常微小的变形都可以看到。目测评估原理如图 4-2-3 所示。

2）触摸评估

戴上棉质手套，从各个方向触摸受损区域，但是不要施加压力。做的时候要将注意力集中于手掌上的感觉。为了能准确地找到受影响区域的不平整部分，手的移动范围要大，要包括没被损坏的区域，而不是只摸被损坏的部分。此外，有些损坏的区域，手在向某个方向移动时可能比向另一个方向移动时更容易感觉到。触摸评估方法及过程如图 4-2-4 所示。

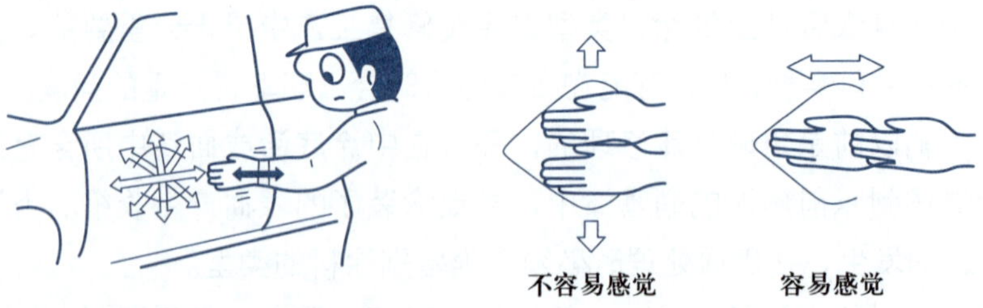

图 4-2-4
触摸评估

3）用直尺评估

将一把直尺放在车身一侧没有被损坏的区域上，检查车身钣金件和直尺之间的间隙，然后，再将直尺放在车身另一侧被损坏的车身钣金件上查看间隙。最后，比较直尺与被损坏的和未被损坏的车身钣金件之间的间隙相差多少，以此来判断车身钣金件变形程度。用直尺评估方法如图 4-2-5 所示。

在被损坏区域（如图 4-2-5 车身左侧），由于在车身钣金件的中间有一个很大的凹陷，所以在直尺的两端没有间隙；而在未被损坏区域（如图 4-2-5 车身右侧），由于车身钣金件有一些弯曲，所以在曲面的前、后边都有些间隙。

特别说明

如果在评估损坏程度时发现表面有一部分高于原始表面，那么用一个冲子或鸭嘴锤将隆起的区域敲平，或者稍稍低于正常表面，如图 4-2-6 所示。

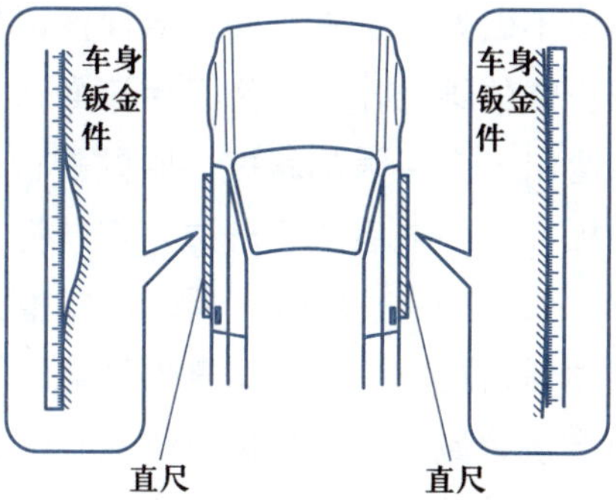

图 4-2-5
用直尺评估

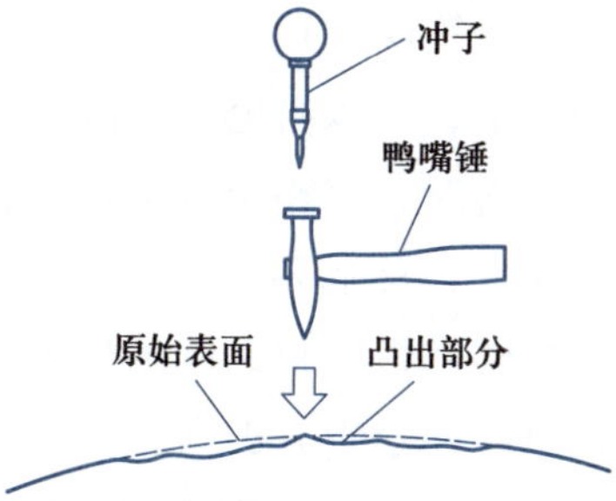

图 4-2-6
修理车身钣金件上的凸出部分

注意事项

如果用力过大，那么会使损坏面积扩大，或者是整个车身钣金件变形。

（3）清除涂料

一旦某区域受到冲击，可能会影响涂膜与金属之间的粘附力。因此，必须清除涂膜，以防止日后涂膜剥落。除漆时，一般使用单作用打磨机配合 P60~P80 筛目数砂纸来清除被损坏区域的涂膜，如图 4-2-7 所示。

视频 4-8
清除旧漆层

特别说明

清除旧漆层时一定要采用正确的方法，打磨机应正确使用，才能达到预期除漆效果，如图 4-2-8 所示。

图 4-2-7
清除旧漆

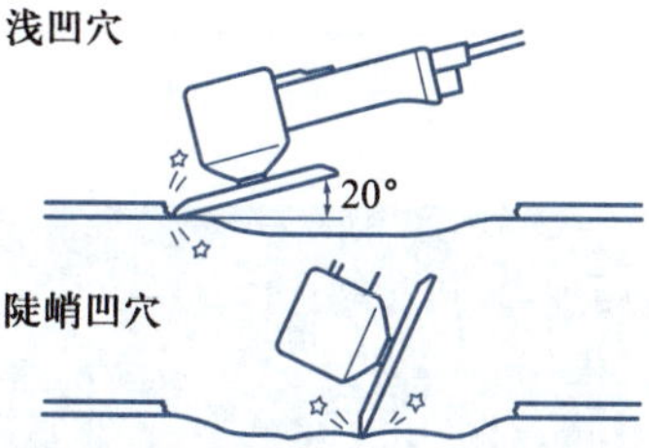

图 4-2-8
单作用打磨机除漆操作

注意事项

一定要在接触到板件表面后才能开动打磨机。如果打磨机在接触板件表面前在运转，那么初始接触的区域会受到过大的压力，从而产生很深的划痕。

为了防止板材过热和变形，不要将打磨机长时间停留在一个位置。

视频 4-9
打磨羽状边

（4）打磨羽状边

清除漆膜后，边缘是比较厚的，如果不做处理，在后续施涂面漆以后，会出现一个鲜明的边界，从而无法完成正常的维修作业。为了使漆面边缘变得宽而平滑，可以打磨漆膜的边缘，修磨出一个平滑的斜坡，叫做羽状边。打磨羽状边时，将整个打磨垫压在车身板件上，或者提起一边，仅向打磨区域边缘施压，然后沿边界线移动打磨机，如图 4-2-9（a）所示。打磨过程中，边界线和打磨机之间的位置关系必须保持恒定。打磨时需要注意，切勿提起打磨机使之离开凹穴，更不要移向涂装区域，否则只能磨出涂料。这样做的结果是只会扩大裸露金属区域，而不会产生羽状边，如图 4-2-9（b）所示。

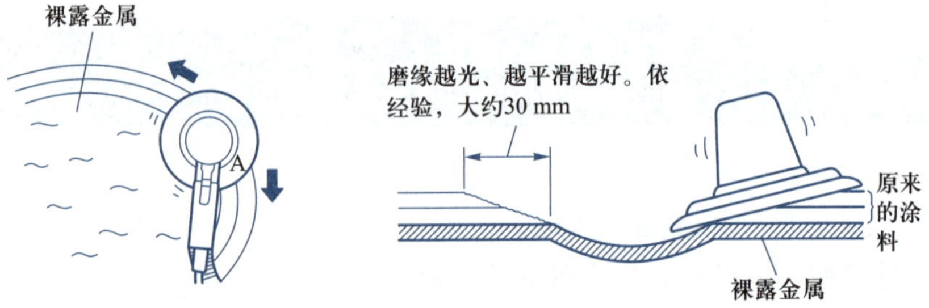

(a) 正确的打磨方法

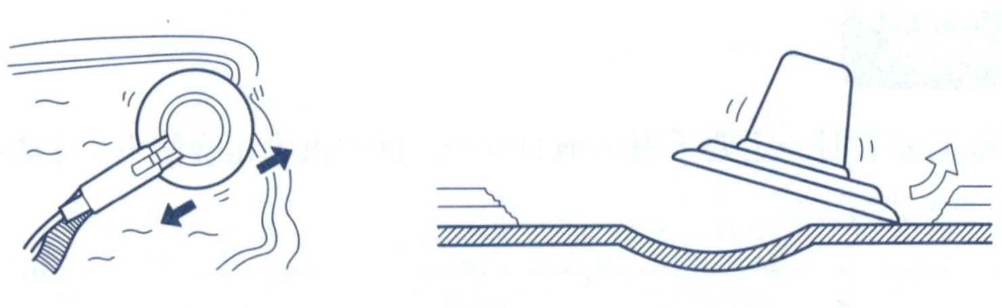

(b) 错误的打磨方法

图 4-2-9
打磨羽状边

注意事项

如果打磨区域附近有特征线，那么一定要贴上胶带，以防止受到损坏，还要防止在打磨羽状边过程中扩大修理面积。

（5）清洁和除油

1）清洁

用空气除尘枪，将压缩空气吹到表面上，以从表面上除去灰尘和打磨下来的微粒，如图 4-2-10 所示。

视频 4-10
清洁

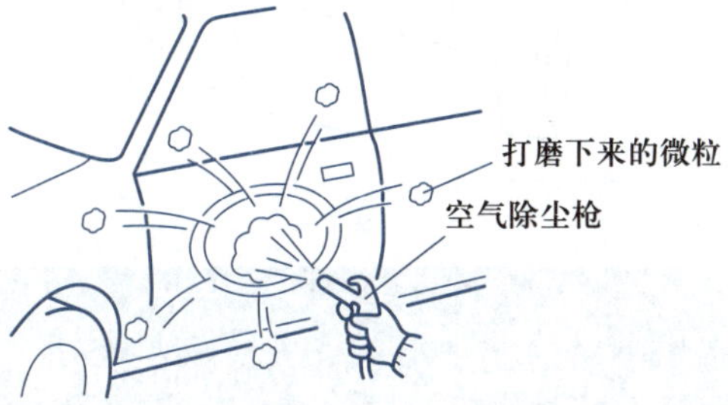

图 4-2-10
空气除尘枪除尘

2）除油

将除油布浸入除油剂中，然后擦拭表面，以润湿该表面。当残油浮至表面时，用清洁干燥的除油布擦拭表面，如图 4-2-11 所示。如果在金属上留有任何残油，日后会引起涂料起泡或剥落。

视频 4-11
除油

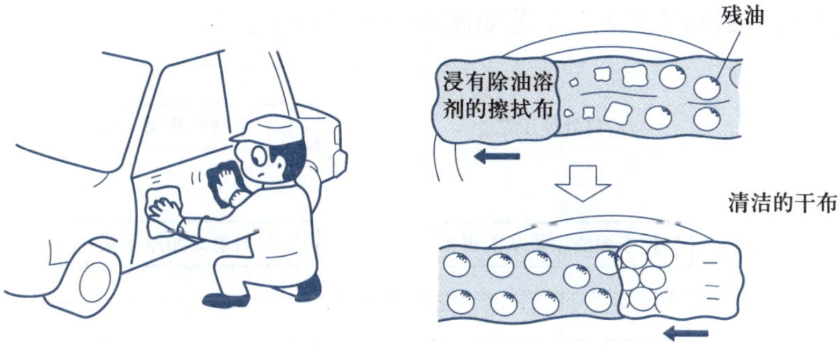

图 4-2-11
除油

（6）施涂底漆

要在裸露金属区域施涂底漆，以防其生锈并增强附着力。底漆施涂可以采用漆刷（毛刷）刷涂或空气喷枪喷涂（详见第 3 章关于喷枪的使用介绍）。

视频 4-12
遮盖

虽然底漆有单组份和双组份两种，但是一般使用双组份底漆。因为有些底漆不能很好地附着在原子灰上，所以一定要按制造商的指示，正确施涂，如图 4-2-12 所示。施涂底漆基本流程如下：

① 遮蔽有裸露金属的区域的周围表面；

② 按制造商的指示，混合适当的固化剂和稀释剂；

③ 喷涂一薄层（3~5 μm）；

④ 让涂层在空气中干燥大约 10 min；

⑤ 在喷涂以后除去遮蔽材料。

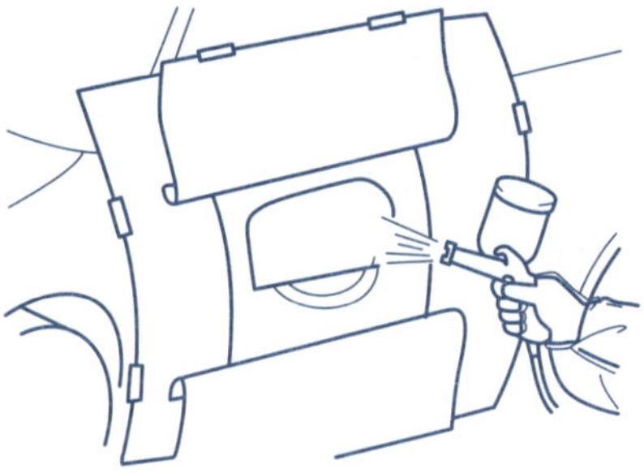

图 4-2-12
底漆施涂

注意事项

由于洗涤剂底漆固化剂会与金属容器发生化学反应，从而影响其性能，建议使用塑料容器来混合洗涤底漆。

一定要戴护目镜、防毒面具和防溶剂手套。

氨基甲酸甲酯和环氧底漆要求强制干燥。

4.2.2　原子灰施工

通常所用的原子灰施工工艺如图 4-2-13 所示。

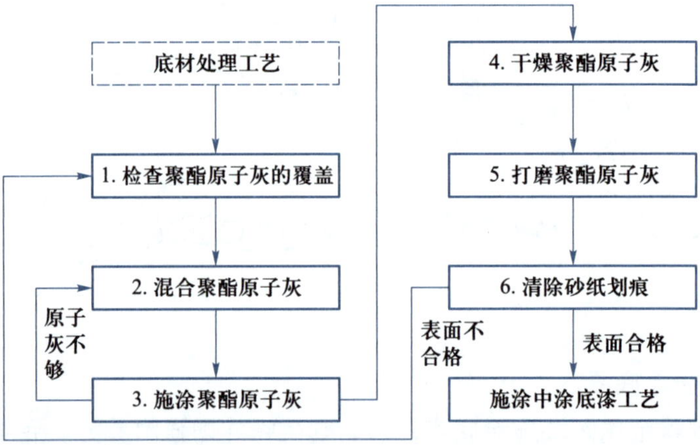

图 4-2-13
原子灰施工工艺

（1）确定原子灰用量

为了要确定准备多少原子灰，要再次进行损伤评估，但是此时不能接触有关区域，以防在有关部位沾上油污及灰尘。

（2）调配原子灰

1）取原子灰

原子灰在罐中的时候，其各种成分，如溶剂、树脂及颜料会分离。由于原子灰不可以这种分离的状态使用，所以在倒出罐子以前，必须使用搅拌尺搅拌均匀，使其完全混合。装在管中的固化剂也是同样的情况，充分挤压装固化剂的管子，使管子中的固化剂在使用前充分混合，如图 4-2-14 所示。

视频 4-13
量取原子灰

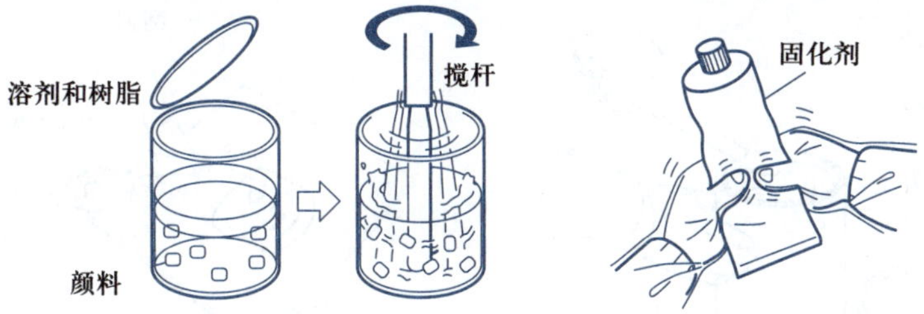

图 4-2-14
原子灰及固化剂搅拌

注意事项

原子灰罐每次用后必须盖好，以防溶剂蒸发。

如果溶剂蒸发了，原子灰固化了，要向罐中倒入专用的溶剂。

将适量的原子灰基料放在混合板上，然后按规定的混合比例添加一定量的固化剂，如图 4-2-15 所示。即使要覆盖很大的面积，一次也不要取太多原子灰。开始时只要取出一个鸡蛋大小分量的原子灰，如果需要，再添加。

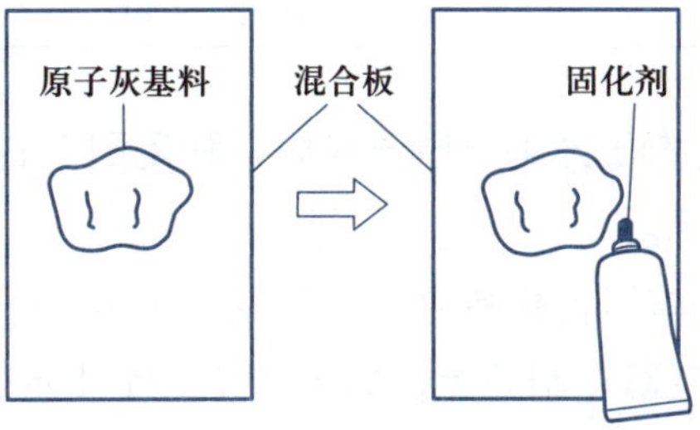

图 4-2-15
取原子灰及固化剂

注意事项

在取出原子灰以后，不要在罐口刮除粘在搅拌尺上的原子灰。所有粘在罐口的原子灰最后都会固化，并掉落罐中，如图 4-2-16 所示。

如果有原子灰粘在固化剂管口上，就会发生化学反应，引起固化剂固化。因此，不要将固化剂直接挤到原子灰基料上。

2）混合原子灰

将适量原子灰及固化剂取出并置于混合板后，按照以下方法进行调和。

视频 4-14
混合原子灰

① 使用腻子刮刀的尖端刮起固化剂，并将其涂在原子灰上，如图 4-2-17 所示。

② 使用刮刀的尖端，将固化剂均匀涂抹在原子灰的整个表面上，如图 4-2-18 所示。

③ 握住刮刀，轻轻提起其端头，将他插入原子灰下面，然后将它向混合板的左侧提起，如图 4-2-19 所示。

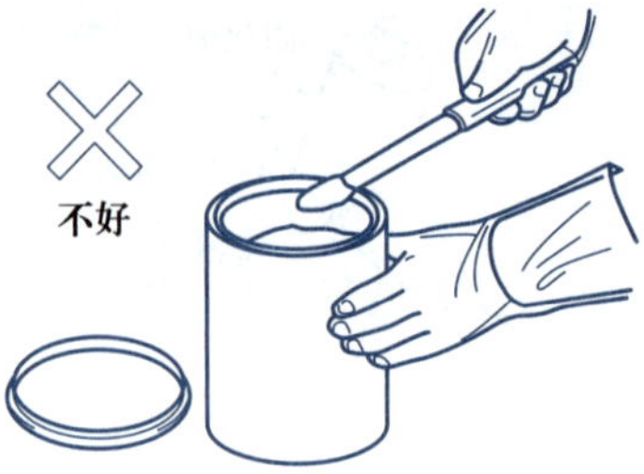

图 4-2-16
在罐口刮除搅拌尺上的原子灰

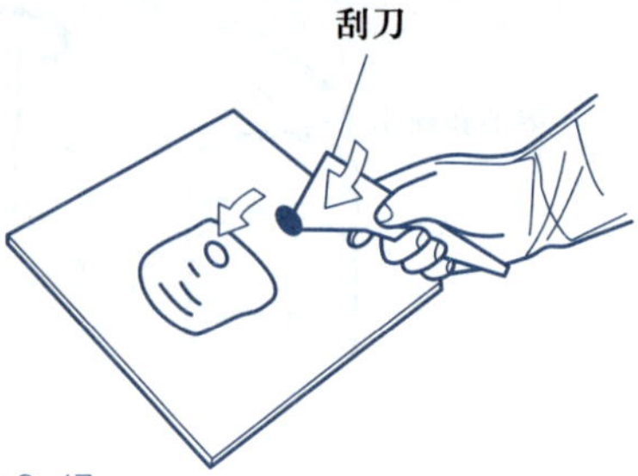

图 4-2-17
将固化剂涂在原子灰上

图 4-2-18
将固化剂涂在原子灰上

图 4-2-19
混合原子灰（1）

④ 在刮刀刮起大约三分之一原子灰后，利用刮刀右边为支点，将刮刀翻转，如图 4-2-20 所示。

⑤ 将刮刀基本上与混合板持平，并将其向下压。一定要将刮刀在混合板上刮削，不要让原子灰留在刮刀上，如图 4-2-21 所示。

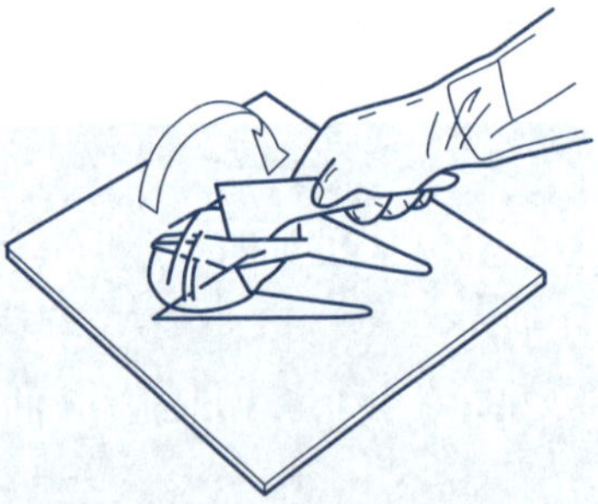

图 4-2-20
混合原子灰（2）

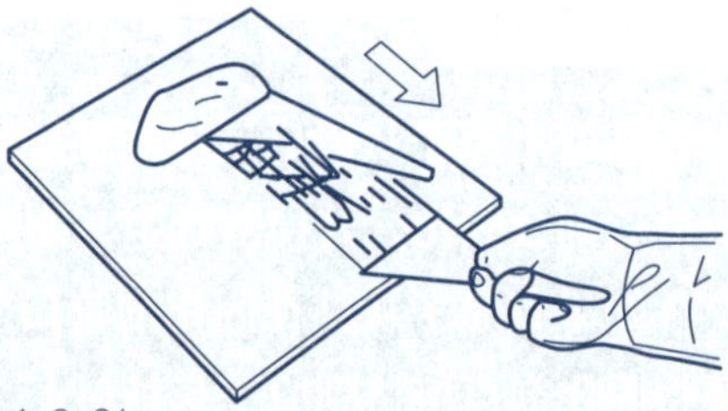

图 4-2-21
混合原子灰（3）

⑥ 握住刮刀，稍稍提起其端头，并且将在第⑤步中在混合板上混合的原子灰全部刮起，如图 4-2-22 所示。

⑦ 将原子灰翻转，翻转方向与第⑥步中的相反，如图 4-2-23 所示。

⑧ 与第⑤步相似，将刮刀基本上与混合板持平，并将它向下压，再从第③步起重复，如图 4-2-24 所示。

在进行第③至第⑧步各步骤时，原子灰往往向上朝混合板的顶部移动。在原子灰延展至混合板的边缘时，刮起全部原子灰，并且将它向混合板的底部翻转，重复第③至第⑧步，直至原子灰充分混合，如图 4-2-25 所示。

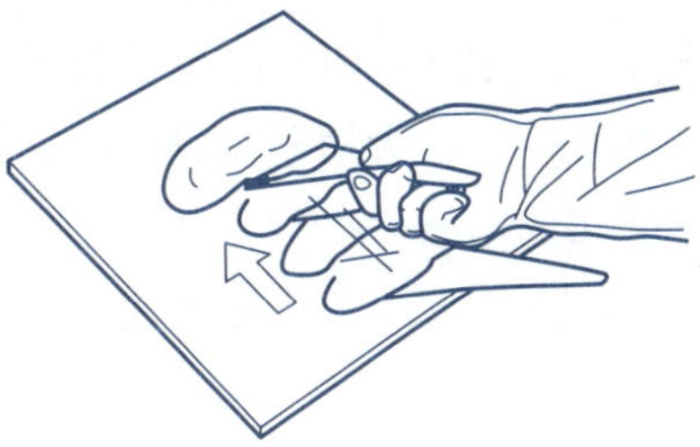

图 4-2-22
混合原子灰（4）

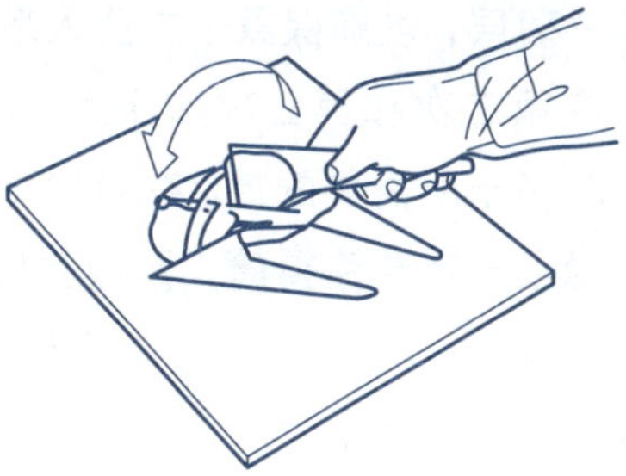

图 4-2-23
混合原子灰（5）

图 4-2-24
混合原子灰（6）

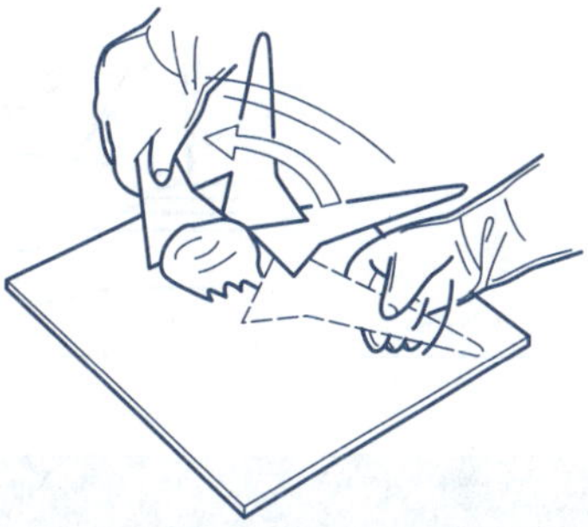

图 4-2-25
混合原子灰（7）

注意事项

使用刮刀，小心刮研混合物，不要让空气进入。

当固化剂加入原子灰基料时，固化过程便开始了。因此，要在大约 30 s 内完成原子灰的混合。在开始混合以前，不要加固化剂。

（3）施涂原子灰

1）刮刀握法

拿刮刀的方法没有特别的规定，图 4-2-26 所示为用右手的人控制刮刀的有效方法。

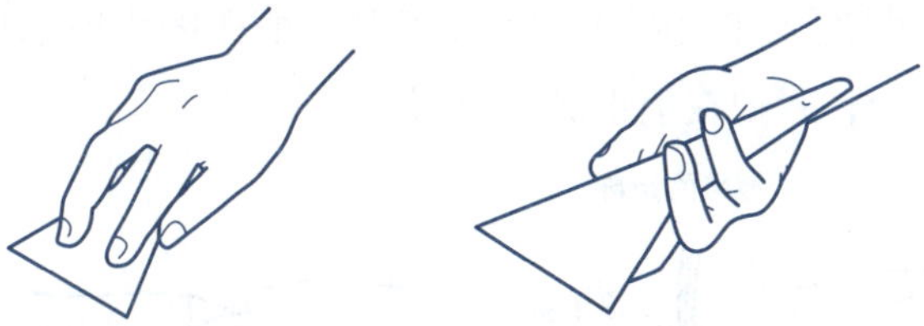

图 4-2-26
刮刀握法

2）原子灰施涂基本方法

一次不要施涂大量的原子灰。根据要施涂的区域的位置和形状，原子灰最好分几次施涂。

第一次施涂时，将刮刀拿得几乎垂直，并且将原子灰刮在工件表面上，

视频 4-15
施涂原子灰

施涂一薄层，以确保原子灰透入哪怕是最小的划痕和针孔，从而增大附着力。

在第二次和第三次施涂时，将刮刀倾斜大约 35°~45°，原子灰施涂的量要略多于所需要的量。在每次施涂以后，都要逐步扩大原子灰施涂的面积。在边缘上一定要涂得薄，形成斜坡，不要产生厚边。

在最后一次施涂时，刮刀要拿得与工件表面基本持平，使表面平整，如图 4-2-27 所示。

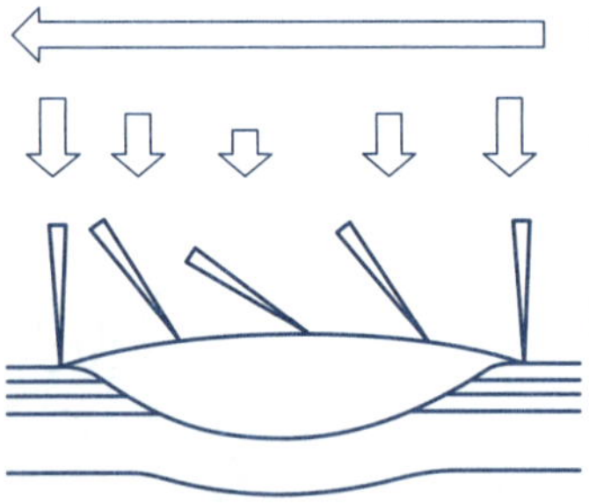

图 4-2-27
原子灰施涂基本方法

注意事项

当将原子灰留在刮刀上时，只能用刮刀的中间部分。如果刮刀的整个宽度范围全都用来刮原子灰，那么原子灰在施涂过程中就会慢慢漏出，沿途产生台阶（刮刀印），如图 4-2-28 所示。

图 4-2-28
用刮刀的中间部分刮原子灰

3）在平面上施涂原子灰

① 将原子灰薄薄地施涂在整个表面上，如图 4-2-29 所示。

② 为了最大限度地减少在后续打磨工序中的工作量，施涂第二层原子灰时边缘不要厚。如图 4-2-30 所示，如果刮刀处于图中所示位置时，用食指向刮刀的顶部加力，以便在顶部涂一薄层。

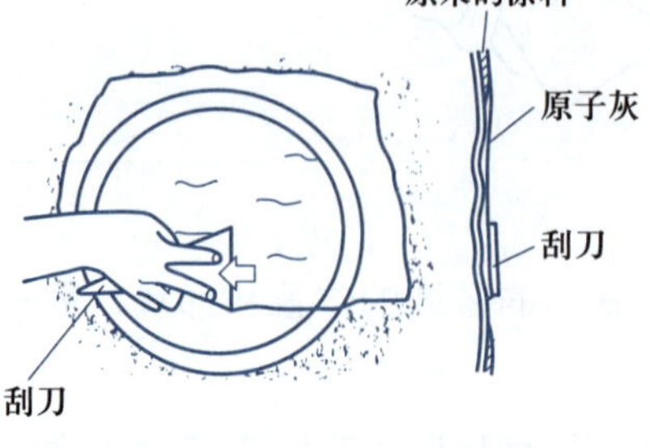

图 4-2-29
将原子灰薄薄地涂在表面上

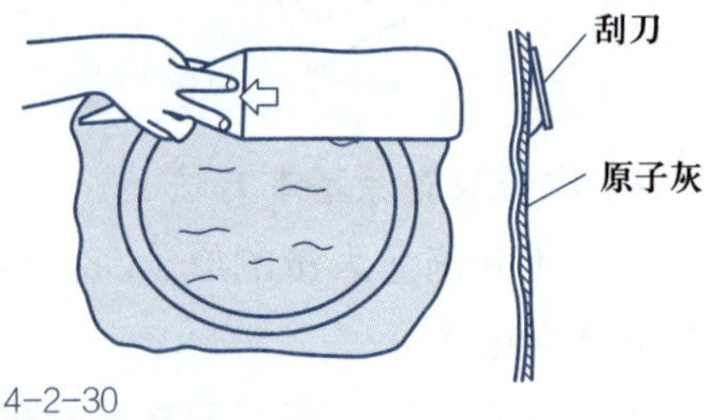

图 4-2-30
在边缘处涂一薄层

③ 在下一道工序施涂原子灰时，要与在第②步中覆盖的第一部分稍稍重叠。为了在这一道工序开始时涂一薄层，要用一点力将刮刀抵压在工件表面上。然后，释放压力，同时滑动刮刀。此外，在施涂结束时，要向刮刀施加一点儿力，以便涂一薄层，如图 4-2-31 所示。

④ 重复第③步，直至在整个表面上施涂的原子灰达到所要求的分量，如图 4-2-32 所示。

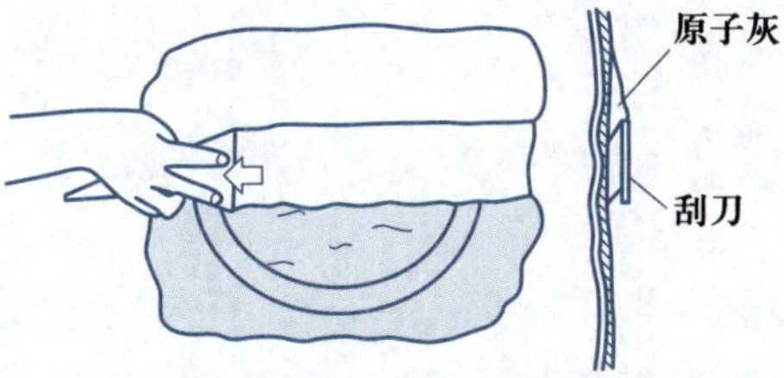

图 4-2-31
每道原子灰之间重叠且边缘要薄

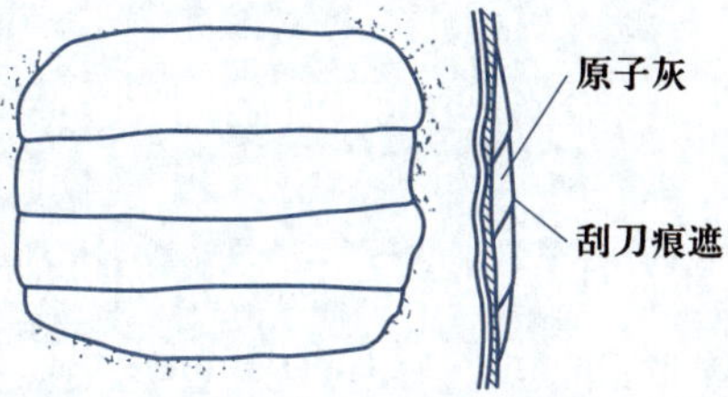

图 4-2-32
将原子灰涂够分量

特别说明

如果刮刀在各道施涂中仅向一个方向移动，那么原子灰高点的中心将会移动。如果发生这种情况就很难打磨，所以刮刀在最后一道工序中必须反向移动，以使原子灰高点移回中央，如图 4-2-33 所示。

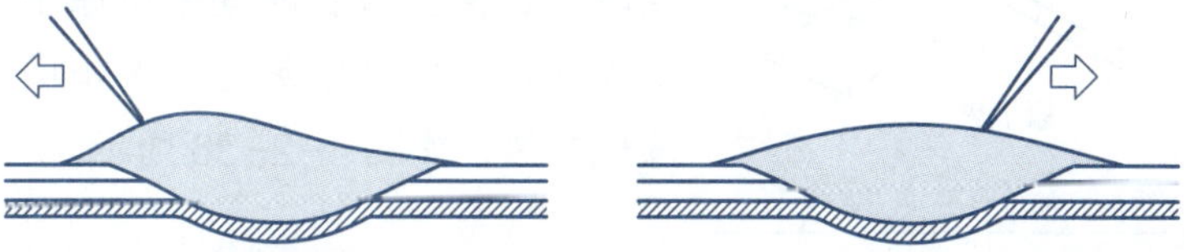

图 4-2-33
调整刮刀移动方向以确保原子灰高点在中央

原子灰必须比原来的表面高，如图 4-2-34 所示。但是，最好只能略微高一点，因为如果太高了，那么在打磨过程中就要花费许多时间和气力来消除多余的材料，

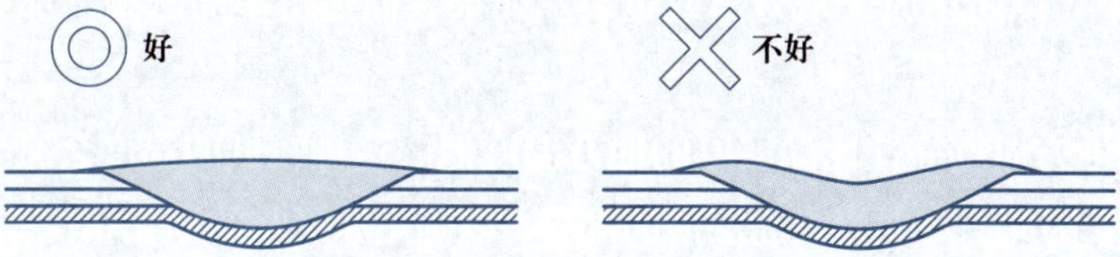

图 4-2-34
刮涂原子灰需比原来表面稍高

当原子灰按图 4-2-35 所示方式施涂时，我们可能会错误地认为它低于原来的表面。我们也不推荐这种形状，因为非常难以修磨。

图 4-2-35
如此施涂形状将非常难以修磨

注意事项

原子灰施涂在工件表面上的范围必须以在打磨羽状边过程中所留下的打磨痕迹为限。如果没有打磨划痕，原子灰就粘不牢，日后可能剥落。

如果在施涂原子灰的过程中花费时间太多，那么原子灰可能在该道施涂完成前已经固化，这时可能需要从头再来一次。一般来说，原子灰必须在混合后大约 3 min 以内完成施涂。

刮刀在使用以后，要立即用稀释剂冲洗。如果任凭原子灰固化到刮刀上，刮刀就不能再用了。

原子灰在固化过程中会产生热量。如果遗留在混合板上的原子灰在施涂以后立即丢到垃圾桶里，那么原子灰产生的热量足以点燃垃圾桶中的易燃物。因此，一定要确定原子灰已经凉透，才能将其弃置，或者将废弃原子灰放到盛满水的铁筒中进行处理。

视频 4-16
干燥原子灰

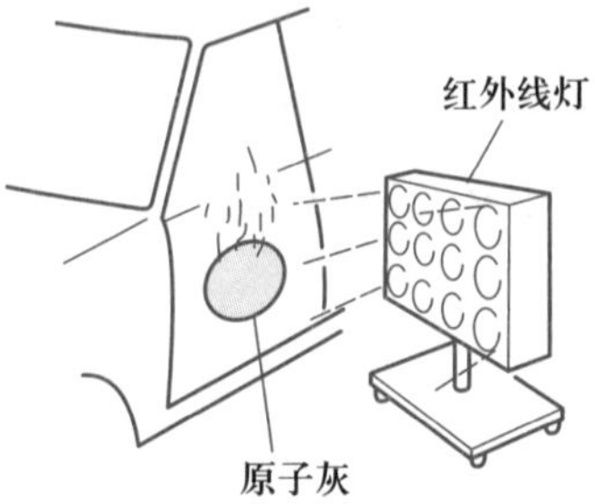

图 4-2-36
用红外线烤灯加热原子灰

（4）干燥原子灰

新施涂的原子灰会由于化学反应放热而加速固化。一般来说，在施涂以后 20~30 min 即可打磨。如果气温低，或者湿度高，原子灰的内部反应速度降低，需要较长时间来使原子灰固化。为了加快固化，可以外加热源，例如用红外线烤灯或干燥机加热，如图 4-2-36 所示。

注意事项

如果使用红外线烤灯或干燥机来加热和干燥原子灰，一定要使原子灰的表面温度保持在 50℃以下，以防止原子灰分离或龟裂。如果表面热得不能触碰，那么说明温度太高了。

涂层薄的地方温度往往比涂层厚的地方温度低。这种较低的温度会减缓涂层薄的地方的固化反应。因此一定要检查涂层薄的部分，以确定原子灰的固化状况，如图 4-2-37 所示。

视频 4-17
打磨原子灰

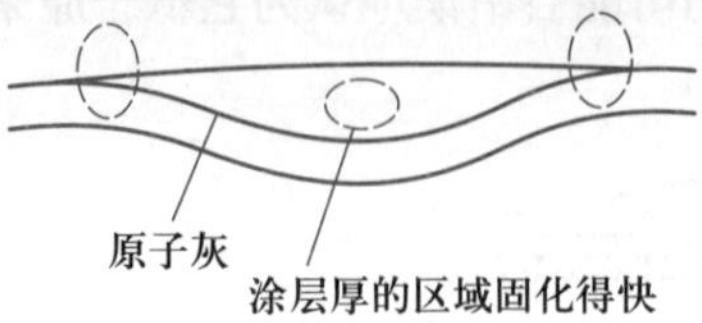

图 4-2-37
检查涂层薄的地方以确定固化状况

（5）打磨原子灰

在原子灰固化反应结束以后，不需要的高点可以用打磨机或手工打磨垫块清除。双作用打磨机或轨道式打磨机常用于原子灰打磨。

① 将一块大约 P80 砂纸装到打磨机上，并且将打磨机按前后、左右、对角的方式移动，打磨整个表面，如图 4-2-38 所示。

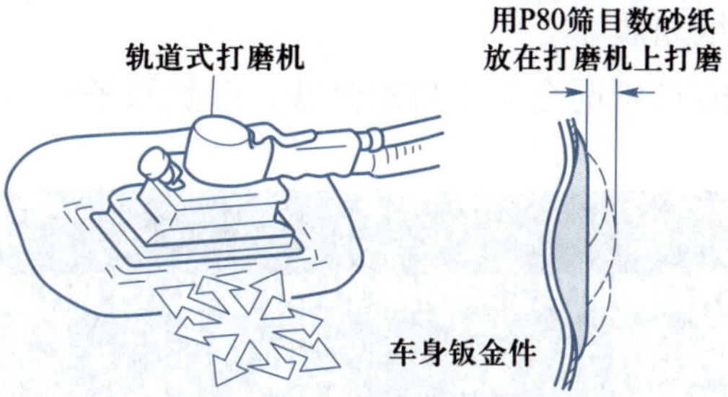

图 4-2-38
打磨机打磨原子灰

注意事项

打磨时，注意不要施加太大的力在打磨机上，以防止影响打磨表面平整度，如图 4-2-39 所示。

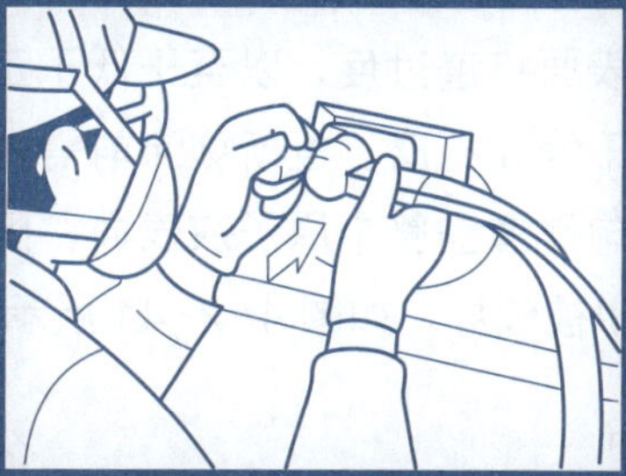

图 4-2-39
打磨时控制压力

在原子灰的固化反应结束，其表面温度降至室温以后，打磨工作便可开始。如果原子灰还没有凉透就开始打磨，会产生收缩皱纹。

为了防止在周围的涂料中产生深的划痕，要将打磨工作限制在原子灰覆盖的区域以内。

不要一次打磨整个面积，而是要用手触摸，或者用直尺检查整个表面。

如果打磨时用力全部集中在高点上，那么周围区域的形状就会变化。因此，最好在每次涂了几道以后打磨整个表面。

② 将一片大约 P120 砂纸装到手工打磨垫块上，一面用触摸的方法检查表面，一面检查打磨表面。移动手工打磨垫块时，稍稍提起手工打磨垫块的顶部或底部，以便了解正在打磨的地方，如图 4-2-40 所示。到这一步应完成工件表面的基本成型。

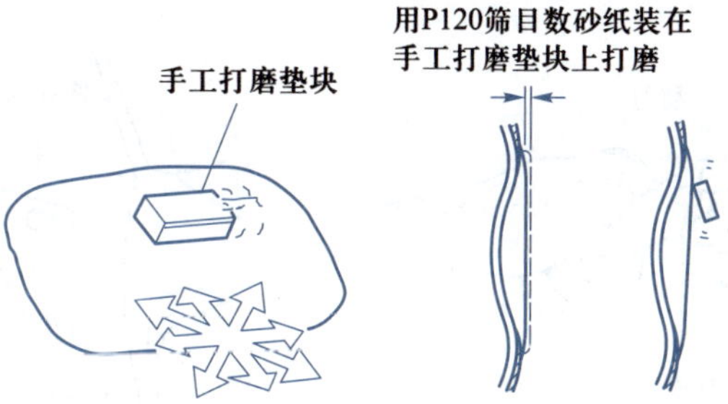

图 4-2-40
手动打磨原子灰表面

（6）清除砂纸划痕

使用大约 P240 砂纸配合手工打磨垫块，清除原子灰表面的打磨划痕。

注意事项

此时打磨面积要略大于前次打磨面积，以清除 P120 砂纸留下的打磨划痕。

原子灰的周边应有轻微的磨缘。

特别说明

当打磨微粒粘到砂纸上时，要及时清除微粒，以保持最佳打磨状况。

实时检查表面状况。

如果原子灰表面打磨过度，以至于低于正常表面，那么必须重新施涂原子灰，然后进行干燥和打磨。重新施涂前需进行彻底清洁。重涂原子灰需施涂一薄层，以均匀地覆盖整个原子灰表面，因为如果只填低点，那么正常的表面将会在打磨中被破坏，如图 4-2-41 所示。

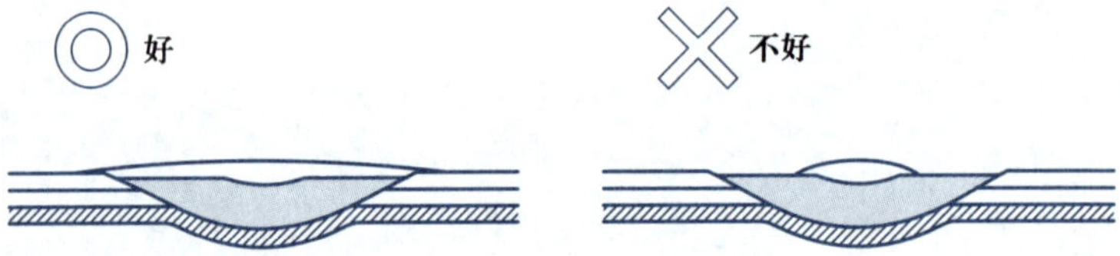

图 4-2-41
重新施涂原子灰

（7）修补原子灰施工

1）检查针孔及打磨划痕

在原子灰打磨以后，检查有无针孔和打磨划痕，如果有，在相应表面必须施涂修补原子灰，来填补针孔及打磨划痕。

2）施涂修补原子灰

修补原子灰有两种：单组份型和双组份型。单组份原子灰容易使用，通常用于修补。

刮起修补原子灰，将它放在混合板上。如果用管装原子灰，可以将它直接挤到刮刀尖上，如图 4-2-42 所示，牢牢地压入针孔和打磨划痕，如图 4-2-43 所示。

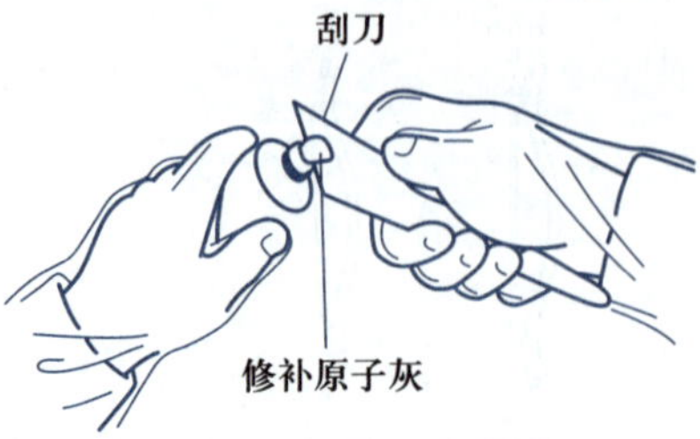

图 4-2-42
刮取修补原子灰

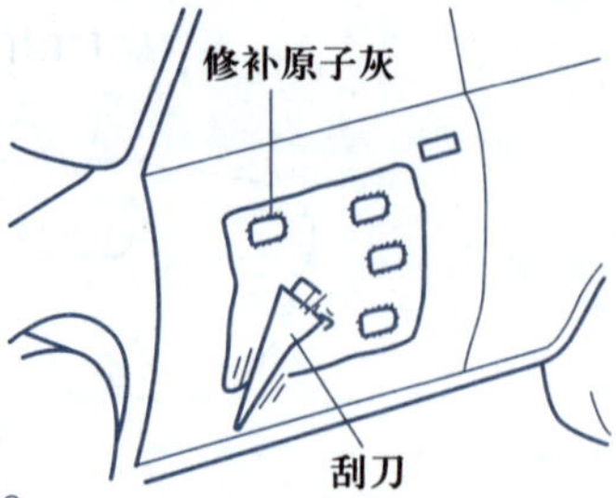

图 4-2-43
刮涂修补原子灰

注意事项

修补原子灰要薄薄地施涂，因为厚了，干燥得很慢。
如果需要修补的点很多，那么在整个表面都施涂上原子灰，以防遗漏。

3）干燥修补原子灰

按照修补原子灰制造商的指示干燥工件表面。干燥时间：20℃下为30~40 min；60℃下为5~10 min。

4.2.3 中涂底漆施工

在原子灰施涂完成以后，表面必须经过一个中涂底漆工序，该工序包括表面修饰、清除打磨划痕、防锈及封闭，以增强面漆的附着力，基本流程如图4-2-44所示。

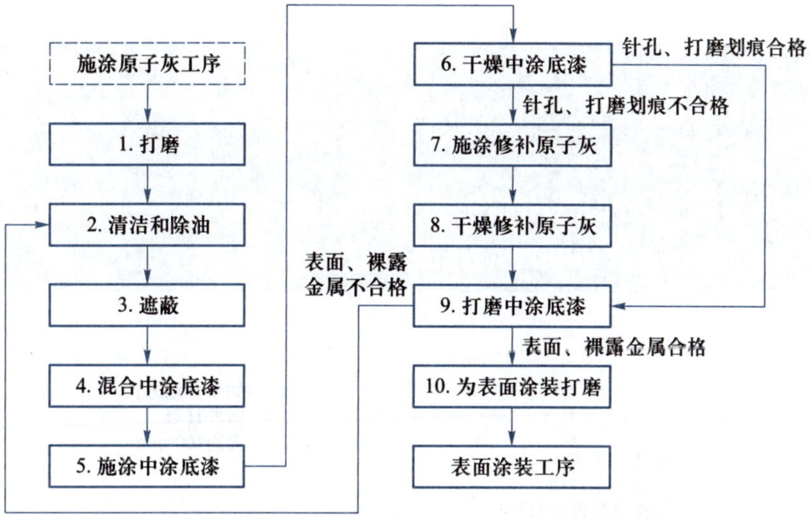

图4-2-44
中涂底漆基本施涂流程

（1）打磨

如果不做任何处理就将中涂底漆或涂料直接施涂到重修的表面上，那么涂层之间的附着力是很差的，当受到振动或弯曲力时涂层往往会分离，如图4-2-45所示。因此，在施涂任何涂层以前，必须加工出一些诸如砂纸划痕那样的划痕，以暴露工件的活性表面，并增加表面积，从而提高附着力，如图4-2-46所示。这个工序叫做打磨，在施涂原子灰以前的打磨羽状边工序也是本工序的一部分。

图4-2-45
未经打磨的涂层表面受力分离

图 4-2-46
经过打磨的涂层表面受力分离

用双作用打磨机配合 P300 的砂纸对准备施涂中涂底漆的表面进行打磨。由于中涂底漆要覆盖整个原子灰表面，要打磨的面积应该在原子灰区域边缘以外大约 100 mm，如图 4-2-47 所示。

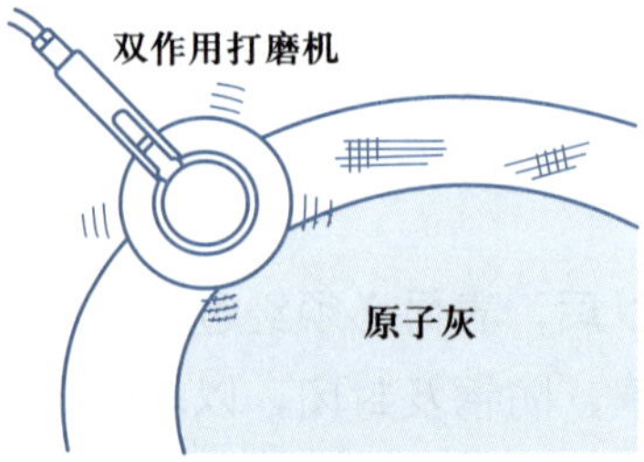

图 4-2-47
双作用打磨机打磨原子灰边缘

注意事项

为了防止重涂面积不必要地扩大，即使宽度不到 100 mm，也要沿车身钣金件接缝或特征线停止打磨，如图 4-2-48 所示。

一定要磨到涂料失去光泽。如果留有任何光泽区，那么涂装表面并未受到砂纸的影响。

在不能用打磨机的地方，要用 P600 的砂纸以手工打磨垫块打磨。

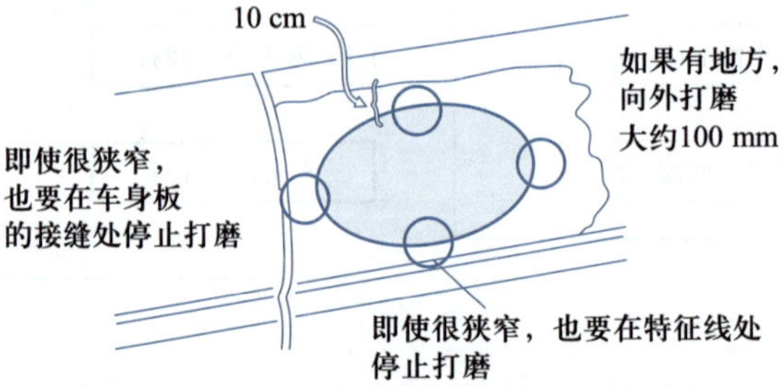

图 4-2-48
打磨面积控制

（2）清洁和除油

要特别注意从针孔和其他缝隙中清除打磨微粒，用压缩空气吹表面及周围区域，如图 4-2-49 所示。然后用除油剂进行正常的除油工序。

图 4-2-49
除尘

（3）遮蔽

用遮蔽纸遮盖有关区域，防止中涂底漆喷到不需喷涂的表面上，如图4-2-50所示。

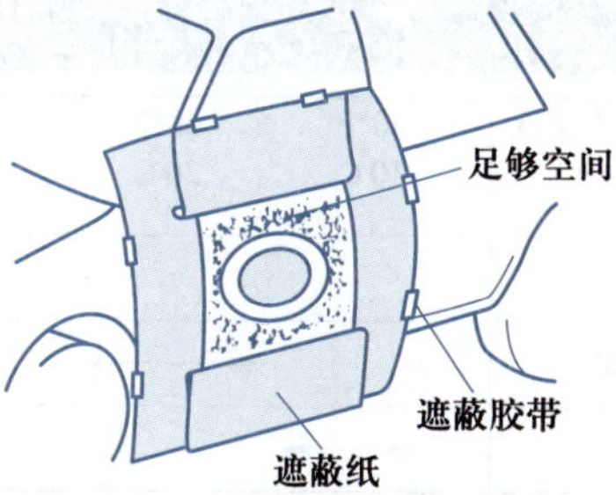

图 4-2-50
遮蔽

注意事项

遮蔽纸要贴得让同样多的中涂底漆暴露出来，而同时又不会超出打磨面积。

为了防止在涂有中涂底漆的区域边缘产生台阶，要用“反向遮蔽”方法来粘贴遮蔽纸，如图 4-2-51 所示。

（4）混合中涂底漆

按中涂底漆制造商的指示，使用适当的计量仪器，向氨基甲酸酯中涂底漆添加固化剂，并且用稀释剂稀释混合物，如图 4-2-52 所示。

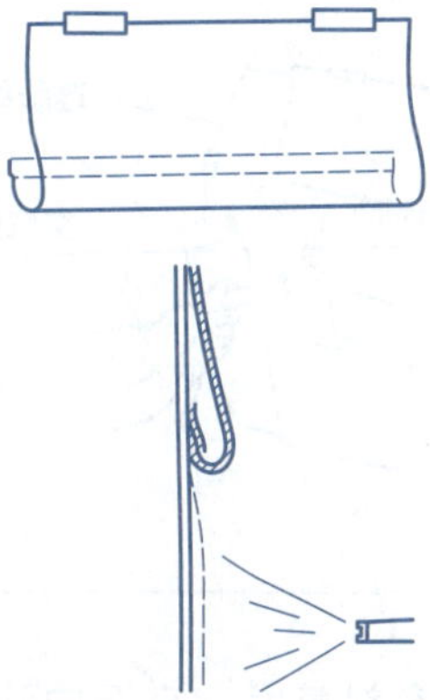

图 4-2-51
反向遮蔽

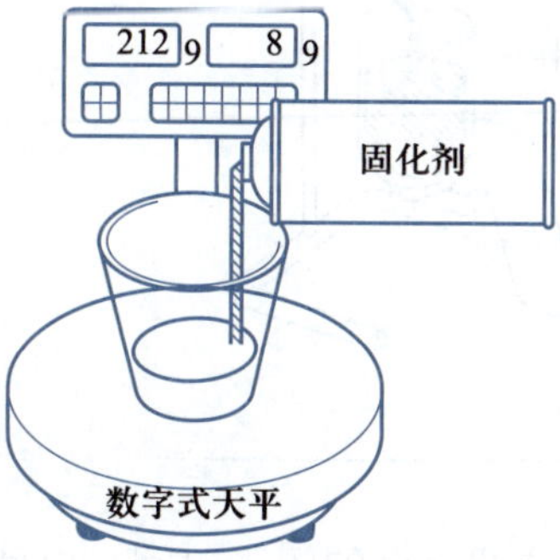

图 4-2-52
用天平称量中涂底漆及固化剂

注意事项

中涂底漆中的颜料往往会沉入底部，所以中涂底漆在使用以前必须充分混合，其方法与处理面漆的方法相似。

虽然硝基中涂底漆容易使用，但是他的涂装性能较差，建议尽可能使用氨基甲酸酯中涂底漆。

如图 4-2-53 所示，有各种各样的稀释剂，可根据环境温度选用。此外，在图中箭头重叠的地方，可以将两种稀释剂按适当的比例混合后使用。

通常，制造商对稀释剂的混合量都规定了一定的宽容度。如果稀释剂比较少，涂层会比较厚，不过表面会比较粗糙。另一方面，如果稀释剂比较多，那么中涂底漆就比较容易施涂，但是往往会垂流。

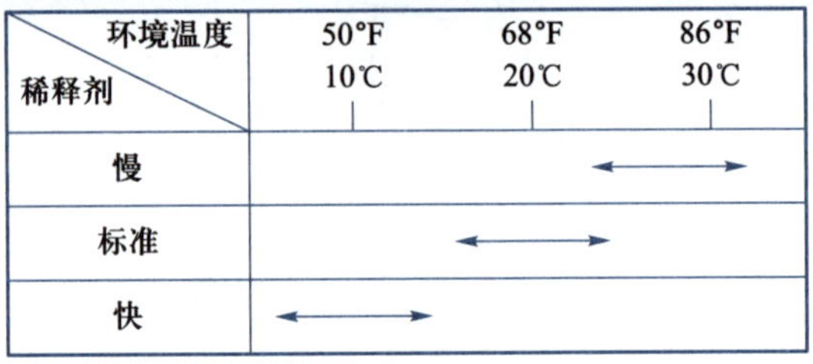

图 4-2-53
根据环境温度使用的稀释剂

（5）施涂中涂底漆

中涂底漆施涂主要使用空气喷枪，具体使用方法详见第 3 章空气喷枪介绍。

① 用搅杆充分搅拌中涂底漆、固化剂和稀释剂混合物，然后将其通过滤网倒入喷枪，如图 4-2-54 所示。

② 将第一层中涂底漆施涂至整个原子灰表面直至该表面变湿，如图 4-2-55 所示。

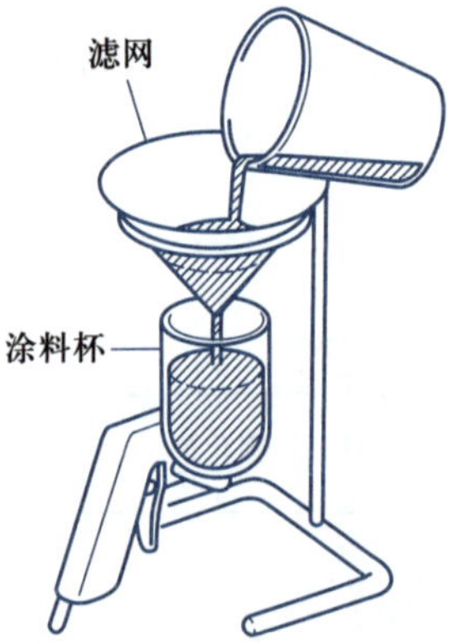

图 4-2-54
中涂底漆混合过滤倒入喷枪

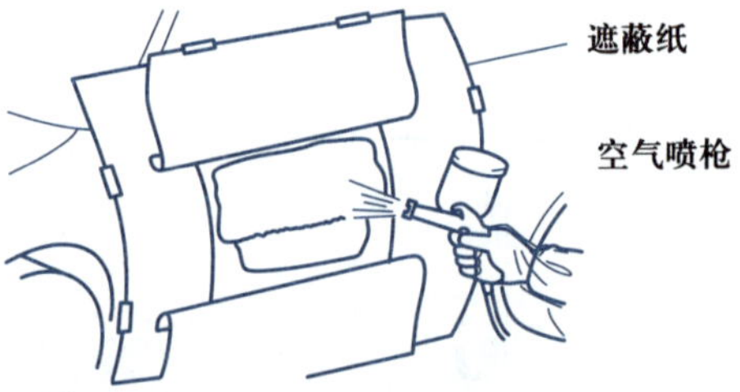

图 4-2-55
中涂底漆喷涂

③ 要留足够的闪干时间，以使中涂底漆中的溶剂蒸发，直至中涂底漆失去部分光泽。

④ 用步骤②中的方法，再涂二至三层中涂底漆。

注意事项

每次施涂中涂底漆时，稍稍扩大施涂面积。

如果施涂面积过大，以致中涂底漆喷到遮蔽纸上，如图 4-2-56 所示，就会产生“溜边”。

如果原子灰表面有轻微凹陷，则要喷涂足够量的中涂底漆，以便盖住凹陷，但不能有垂流。

（6）干燥中涂底漆

为了确保溶剂完全蒸发，在使用强制干燥方法时，要遵循中涂底漆制造商的指示，选择适当的固化时间。在 20℃时，干燥前的固化时间一般为 5~15 min，如图 4-2-57 所示。

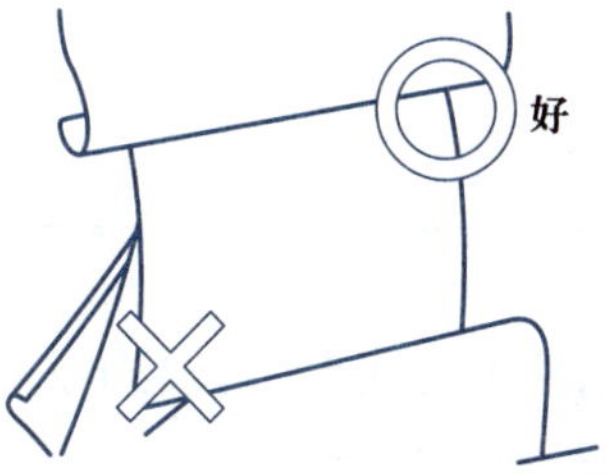

图 4-2-56
喷涂不当出现溜边

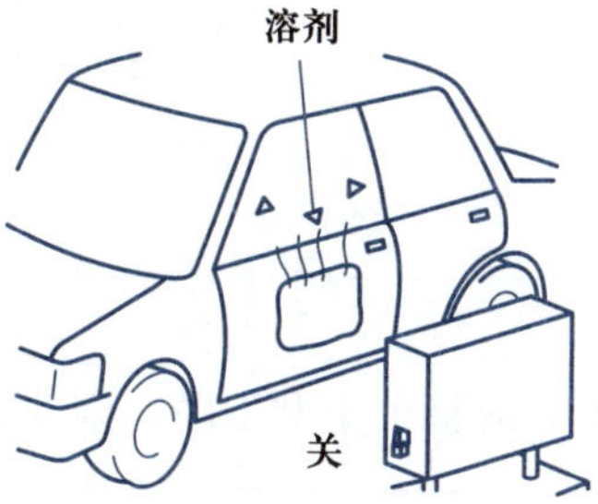

图 4-2-57
强制干燥前固化一段时间

按中涂底漆制造商的指示干燥工件表面。在 60℃时，干燥时间为 15~20 min；在 20℃时，干燥时间为 90~120 min，如图 4-2-58 所示。

（7）打磨中涂底漆

中涂底漆可以干磨或湿磨，要根据实际情况选择最佳的方法。

1）手工干磨

将一片大约 P600 砂纸装到手工打磨垫块上，然后打磨中涂底漆，如图 4-2-59 所示。

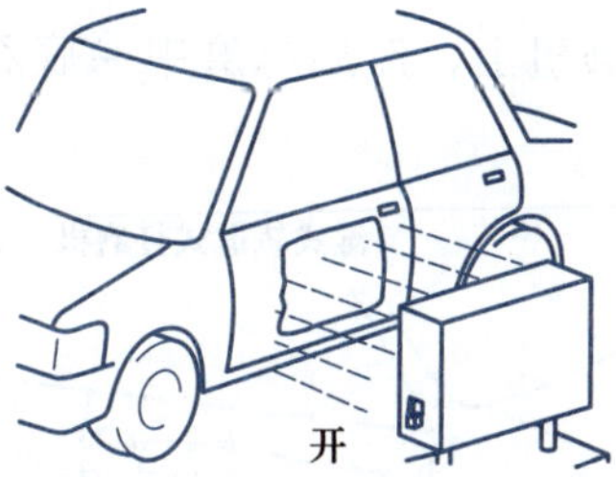

图 4-2-58
不同温度下干燥时间不同

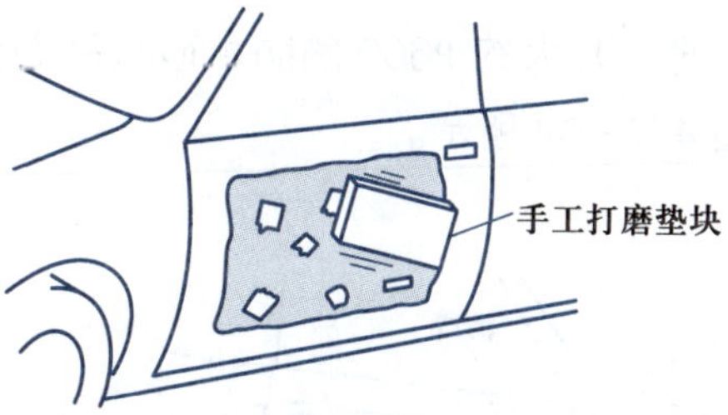

图 4-2-59
手工干磨

特别说明

因为砂纸上很容易布满打磨微粒，所以要经常使用砂纸的干净部位，或者用刷子清除打磨微粒。

2）用打磨机干磨

将一片大约 P400 的砂纸装到双作用打磨机上，然后打磨表面，如图 4-2-60 所示。

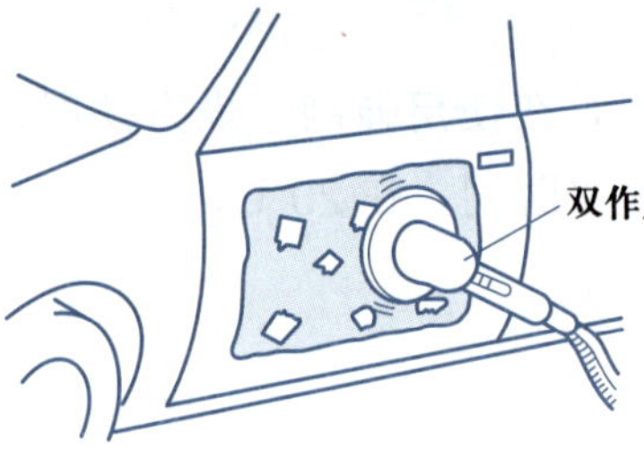

图 4-2-60
用打磨机干磨

特别说明

不可能用打磨机完成整个干磨工序，因此，在末尾要用手工方式来结束工作。

3）手工湿磨

用沾了水的海绵弄湿打磨表面，同时用装有大约 P600 的水磨砂纸打磨垫块打磨中涂底漆，如图 4-2-61 所示。

特别说明

在打磨以后，必须彻底清除水汽以确保干燥。

4）用打磨机湿磨

将一片大约 P600 的防水砂纸装到湿式打磨机上，然后打磨中涂底漆，如图 4-2-62 所示。

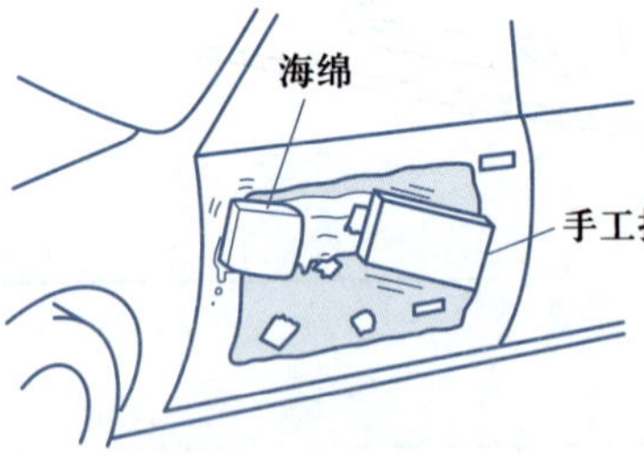

图 4-2-61
手工湿磨

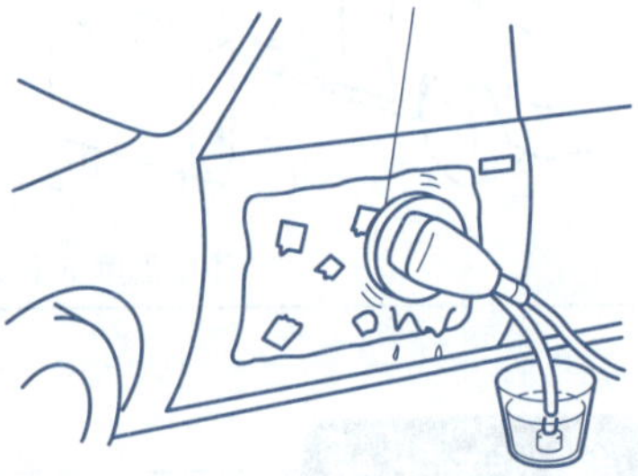

图 4-2-62
用打磨机湿磨

注意事项

如果湿式打磨机不自动供水，那么就要按手工湿磨的方法，以浸有水的海绵弄湿打磨表面。

在打磨以后，必须彻底清除水汽以确保可靠干燥。

不可能用打磨机完成整个湿磨工序，因此，最后要用手工的方式来结束工作。

（8）检查打磨表面

如果修磨过的表面是均匀的，又没有原子灰和金属露出，那么中涂底漆的打磨工序便完成了，如图 4-2-63 所示。

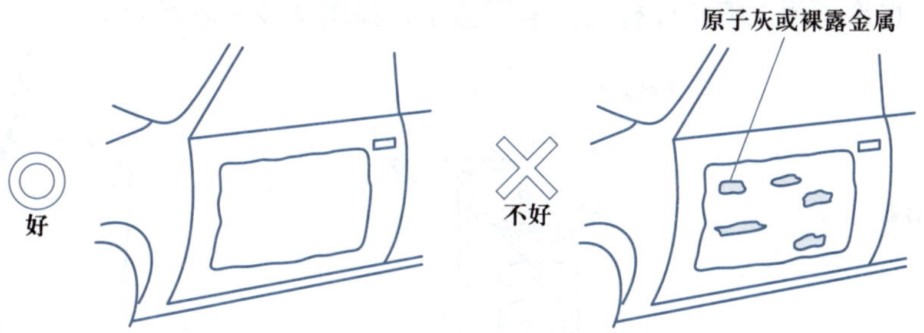

图 4-2-63
打磨后的中涂底漆表面

注意事项

如果中涂底漆表面打磨过度，导致有原子灰或金属露出，那么表面的光泽和纹理可能由于涂料吸收面受影响，也可能导致生锈。如发生这种情况，要回到施涂中涂底漆的阶段，重新开始。

4.2.4 面漆施工

修补面漆时，应根据汽车生产厂家的漆码获得原厂漆颜色配方，调配出所需的理想颜色。但是，由于汽车在使用过程中，随着漆面的老化、褪色等，配方颜色会与实际车的颜色有偏差。因此，面漆（色漆）调配应该在原厂漆配方的基础上进行微调。对于调色的内容，会在高级课程中进行详细讲解，在此不做介绍。

（1）清洁（除尘、除油）

面漆施工前，首先需要完成必要的清洁工作，如除尘、除油，具体工艺方法与前面工艺中涉及的清洁相同，在此不再赘述。

（2）混合（双组份涂料的）固化剂

必须按涂料制造商的指示，精确称量固化剂，然后再将它与涂料混合。如果不认真执行，则可能产生各种问题，例如剥落、龟裂、染色或水斑。

（3）混合稀释剂

稀释剂混合主要用以调整涂料黏度，由于原始状态的涂料太黏，不适合于空气喷枪的施涂，因此，涂料必须用稀释剂稀释至适合喷涂的黏度。在稀释涂料时，需使用涂料制造商规定的稀释剂。

（4）将涂料倒入空气喷枪

① 用搅杆彻底搅拌涂料、固化剂及稀释剂的混合物，如图 4-2-64 所示。

② 将漆杯置于涂料滤网的下面，并且将涂料倒入涂料滤网，继而漏入漆杯，如图 4-2-65 所示。如果漆杯装满了，涂料可能通过透气孔漏出。为了防止这种情况，涂料的量不要超过 3/4 杯。

③ 将涂料倒入喷枪漆杯后，盖紧盖子，如图 4-2-66 所示。

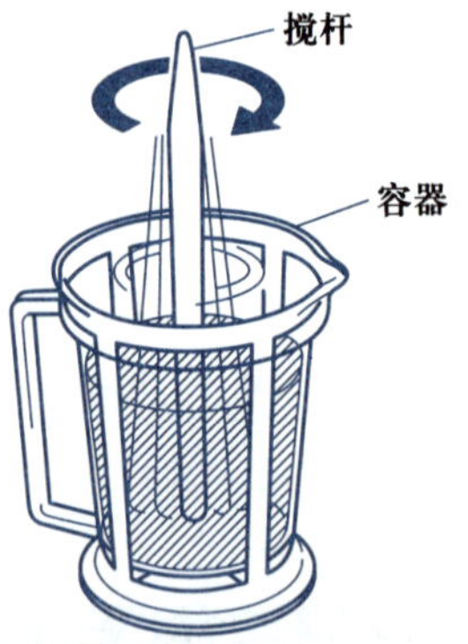

图 4-2-64
搅拌涂料

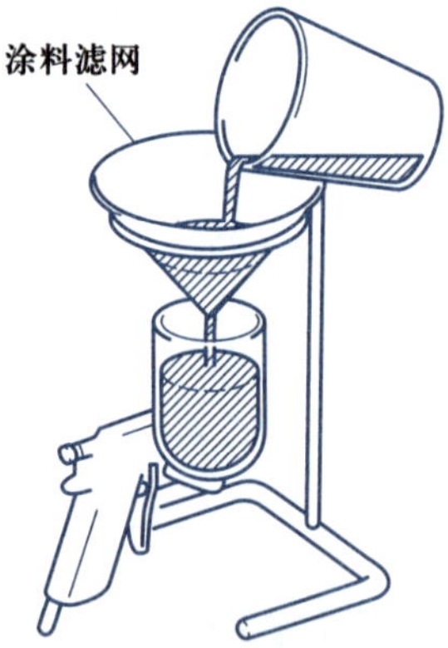

图 4-2-65
过滤涂料

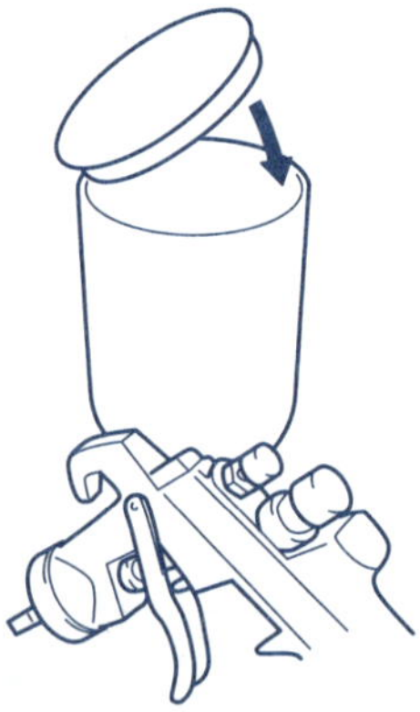

图 4-2-66
盖紧漆杯

④ 遮盖：遮盖方法与中涂底漆遮盖方法一致。

⑤ 喷涂、干燥：面漆喷涂、干燥方法与不同面漆类型有关，会在高级课程中详细说明，在本书中不做更多介绍。

课后习题

1. 在从事铝制材料维修作业后，对工作场所进行清洁时应使用下列何种方式清洁工作场所？（　　）

A. 空气枪吹除铝粉尘

B. 使用棉布擦拭铝粉尘

C. 使用专用吸尘器吸除铝粉

D. 使用扫帚清除铝粉尘

2. 车门外板严重受损时因顶铁无法伸入顶靠，可用什么设备进行修复?（　　）

A. 介子机

B. 双面电焊机

C. 气体保护焊机

D. 校正设备

3. 造成车身板面蹦弹的原因为（　　）。

A. 过度虚敲造成的延展

B. 过度实敲造成的延展

C. 虚敲不足造成的延展

D. 实敲不足造成的延展

4. 以外力将钢板折弯，当外力消除时，会恢复原状的变形称为弹性变形；不会恢复原状的变形称为（　　）。

A. 塑性变形

B. 塑料变形

C. 塑胶变形

D. 塑身变形

5. 以碳棒收缩蹦弹的板面，下列何者正确？（　　）

A. 以划线方式收缩

B. 由内向外画圆收缩

C. 由外向内画圆收缩

D. 以上皆是

6. 下列哪个缩火方式是透过通电后直接在钢板上产生热量以达到缩火目的？（　　）

A. 氧乙炔缩火

B. 碳棒收火

C. 铜电极缩火

D. 热风枪缩火

7. 使用外形修复机（介子机）时，正确的是（　　）。

A. 直接焊接

B. 直接拉伸

C. 用防火布保护好车身

D. 用水冷却

8. 板件修复后仍存在弹性变形区域，应进行（　　）处理。

A. 退火

B. 回火

C. 收火

D. 正火

9. 车身右侧翼子板与车门缝隙变宽，左侧缝隙消失，说明前部车身(　　)。

A. 向上弯曲

B. 向右弯曲

C. 向左弯曲

D. 向下弯曲

10. 进行损伤修复操作时，在打磨旧漆后要进行下列哪一步操作？（　　）

A. 焊接介子

B. 试焊

C. 除尘

D. 定损

11. 下列注意事项中，哪一项说法是错误的？（　　）

A. 损伤修复前定损

B. 进行焊接前要进行试焊

C. 焊接介子时不需要施加压力

D. 检查作业效果可以使用直尺进行测量

12. 下列关于损伤修复过程的说法，错误的是（　　）。

A. 打磨旧漆时，打磨机与板件的角度为 60°~90°

B. 在修复过程中要经常用手摸法检查修复效果

C. 板件修复后，如果发现损伤处有高点，可用收火方法进行修复

D. 定损通常有目测法、手摸法、直尺法、零部件对比等方法

13. 热塑性塑料件的损坏一般采用（　　）的方法进行修理。

A. 焊接

B. 粘结

C. 铆接

D. 更换

14. 车身维修人员不必考虑（　　）对碰撞变形的影响。

A. 汽车的撞击位置

B. 汽车的尺寸

C. 汽车移动速度

D. 汽车的颜色

15. 汽车车身的（　　）没有抗挤压区（吸能区）设计。

A. 前部

B. 中部

C. 后部

D. 整个车身

16. 在修整面板时第一步应做什么？（　　）

A. 除去漆膜

B. 确认损伤的范围

C. 在损伤最大的地方敲打

D. 使用手磨板打磨

17. 介子拉伸使用后的注意点是（　　）。

A. 钢板内侧防锈

B. 用湿的棉纱布冷却

C. 趁热上原子灰

D. 用大力拉伸

18. 使用电极头收火时适当的冷却法是（　　）。

A. 泼水

B. 空气吹气

C. 涂油

D. 湿布沾水冷却

19. 轻微损伤的车身或钣件维修方法是（　　）。

A. 不用修理

B. 直接喷漆

C. 直接更换

D. 锤平或外型修复机修理

20. 板件强度不足发生延伸，收火作业时，正确的是（　　）。

A. 不去除漆膜用碳电极收火

B. 去除漆膜后在钢板上进行收火作业

C. 不去除漆膜用电极头收火

D. 加热钢板后用水冷却

21. 塑料焊接时，温度过高可能会造成（　　）。

A. 塑料烧焦

B. 粘接更牢固

C. 焊枪过热烧毁

D. 没有任何影响

22. 羽状边的宽度大约是（　　）。

A. 30mm

B. 10mm

C. 50mm

D. 70mm

23. 涂装前表面处理的内容包括（　　）。

A. 除尘

B. 除油

C. 制作羽状边

D. 施涂原子灰

24. 施涂底漆时，需佩戴（　　）。

A. 棉线手套

B. 牛皮手套

C. 焊接手套

D. 防溶剂手套

25. 原子灰与固化剂混合比例为（　　）。

A. 100:1

B. 50:1

C. 25:1

D. 10:1

26. 原子灰一般干燥（　　）以后就可以进行打磨。

A. 5 min

B. 10 min

C. 20 min

D. 60 min

27. 粗磨原子灰，建议砂纸选择从（　　）开始。

A. P80

B. P150

C. P180

D. P240

参考文献

[1] 李庆军，王凤军．汽车车身修复及涂装技术 [M]. 北京：机械工业出版社，2008.

[2] 王锡春．汽车涂装工艺技术 [M]. 北京：机械工业出版社，2005.

[3] 吴兴敏，马志宝．汽车涂装技术 [M]. 北京：人民邮电出版社，2009.

[4] 彭小龙．汽车车身修复与涂装 [M]. 北京：机械工业出版社，2009.

[5] 徐华东．汽车喷涂与装饰工艺 [M]. 北京：人民交通出版社，2002.

[6] 陈学琛，等．汽车维修漆工等级考试教材 [M]. 北京：机械工业出版社，2009.

[7] 宋孟辉，郭大民．汽车涂装涂层修复与保养 [M]. 北京：机械工业出版社，2010.

[8] 宋孟辉，王振玉．汽车车身修复与保养 [M]. 北京：机械工业出版社，2011.

[9] 韩明祖．汽车涂装技术 [M]. 天津：天津科学技术出版社，2010.

[10] 中国汽车维修行业协会．车身涂装 [M]. 北京：人民交通出版社，2008.